以学习为中心的课堂观察

Learning-centered Classroom Observation

教育科学出版社
·北 京·

代 序

DaiXu

课堂变革就是为了让学生的学习增值

课堂是什么？课堂不只是一个物理空间，也不只是教师专业实践的场域。课堂是师生生活和成长的地方，是课程以及教学、评价、学习等活动相互融合的综合体。课堂的核心是什么？相对于学生，教师似乎更离不开课堂，离开了课堂，教师的专业属性就难以体现——这也许正是一线教师一直关注课堂的重要原因，但这并不意味着教师的教就是课堂的核心。我从自己近年关于有效教学的研究中可以得出一条基本结论：不能撇开学生的学讨论教的有效性，因为教师“教得有效”只能体现在学生的学上。从另一角度看，不可能是为被称为“教师”的那一类人有事做才有课堂，学生的学才是课堂之所以能够出现、存在的唯一原因。就此而言，学生的学才是课堂的核心。为了更好地澄清此观点，笔者想在此与大家分享三个观点。

教学即教是为了学

教学究竟是什么？这是所有课堂教学变革的前提性问题，也是其分歧所在。然而，如果当我真的问别人这个问题时，我想可能有人会怀疑我的专业性。其实，我是深思熟虑过的。可以这样说，任何一种课堂变革的行动，其背后一定有一种对“教学是什么”的回答，尽管有些人没有直接说出来。从历史上看，对于“教学是什么”的典型回答有以下几种：一是“教学即学习”，这是个别化教学、师徒制时代的定义，它表明了教是从学中派生出来的，教的过程只是学的过程的一种形态；二是“教学即教授”，这是普及教育之初，因教师水平不高，表达了人们对“教”的行为的关注，教就是教师的教授行为；三是“教学即教学生学”，这是受杜威“儿童中心”思想的影响，陶行知对教学下的定义。此定义告诉人们，教的意思有两层：一是教不是教其他的东西，而是教学生如何学习，二是教与学

是相关联的，教要依据学。然而，这种相关或依据仍然给读者留下许多解释的空间。我们是否可以将这种相关说得更明白一些？那就是，教是为了学。这种定义的学理依据是，人生下来都是喜欢学习的，即一个人的学习是与生俱来的，世界上没有一个人是不想学习的，只要我们观察一下婴幼儿的学习，就可以明白这一点。那么，为什么后来有人不喜欢学校里的学习了呢？这是我们的教师、课程、教学、评价所导致的。据此，我们可以推论，并不是所有的教都能够带来好的学习，不好的教会让学习更糟。而“教是为了学”的意义就在于明白地告诉人们，教是“为了”学生的学习，即为了学生更想学、更会学以及学得更好。这样，我们就可以试着给教学下一个操作性定义了：教学就是教师引起、维持、促进学生学习的所有行为。

学与教的关系即先与后、主与从的关系

如上所述，“教是为了学”已经告诉了我们学与教之关系，即先学后教、学主教从。先学后教表明了学与教的一种时序关系，学习是与生俱来的、天经地义的，是一种自然的本能，教是在此之后发生的，教要在学的前提下才能实现。学主教从表明了学与教的地位关系，学习权是一个人的基本人权，任何人都不能剥夺别人的学习权；学习的主体是学生，教师是学生学习的支持者、促进者，学既是教的出发点，也是教的归宿，这与教的本意是一致的。经德国教育家赫尔巴特考证，教师在希腊语中是“教仆”（pedagogue）的意思，该词是由“儿童”（ped）和“指导者”（agogue）合成而来的。据此，赫尔巴特开创性地构建了一种 pedagogy 的理论，集中探讨教学方法和学生管理两方面的内容，后人称之为“教育学”或“教学法”。当然，就学校学习而言，学生毕竟是发展中的儿童，教师毕竟是成人中“术有专攻”的专业人员，因此，学主教从并不意味着教师无视专业伦理或责任，一味地适应学生、迁就学生，而是要求教师具有更高的专业素养，即一切的教都是基于学生的学习、为了学生的学习。这里的学生也不是通常意义上的抽象的、没有“脸面”的人，而是具体的某个人、某类人。也就是说，只有教师头脑中的学生都是“有头有脸”的、具体的，才能实现“为了学习”的意义，这样的“教”才是专业的。

课堂变革就是为了让学生的学习增值

为了说得更明白起见，我们借用某种值来建模。假如变革前的课堂学

习值是A1，变革后的课堂学习值是A2，那么A2－A1＝增值。课堂学习到底包括哪些值呢？笔者认为，如果我们简单地将学习分为想学、会学与学好，那么课堂学习有如下四种值：一是动力值，即学生想学习的愿望；二是方法值，即学生会学习的方法；三是知能或数量值，即学生所学到的知识与技能；四是意义值，即学生学到的东西是有意义或受用的。这样说来，尽管关于课堂教学的变革路径有着千万条，如导学案、学案、预学—教学—评价案、课堂观察、促进学习的课堂评价、后茶馆式教学等，其实，变革的目的都是一致的，那就是如何让学生的课堂学习增值，即在上述四种值中至少有一种值能实现A2－A1＞0。没有增值的课堂变革不仅是没有意义的，也是不专业的，甚至是反教育的。

值得一提的是，任何变革都是有代价的。课堂教学变革的专业性在于在同等条件下带来学生课堂学习的增值，而不是以延长学习时间、增加学习强度为代价。如当前盛行的导学案，是不是极大地增加了学生的预习量，或增加了学生课外作业的时间？教师少教（讲）了，是不是真的带来学生多学了？学生在课堂中是不是“被参与”的？等等。这些问题都需要变革者怀着科学的态度去对待，并做出基于证据的专业判断。

夏雪梅博士的《以学习为中心的课堂观察》就是基于上述思考，探索课堂观察或研究如何从“教学中心”向“学习中心”转型的问题，并建构了“观察学习—收集证据—分析证据—做出新的决策”的课堂研究模式，开辟了课堂研究的新领域，本人非常欣赏。本书也是本人主持的教育部人文社会科学重点研究基地重大项目“义务教育阶段学校课程实施过程质量评估的理论和技术研究”（项目批准号：7964102A）的研究成果之一。在此，对夏博士以及支持本研究工作或成果出版的所有人士致以最诚挚的谢意！

崔允漷

教育部人文社会科学重点研究基地

华东师范大学课程与教学研究所教授兼所长

目 录

MuLu

前　言

个性化学习浪潮中的课堂观察

学习伴随我们一生，学生在学校里的大多数时间都在课堂中学习。但是，课堂中的学习真的发生了吗？这是一个值得思考和判断的问题。

我们通常将教完了什么内容、做完了什么练习当做判断学习发生的标准。这种判断往往让人产生“学生在学习”的假象。而实际上，课堂教学任务的完成并不代表学习的发生。课堂中的学习需要系统的观察和分析，探看发生在每一个学生身上的学习历程。

在世界范围内，课堂观察已经走过了半个多世纪的历程，我国的教研活动，日本的“授业研究”（learning study），美国自1999年以来大规模兴起的课堂研究中心，概莫如是。但是，将课堂观察明确地作为研究学生学习的一种重要工具，这一研究的历史还很短暂，本书试图探索这一领域。

每个儿童的学习都是个别化的历程

当前的学校教育有一个本质性的桎梏，即产生于工业时代的批量式的课堂结构与信息时代所需求的个性化的人之间的矛盾。当前课堂中的所有要素——年级结构、教材、课堂座位安排、讲授制——无不是为了效率，实现“知识”到“人”最快捷的批量传递。而未来的时代所希望培养的人却是要尽最大可能地发挥自己的潜能，寻求自己的独特价值，具有独立、创新、自主、批判思考的能力。

前者和后者的不匹配宛如阵痛一般，不停地要求现实中的课堂做出回应，又宛如拉锯一般，一时将现实中的课堂拉向一边，一时又拉向另一边。总的来说，目前还是前者占据了上风。不过，从世界改革的潮流和社会发展的趋势来看，课堂的革新必然是要回应个体的需求，促进个体主动、深度、富有挑战性的学习。这种改革意图体现在课堂中，就是一种个别化学习的趋势，而个性化学习也是未来教育发展的趋势。

这种趋势也和学习科学中对儿童学习的研究不谋而合。儿童在学习上存在个体差异，这是客观存在的事实。儿童的个体差异体现在很多方面，既有对某一事物的认知方式的不同，也有学习风格、与人交往的不同，还有情感体验方面的差异。这些个体差异往往让课堂学习变得复杂，难以预测。譬如，有些学生动作学得很快，有些学生学起来却很费劲；有些概念多数学生很快就掌握了，却总有些学生一错再错，等等。这些差异引发了教师的不同反应，导致学生在课堂、学校教育生活中的巨大差异。一些学生的课堂生活富有成效、充满关爱和回应性，经常有教师和同伴的反馈；而另一些学生的典型的课堂生活则是静坐、被批评、枯燥无味的操练。问题的核心在于，我们如何解释这种差异？这些差异是绝对的吗？是可以改变的吗？

关于这个问题，教育界有很长的一段争论。有研究者认为，个体差异是不可以改变的。在大规模的群体中，学生呈正态分布，我们要做的只是筛选出认知精英（cognitive elite）。也有人认为，个体差异不是绝对的，钟形曲线的魔咒可以通过学校教育打破，是可以改变的。

在我们看来，学校教育的本质并不在于证明个体的学习存在差异，并根据差异筛选学习能力强的学生。学校教育的目的在于改善个体差异，让不同智力水平的学生获得基本的素养。

在我们看来，个体差异是一种教育资源。个体差异表明个体对世界和事物有着多样化的认知方式，教育只有在了解这种个体差异的基础上，通过改善个体差异的教育方法，才有可能获得成功（田中耕治，2011）。教师要做的就是发现个体学习的差异，考试是一种发现个体差异的方式，课堂观察也是。

我们缺少对儿童个体间学习差异的研究

孔子说，因材施教。但是，因材施教的前提是我们对“材”的判断是准确的。现实的情况是，我们往往还没有对“材”进行充分的研究，就迫不及待地进行“教”，在教之后发现不对，再花大量的时间来调整“材”，让他们按照“教”的方向走。这样的过程，不仅学生痛苦，教师自己也疲惫不堪。关键的问题就在于，我们对学生的研究不够。

这种对学生个体学习差异研究的缺失，往往使我们的教师在面对巨大的学习差异时束手无策，或者抱怨生源的问题，从而对学生进行分层、筛选，或者干脆放弃后三分之一的学生。在帕尔默的《教学勇气》中生动描述了这一场景：

几年前，我遇见了一位实验学院的主任，他正在指导一所著名大学的校园项目，这个项目已经进行到第二年。他刚和教师开完会回来，其表情表明工作进展并不顺利。

“出什么事儿了？”我问。

“全体人员花费了大半个上午的时间抱怨学生的质量太差。他们说如果不招收基础好的年轻人，我们这个项目就绝不能取得成果。”

“你怎么说？”

“我尽最大的努力去听，”他说，“但是他们只顾一个劲儿地责怪学生，最后我说，他们的话听上去像医院的医生在说：不要再把有病的病人往我们这儿送——我们不知道拿他们怎么办。给我健康的病人，以便使我们看上去像好医生。”

他打的比方帮助我理解了教学的一些重要东西：我们诊断学生健康状况的方式决定我们提供治疗的方法。但是老师们很少花时间去共同思考我们学生的状况，很少花时间去思考我们的教学能够治疗的弊病。我们没有什么东西能够和医院里常见的大会诊相比：在医院里，医生、护士、治疗师和其他专家联合起来诊断一个病人的病情。相反，我们却允许不假思索地凭着充斥在教师文化中的偏见来形成我们的“治疗方式”。(帕尔默，2005)

不能不承认，诊断学生和研究学生在我们教师的专业时间中只占据极少的分量。帕尔默的批评正点明了我们当下学校教育中的问题：很少研究学生的学习，很少共同探讨、了解学生间的差异对教学、学习发生的意义。

在2011年颁布的《教师教育课程标准（试行)》中，把对儿童的理解放在了很重要的位置，在小学和中学阶段都提出：“理解小学（中学）阶段在人生发展中的独特地位和价值……尊重学生的个体差异，相信学生具有发展的潜力，乐于为学生创造发展的条件和机会。”而在课程设置中，很重要的一类课程领域就是为未来的教师们开设“儿童发展与学习”。

也有研究者提出，在以往的教育学研究中是没有“对儿童的研究”的，这是教师教育的重大缺失，建议开展“儿童学研究”，确立“儿童本位”的思想。理解儿童、关心儿童意味着倾听儿童，敏锐地意识到儿童的需求，让他们健康快乐地学习和成长（钟启泉，2011）。

那么，在职教师怎样研究学生的学习呢？对上课教师来说，课堂中的评价——课堂练习、预习作业、课后作业、行间巡视、表现性的活动、学生学习单、观察等都是研究学生学习差异的载体，从这些活动中发现学生学习的奥秘，有意识地进行归类。而对教师群体来说，教研活动、课堂观察就是对学生的学习表现进行的集中研究。

课堂观察是一种研究学生学习的重要工具

西方意义上的课堂观察自进入中国以来，主要是作为一种促进教师专业发展的工具。而在本书中，课堂观察首先是作为一种发现学生课堂学习差异的工具，作为教师用以观察、研究学生的工具，不仅观察认知差异，还关注与认知相连的情感、社会关系，并观察与之关联的教学。

一个事实是：我们的教师缺乏在课堂中研究学生学习的工具。这一方面是因为以往听评课的惯性影响。在以往的听评课中，我们往往侧重于教师的仪态仪表、怎么设计教案、怎么复习、怎么导入课文、怎么讲解新知识、怎么板书、怎么提问、怎么布置作业、怎么运用教学手段和方法、怎么突出知识的重点和难点以及怎么把握教学节奏等，却常常忽略了课程教学中最为重要的因素——学生。脱离具体教学情境的教学法的改革，最终演变为教师基本功的表演，而与学生的真实成长关系不大，教学在很大程度上失去了它应有的教育意义（吴刚平，2003）。而另一方面是由于个体“学习”本身的特性，认知过程是内隐而难以言表的，教师习惯地拿张凳子往后排一坐的听评课的方式根本不可能关注到学生的学习活动。学生的感受、反应、行为、思考、发展和成长，无法在既有的听评课中得以体现。

课堂观察可以从技术上部分解决这一问题。与听评课不同的是，课堂观察的优势就在于首先要通过前期的研究对学生的学习形成一定的理论框架或判断标准，然后创建合适的工具捕捉学习，并用一种可报告、可分析的方式记录下来。

但所有观察工具和观察行为的变化都是基于一个前提——学习观的变化。今天，当进行课堂观察的时候，如果我们仍然秉持传统的学习观，认为学习是划一的，知识是客观的实体，观察就毫无必要；如果我们仍然认为知识是单向的灌输与传递，是向僵硬的大脑滴入琐碎的资料，是推动麻木的躯体从一种信息源到下一种信息源，我们也不需要观察学生的学习。

只有当我们相信每个学生身上都拥有学习的力量，相信每个学生的学习是一种个性化的历程，课堂观察才会有意义。我们认为：

◇ 个体差异恰恰揭示了当前课堂研究中的话语方式需要转型。学习是和特定的个体相连的，是依赖于个体的。当我们分析课堂中学习是否发生以及学习的质量的时候，我们需要分析的是“这个”学生的学习，“这类”学生的学习。

◇ 课堂观察要让教师洞察不同的学习者在课堂中是否拥有主动建构意义、自我监督、注意力调整、与人合作等技能的机会，如果没有，怎样给学习者提供这样的机会。对课堂的观察是为了研究学习与教学之间的关系，根本目的是促进学生自己主动地学习。这个目的通常被我们忘却，我们对教学的分析变成了对琐碎教学手段的调整，而忽视了促进学生自主地建构学习。

◇ 教学是在研究学生学习的基础上发生的，课堂观察就是要在学校内开创一个教师共同研究学生学习的共同体空间。课堂观察要能够根据学生的差异化学习提出教师的教学策略。这种关注并不是抹杀教师的作用，教学是一种专业行为，教师有责任设计有助于建构学生知识的环境。正如舒尔曼（Shulman）所说，通过对个体、群体学生的观察，我们开始更为清楚地理解，学习者是在何种程度上用原有的理解来建立他们的理解的。任何新的知识都多少要同学习者原有知识联系起来。作为教师，除非我们能够发现由内及外的方法，同学生一起关注其原有知识，认真对待他们的所知所想，否则教学就变得非常困难（Shulman，2004）[36]。

怎样对个性化的学习进行观察?

如上文所言，对学习进行观察和分析的前提是，承认每一个学生的学习是独特的个性化进程，课堂中的知识和意义是基于师生共同的参与和建构而产生的，所有参与者都享有同等的地位。如果不基于这一前提，对学习的观察结果往往成为统一化的简单的学习行为数据的罗列。

这一前提无疑对课堂观察提出了挑战：课堂中的学习包含了什么？如果强调学习的个性化，那么当教师要在30人以上的班级任教，而每位学生又有各自的思考方式和想法的时候，我们又如何观察每个学生的学习呢？

我们认为，首先需要了解学习的机制，学习到底在学生身上是如何产生的？更具体来说，各种学习结果，如知识与技能、情感、与人合作的能

力等在学生身上到底是如何形成的，如何判断学生产生了这样的学习结果，如何判断这些学习的质量？所以，每当我们提出一个学习结果时，都要首先对隐藏其中的学习机制进行分析。

其次，虽然每个学生都是独立个体，但从质的方面来说，他们对特定事物的理解，常常可以归纳为几个有限的类别。关键是，我们要有一种敏锐的洞察力，了解学生对将要学习的事物会做出怎样的考虑、感知、理解与体会（卢敏玲 等，2006）。

再次，由于学习的特性，对学习的课堂观察需要改变原有的听评课方式：要坐在学生身边；要对他们的话语、行为、表情、互动进行记录，在必要的时候要对焦点学生进行录像、摄像；要对他们进行访谈；要收集他们在课堂上的学习记录以了解其思维轨迹；要运用一些心理学、社会学中的量表帮助我们诊断等。

本书围绕为什么和如何进行以学习为中心的课堂观察展开阐述，一共分成五大部分。

第一部分主要是梳理半个多世纪以来课堂观察的历史流变。课堂观察历经互动分析、话语分析、人种志观察等较经典的方式，到当下融入学科内容与方法、以标准化为特征的新量化观察，以及新媒体和分析技术的风起云涌。我们在诸多流派中区分出三种取径：大规模的标准量化观察取径、以人种志为核心的质性观察取径，以及当下国内极为流行的专业成长取径。本部分最后一章提出以学习中心的课程观察架构。

第二部分至第四部分是本书的重点，探讨如何以学习为中心进行课堂观察。提出了五大类的观察领域：观察学生知识与技能类的目标达成，观察有意义的学习过程，观察合作学习的过程，观察课堂中的积极学科情感，观察课堂中的社会关系。

第二部分探讨的是知识与技能类的目标达成。这是学习发生的最基本的要求。怎样判断一堂课中学生达成了知识与技能类的目标？本部分给出了三个判断标准，针对每一个标准，给出分析框架和工具框架，并以一节课为载体，描绘环环相扣的实地观察案例。这一部分的课堂观察可以让我们在复杂课堂中判断学生是否获得了有质量的学习结果，在进入课堂前、后是否产生了学习进步，是否经历了有意义的学习过程。

第三部分是对个体和群体学习过程的深入观察和分析。本部分首先探讨了学习发生的机理：学生的“朴素”观念是如何阻碍或促进学习的，从新手到专家的不同路径和认知水平，怎样的学习方式更好等问题。借助本部分的学习科学的理论基础和观察单，我们可以深入分析课堂中的迷思概念，学习活动中学生的认知与合作水平，通过白描、话语分析，判断独立或合作学习的质量，促进深度的学习。

第四部分是对积极学科情感和同伴社会关系的观察。学生的学习动机和情感对学习会产生重要影响。观察前首先要理解积极的学科情感、良好的社会关系产生的机制。观察中则要借助积极心理学、社会关系测量等领域的工具，呈现学生不同等级的学习情感状态。这一部分还提供了教师在课堂上的表现和行为的自我检核表。

第五部分是对观察后的数据分析和解读过程进行了重点探讨。课堂观察如果不伴随多元的、深入的分析，没有观点的激荡与课堂的重构，无异于数据汇报，对教师的促进意义是有限的。本部分提出，评课中“反反思”困局的关键在于教师对课堂分析的同质化、宏大叙事等，因此，借助“冲突”，构建“多元理论框架”，对同一课堂数据进行多角度的分析，将有可能带领我们的课堂观察走向深度观察。

本书中的所有工具、案例都是来自于和一线教师的共同合作。在实地进行课堂观察的时候，那些一个人默默奋斗在教室中的教师，你可以独自选择其中的某一工具进行尝试；那些希望引领他人一起探索的教师，可以在备课组、教研组等教师群体层面上进行合作性的观察。我们真挚地希望，课堂观察这种技术能成为教师通往学生心灵和提升教育智慧的一条道路！

第一部分

多元取径中“以学习为中心”的课堂观察

Di Yi Bu Fen

duoyuan qujing zhong “yi xuexi wei zhongxin” de ketang guancha

第一部分 多元取径中「以学习为中心」的课堂观察

课堂观察经历了半个多世纪的流变，产生了诸多流派，近年来，新媒体和观察技术风起云涌。本部分探讨了大规模的标准量化取径，以人种志为核心的质性取径以及当下正当流行的专业发展取径，前两种取径的融入有助于提高专业发展取径的真实性和准确性。本部分提出了以学习为中心的观察架构，观察学生知识与技能类学习目标的达成、个体有意义的学习过程、合作学习的过程、课堂中的积极学科情感和同伴社会关系五大领域。

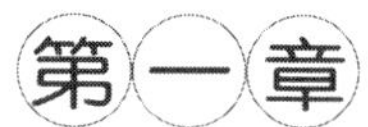

第一章 课堂观察的历史流变与新进展

在观察中感受、体味与评估是人类的独特能力，在中国文化中尤其如此。孔子说：“夫达也者，质直而好义，察言而观色，虑以下人。”(《论语·颜渊》)

孟子进一步说，观察一个人，首先是对眼睛的观察：“存乎人者，莫良於眸子。眸子不能掩其恶。胸中正，则眸子瞭焉；胸中不正，则眸子眊焉。听其言也，观其眸子：人焉廋哉!”(《孟子·离娄上》)

在随后的中国社会中，能够“察言观色”一直被看做是对人心有洞察力的表现。会察言观色的人往往能够熟练地通过对外部表情、行为的观察推断他人的内心活动，进而调整自己后续的行为，从而在社会活动中取得成功。

在教育中，观察的重要性不言而喻。课堂中的教师每时每刻都在进行观察，观察学生的表情、动作与作业表现，然后做出进一步的教学判断和决策。长期以来，教师对学生的观察和后续的教学调整，是一种自发的行为。直到新中国成立后，有了“听评课”活动，同行之间进行观课、评课、议课的行为才逐渐制度化。但是，听评课与西方的课堂观察并不是一个概念。在此，本章简要描述西方课堂观察的历史流变与新进展。

一、从社会学中对群体互动观察开始

观察本是社会学实地研究中的一种收集资料的方法，这种方法最大的长处就是在行为现场观察并思考（巴比，2005）。正如美国社会学家韦伯（Weber）所说，所有的社会研究始于观察且止于观察，无论从何处开始对任何一个社会机构进行研究，其必不可少的部分便是细致与长期的个体观察。通过这种观察，研究者能获得很多材料，并以此来清晰自己的观点和思想（陈波 等，1989）。

课堂观察主要源自20世纪50—60年代西方的科学主义思潮。受社会学中互动研究的影响，50—60 年代，课堂观察的重点集中在课堂中教师与学生的互动类型的分析上。通常的方式是将教师的互动行为和学生的互动行为编成一套编码系统（Coding System），用编码系统中的编码表对一堂课或者是一个课堂片段进行互动行为的分析。

最早运用这种方法的是美国社会心理学家贝尔思（Bales），他于 1950 年提出“互动过程分析”理论。贝尔思提出的群体互动是对小群体的观察，他划分了互动范畴的观察框架：社会情绪领域（Social-Emotional Area）的积极互动行为与消极互动行为，工作领域（Task Area）的询求性互动行为与回应性互动行为；然后将这四类互动行为分成程度逐渐变化的三个层次，组成观察项目清单。

在此之后，这一类型的研究蔚为大观。其中，比较典型的是美国课堂研究专家弗兰德斯（Flanders，1970）提出的“弗兰德斯互动分类系统”（Flanders Interaction Analysis System，FIAS），它标志着现代意义的课堂观察的开始。

弗兰德斯将互动分成“教师的语言”、“学生的语言”、“沉默”三大类，又具体分成如表 1-1 所示的 10 种。观察者每隔 3 秒钟记下行为及其发生顺序。课后，经过一定的处理将编码填入 10 × 10 的矩阵。

表 1-1　弗兰德斯的师生互动观察类目系统

<table>
<tr><td rowspan="7">教师的语言</td><td rowspan="4">间接影响</td><td>1</td><td>接纳情感：以平和的方式接纳与理解学生的积极或消极的态度、预期。</td></tr>
<tr><td>2</td><td>表扬或鼓励：表扬或鼓励学生的行动或行为，包括开玩笑以消除紧张，而这种玩笑并不伤害第三者；点头同意，或者说“是吗”或“继续下去”。</td></tr>
<tr><td>3</td><td>接受或利用学生的想法：理清、发展或拓展学生的看法。但若教师说的更多的是自己的看法，则归入范畴 5。</td></tr>
<tr><td>4</td><td>提问：基于教师的看法提出内容或程序方面的问题，让学生回答。</td></tr>
<tr><td rowspan="3">直接影响</td><td>5</td><td>讲授：陈述内容或程序方面的各种事实或观点；表示自己的看法，做出自己的解释，或印证权威（不是学生）的观点。</td></tr>
<tr><td>6</td><td>指令：给予指示、命令或要求，以期学生遵从。</td></tr>
<tr><td>7</td><td>批评学生或维护权威：明言正告，将学生的不可接受的行为方式变为可接受的行为方式；严厉责备学生；阐明自己所采取的行为理由；强调自身的绝对权威。</td></tr>
</table>

续表

学生的语言	8	反应性说话：为了回应的学生说话，由教师引发交往，或要求学生阐述或营造情境。
	9	主动性说话：由学生主动说话。学生表明自己的看法；引出一个新的话题；自由拓展自己的观点与思想方法，比如提出一些有创见的问题、超越现存的结构。
沉默	10	沉默或混乱：暂时中止谈话，短时间的沉默，或短时间的混乱使得观察者无法了解交谈内容。

此外，古德和布罗菲（Good et al，1971）提出了课堂观察的双向互动系统（Dyadic Interaction System）。这一系统界定了学生引发的问题、阅读或背诵、纪律问题、直接问题、开放问题、大声喊出等29个变量。这个观察系统的目标在于，确定学生个体是否比其他学生接收到了更多或更少的某种行为。

这些互动观察的研究成果体现了对课堂进行精细研究的科学实证主义思想，在随后的发展中，也因为其过于琐碎、僵化而招致多方批评。在近些年来的国际课堂比较研究中，这种量化分析思路又有了新的进展。我国也有很多研究者应用这些观察工具对中国课堂进行观察，并在时间、记录方式上进行调整，增加计算机、曲线图、质性观察等辅助方法（宁虹 等，2003）。

二、话语分析视野中的课堂语言

话语分析流派一直是课堂观察中的重要组成部分。英国研究者巴纳斯（Barners）为这一流派的研究做了一个定位：研究学校语言现象应该尝试回答教育的问题。通过语言形式，我们可以更敏锐地感知教室中的社会事件，通过话语将认知和社会两个层面联结起来。

20世纪70—80年代，受社会学中儿童话语研究的影响，卡兹登（Cazden，1988）开创了用话语分析进行课堂分析的研究传统。卡兹登曾经做过9年的小学教师，后在哈佛大学的教育研究所工作了13年，又再度回到课堂。这种经历使他能以研究者和教师的双重身份，观察和评论课堂中互动的形式和内涵、师生互动和同伴互动对学习的影响、师生说话方式

的文化意义。

卡兹登的经典著作《教室言谈：教与学的语言》（*Classroom Discourse*：*The Language of Teaching and Learning*）对课堂语言进行了结构性分析。在这本书里卡兹登引用社会心理学家布朗（Brown）的说法，提醒我们：孩子们在课堂中寻求的无非是沟通，是了解及被了解。

卡兹登认为，从语言学的角度来看，教室生活中有三种不同功能的语言：(1) 课程的语言，沟通主要教学信息；(2) 控制的语言，建立与维持社会关系；(3) 个人认同的语言，表达说话者的认同态度。而各层级的教室言谈中最为普遍的语言模式表现为 IRE 序列：教师启动（Initiation）—学生回应（Response）—教师评价（Evaluation）。

这一时期类似的研究还探讨如下核心问题：语言运用的模式如何影响知识和学习的定义？如何影响学生受教育机会的平等与否？这些模式假定说话者应该具有哪些沟通知识？这些模式将培养出哪些沟通知识？近期这一流派的研究，从单纯的语言分析逐渐转为语言与意义的联结。在数学教育研究者布兰顿等人（Blanton et al，2001）所做的研究中，就是运用维果茨基的语言分析观点对课堂话语的本质进行理解。

目前，国内的课堂话语分析研究主要是在二语习得领域，研究的问题主要集中在教师的赞美语、话轮分析、课堂中的沉默语言现象、师生互动等方面。

三、人种志开辟的质性视角

人种志（ethnography），源于希腊文 ethno，意为民族、种族或人们；graphy，意为描绘。这种研究范式由英国社会人类学家马林诺夫斯基（Malinowski）奠定。这一方法起初主要是对异种族、异文化的研究，现在已广泛应用于社会学研究领域。

1968 年，英国教育人类学家扬（Young）、史密斯（Smith）和杰弗里（Geoffrey）首次应用微观人类学（Micro Ethnography）的方法，即所谓的“微观民族志”，对班级进行人类学实地研究，从此开始了用人种志对课堂进行实地研究的历史。

扬等人的目的在于描绘一所贫民学校中某一班级的沉默语言，从而使那些没有生活在其中的人能够理解其微妙与复杂之处。他们搜集材料的技术主要是“参与观察”（participant-observation）与“深度访谈”（depth-inter-view）。所谓参与观察是指研究者不仅作为旁观者观察所研究对象的一切，同时也相当程度地参与到所研究对象的活动中，作为其中的一员，以求更密切地、接近地观察。所谓深度访谈则是指研究者与研究对象作无拘无束、较深入的访问谈话，事前不规定所要访谈的问题，更不限定回答的方式，而是就某一范围的问题作广泛的聊天式的对话，或对某一特定的问题作详细的说明。

从 20 世纪 70 年代以后，人种志研究开始为较多研究者所接受。布拉姆菲尔德（Blumenfeld）和米勒（Miller）设计了收集叙事信息的方法，称为趣闻逸事记录（Anecdotal Record）、进展记录（Running Record）等，用来记录学生的行为模式、学习风格、所学概念等（古德 等，2002）[75-77]。

我国的研究者比较多的是从 2000 年以后才逐渐接触这一研究方法，有研究者提出“课堂人种志”这一名称（王鉴，2004）。研究者认为，课堂人种志研究基本上是由对发生在课堂中的事件的描述组成，特别是对教学组织过程中的师生行为及行为意义的解释。它以教师和学生个体行为的文化意蕴为基础，既用于对课堂现象原始材料的记录，也用于对这些材料意义的解释，具有描述性和解释性的功能（杜文军，2009）。

鉴于人种志研究的主要目的是对研究对象的个人经验和生活方式作“解释性理解”或进行“体验”，这种理解或体验主要是在自然情境中进行，因而研究者要对自己的“前设”和“偏见”进行反思。观察者一般用完整的文字描述课堂全貌，使原本被剥离出来的课堂事件、课堂行为回归情境本身，从而使研究者利用个人经验可以更好地理解、诠释课堂。

四、学科内容与方法的融入

近些年来，美国的很多研究机构陆续推出了自己的课堂观察工具。检阅这些工具可以发现，课堂观察很少再集中于一般性的互动分析，而更多的是聚焦于特定的学科，每个研究机构一般都有自己主攻的课堂研究方向，致力于在某一个学科领域中的深入分析，突显这个学科的特性。这种特点比较集中地体现在数学、科学和英语课堂。

位于北卡的地平线研究公司（Horizon Research Inc.，HRI）受国家科学基金会（National Science Foundation，NSF）等资助，于近期推出了 22

页的“课堂内部观察和分析工具”（Inside the Classroom Observation and Analytic Protocol）。这一观察专注于科学和数学课堂，观察者需要完成课堂的描述性信息，并评估科学和数学教学策略的水平等级，以传播科学和数学教育的前沿技术，评估科学和数学教育的革新项目。

与之类似的还有“为了更好的学校的研究”（Research for Better Schools），这一研究机构受美国教育部、国家科学基金会资助，重点研究阅读课，开发了“孟菲斯阅读提升课堂观察工具”（Memphis Striving Readers Classroom Observation Protocol）和配套的指南、培训单，对阅读策略、课堂认知、学生投入进行编码。

由剑桥大学出版的《课堂观察任务》（*Classroom Observation Tasks*）主要针对英语课堂。它将观察体系分为7个大视角35个观察点，7个大视角为：学习者、语言、学习、课、教学技巧与策略、课堂管理、教材与资源。以“学习”视角为例，又分成学习环境、学习检测、教与学的比较、教学目标、词汇与学习等观察点（Wajnryb，1992）。观察点既体现了对一般性课堂教学的关注，也体现了语言类课堂观察任务的特征。

从这些研究可见，普适性的课堂观察工具的开发已经难以满足对课堂深入分析的需求，深入的课堂观察需要兼顾一般性的编码和体现学科特色的编码。

五、以标准化为特征的新量化观察的兴起

20世纪90年代以来，课堂观察的应用更加广泛。如果说以往的课堂观察比较多的是对教师的课堂进行分析，当下的课堂观察已频繁运用于项目评估、国际比较、政策干预、心理学应用等多个方面。尤其随着当下一些大型的结果质量监控体系逐渐将课堂过程变量纳入分析范围之后，研究者对课堂观察有了更高的要求。

开发标准化的课堂观察以用于大规模的检测和了解教育质量，并用于解释学生的学业成就在西方已有比较长的历史。最近几年来，研究者们又再次关注并开发出具有良好的信度和效度的标准化的课堂观察工具，如加莫兰（Gameron）等人，他们在个体学生的层面上提出了个体学生教学（Individualizing Student Instruction，ISI）课堂观察，对多个州的大规模英语课堂进行了观察，结果表明，ISI具有良好的效度。

在这些研究中，比较有代表性的是皮安塔（Pianta）和哈默（Hamre）开发的课堂评分系统（Classroom Scoring System，CLASS）。他们认为，教师与学生互动的行为可以通过标准化的观察工具评价出来，加以系统分析，并用于问责机制（Pianta et al，2009）。利用CLASS系统，十年来他们观察了2500个课堂，收集了从学前到五年级的第一手的观察数据。他们建议在目前的州标准化增值（value-added）测试和大规模的学生评价如NEAP中设计标准化的观察表，以增进对很多结果的深入理解。

CLASS系统课堂观察的结果表明，一般学生只接受中等程度的情感支撑和课堂组织，以及相当低层级的教学支撑。教师和学生之间的互动是非个体的，只有在极少数的情况下，学生才有可能得到一对一的、积极的师生互动。例如，在五年级，学校一天生活中，发生积极的、个体的师生互动的观察时段只占总观察时段的1%。在课堂管理中，学生的大量课堂时间是用在非学习的活动上，五年级的非学习时间占课堂时间的30%。在教学质量上的证据尤其引人关注：学生没有得到高水平的教学支撑，五年级的学生用在基本的识记和用在推理、分析、综合信息上的时间比为5：1（Pianta et al，2008）。

六、视听新媒体、网络技术与数据平台的介入

课堂观察是借助观察者本身的经验、观察的敏锐度以及一套观察记录系统来回答问题，但是课堂的瞬息万变以及信息来源的广泛性，都要求课堂观察领域能够不断发展出新媒体与新技术以应对课堂观察的进展。

以往的课堂观察是对1个课堂进行深入分析与观察，而现在，基于大规模的评估和国际比较的需要，往往要对几百个、上千个的课堂同时进行记录、网络共享与分析。如何保存课堂的原始资料，如何在后期对课堂进行分析，这些都对技术提出了极高的要求。在课堂观察数据的产生、收集、记录、分享、分析等各个阶段，我们都可以发现新技术的身影。

运用新技术比较典型的研究如1995年的TIMSS视频研究，是美国、德国、日本的研究工作者首次大规模地对这3个国家八年级的231节数学课进行了实录，构建了录像信息模型，用于比较研究3个国家课堂教学与学生学习成就的关系，并试图从中归纳出在国际测验中具有较高学业成就的日本数学课堂具有怎样的特征。1999年的TIMSS研究扩展到美国、瑞

士、澳大利亚、中国香港等7个国家和地区，通过对每一个国家和地区超过200小时、一共1000多个数学和科学课堂教学录像的比较研究，旨在探讨美国课堂中的数学和科学教学实践，并将美国的教学实践与那些高成就的国家进行比较，从中发现关于教学数学和科学的新观念，并开发新的教学研究方法和工具以促进教师的专业发展。

在澳大利亚所进行的"学习者视角的研究"（Learner's Perspective Study，LPS）中，运用了大量的数据采集、视频制作、网络共享、数据库建设方面的新技术。比如，LPS开发了一种视听分析软件（Studiocode），运用这一软件可以直接在视频上进行编码，也可以对转化后的文稿进行编码分析。LPS还建立了大型的课堂观察数据库系统，通过国家、学校、课的数据来源分类，对需要的文件进行层层定位，并进行不同数据的层级分析。在LPS的网上数据分类系统所使用的软件是录像门户（Video Portal），可以对大量的数据进行同时性分析。

一直以来，在课堂观察领域，我们都秉持一种技术辅助视角。这种视角认为，不管课堂观察的系统发展到一个怎样高级的阶段，技术只能起到辅助的作用。但在新技术面前，我们发现，新的技术确实能极大地改变课堂观察中的思维方式，产生不一样的效果。可以说，当前新媒体与新技术的发展已经能够让我们解决很多我们关注的问题，问题在于，我们怎样根据中国课堂的特征提出我们自己的重要课堂问题。各种已有的研究也提醒我们，技术只有与问题结合起来才能发挥更大的作用，正如教育技术领域的学者伊犁（Ely）所说，如果技术是答案，那么，问题是什么？

第二章 课堂观察的取径

课堂观察是一种研究和分析课堂的工具，受实证主义、现象学、人种志、教师专业发展等不同理论的影响，出于不同的研究目的，课堂观察的取径会呈现很大的不同。根据其理论基础和研究目的的差异，可以将课堂观察的取径分成量化观察取径、质性观察取径、专业成长取径三类。在以往的课堂观察研究中，一般是将课堂观察分成两类：量化观察、质性观察（陈瑶，2002）。这种分类方法仅考虑了数据来源，却没有区分出不同的研究目的和数据类型。因为促进教师专业成长的课堂观察即使采用了量化数据和质性数据，也与研究领域中采用的课堂观察有着本质的区别。

一、量化观察取径的技术与典型研究

量化观察在西方有着悠久的传统。在这一取径中，所谓的“量化”，是指用标准化的课堂观察单、编码系统收集课堂数据。这种观察取径主要运用于国际课堂比较、解释学业成就等结果变量和大规模的课堂评估等。这一取径中所开发的观察工具基于特定的“好课堂、好教学”的理论假设，有一定的信度和效度。观察工具主要由研究者开发，使用者要经过一定的培训。

在大规模的量化观察研究中，主要的工具有两类：一类是即时记录课堂信息的标准化的课堂观察单，一类是对课堂或课堂录像进行再分析的编码系统。

（一）标准化的课堂观察单

何谓标准化的课堂观察单？这些观察单与当下中小学中常用的观察工具有何不同？笔者梳理了国外典型的课堂观察系统，发现标准化的课堂观察单有以下 3 个典型特征。

1. 观察框架反映了对有效课堂教学的假设

标准化的课堂观察总是与“好的教学是什么”的假设联系在一起。有效教学的理念源于20世纪上半叶西方的教学科学化运动，特别是教学效能核定运动之后，这一概念频繁地出现在英语教育文献之中。标准化课堂观察的维度发展是和有效教学的研究紧密相连的。从有效教学研究的历史来看，主要经历了三个阶段：（1）描述教师个人特征；（2）剖析教师的教学行为；（3）探讨学生高水平的认知活动何以产生。

其中，第二个阶段的有效教学研究持续时间最久，被称为过程—结果（process-product）研究取向，关注特定的教师行为与学习成绩之间的关系。如有研究表明，9类教学行为将会对学生学业成绩产生重要影响：清晰明了；根据学生表现灵活变化教学；以教学和学习任务为中心；热爱学科，用热情激励学生；批评（负相关）；不诚实（负相关）；给予学生学习机会；运用有条理的争论；多种水平的提问或讨论（Berliner et al，1996）。伊萨戴克和埃利奥特（Ysseldyke et al，1999）总结了一系列成果中的有效教学行为：给学生更多的学习机会，主动教学，让学生高度专注学习，高效利用教学时间，多变而灵活地将学生分组等。

早期的标准化的课堂观察认为，有效教学行为的出现频率和学生成绩是相关的。通过计算与学生高学业成就相关的教学行为的频率，可以证明课堂效率的高低。课堂研究者马歇尔（Marshall）将这种特征描述为用行为主义的透镜（behaviorist lens）观察课堂（Gettinger et al，1999）。

如前所述，近年来，在建构主义等新的学习理论指引下，研究者们重新开始关注发展出具有良好的信度和效度的标准化的课堂观察工具，如前述的CLASS系统。

CLASS系统是与“好课堂”的假设相关联的（如图2-1所示）：良好的课堂结构（classroom organization）；充分的情感支撑（emotional supports）；教学支撑（instructional supports）。CLASS系统与早期课堂观察的区别在于，它不仅体现了对“好课堂”的假设，而且这种“好课堂”与学生的学习成果关联，不仅与学生的学习成绩相关，而且与更为宽泛和高水平的学习结果如概念发展等相连。

2. 具有良好的信度和效度

标准化的观察单往往要求观察者对照观察指标赋值评分。我们先来看一个标准化观察的例子。以明尼苏达大学开发的课堂观察方案（Classroom

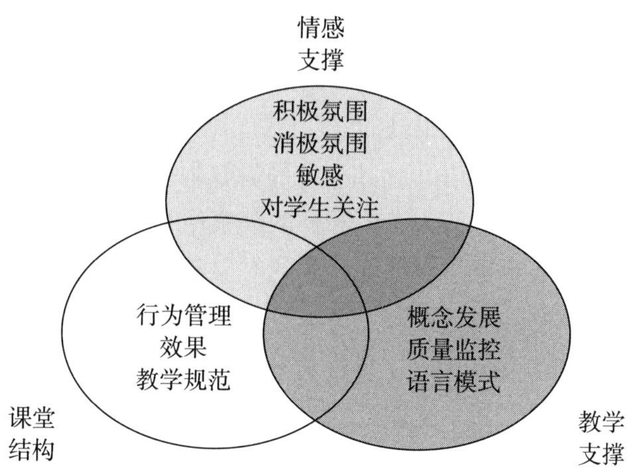

图 2-1　CLASS 系统的课堂评分框架

Observation Protocol，COP）为例，COP 是一个标准参照的描述和观察从幼儿园到高中课堂的工具，由几部分组成：一是关于班级一般变量的描述，包括课的类型、学生数量和物理环境的适切性；二是根据课堂活动的编码分解记录课堂，将教学活动分成讲解、学生呈示、讨论等 19 种类型，将认知活动分成接受信息、知识建构等 5 种类型；最后两个部分是对课堂及其整体质量的等级判断（Lawrenz et al，2002），围绕学生的学习认知活动展开，强调学生的高级思维能力。观察者应用 COP 展开观察之前需要接受培训，这样他可以充分理解在每个题目下面隐藏的标准参照的指标。

类似 COP 这样的标准化课堂观察单有助于使用工具的人持续、公平地在不同教师和课堂间运用观察结果，在观察评分和学生学习结果之间建立实证性的证据关联。一个有信度的课堂观察工具代表了观察系统的评分结果与学生或教师成果之间的一致性程度。一个有效度的课堂观察工具会对同样的行为产生同样的评分结果，而不管是在哪个课堂或是谁在观察，就像用一把尺子来量一叠纸的厚度，不管我们是白天量还是晚上量，也不管是谁拿着这把尺子。

总的来说，有信度和效度的课堂观察工具有以下 4 个特征。

（1）不随观察时间变化的稳定性。假设观察目标是要确定一致性和稳定的教师行为模式，这些特点超越了班级的限制，而且并不仅仅是恰好在观察时间中随机发生的行为，而是一种常态。那么，标准化的观察工具就会比较适合。这样得到的观察结果随着时间的变化会发生较为平稳的波动，它们代表了教师稳定的对课堂发生影响的实践。

(2) 不同观察者之间的一致性。如果观察工具可以提供关于评估—再评估的有效性的信息，或者在不同的时间段观察结果之间有良好的一致性，那么这样的观察工具是很好的。

(3) 超越情境的稳定性。比如一个测量教师改进学生语言能力的课堂观察工具会对教师的类似行为产生同样的观察结果，而不管这一行为是发生在语文课上还是英语课上，不管观察的对象是大组还是小组，也不管观察者是校长还是同伴。

(4) 对学业成就的预测性。标准化的课堂观察所获得的数据并不是针对某一个课堂，而是针对一类课堂。它们所揭示出的问题往往具有普遍意义。因此，标准化的课堂观察工具可以和大型的学业评估相结合，用于教育问责。

3. 有着标准化的培训、评分等管理程序

标准化的课堂观察工具需要标准化的培训、评分等管理程序的支撑。检视已有的标准化课堂观察工具的说明，通常包含如下内容：(1) 关于如何运用这一工具的学习指南和培训手册。(2) 具体评分程序和量规，如评分怎样赋予，是否有评分量规，是否有与不同等级的评分相配套的样例。(3) 效度检查的程序，如几个评分者共同为同一个课堂评分，并保证他们的评分是一致的；提供一些典型案例供评分者讨论，以形成较为一致的话语基础和共同标准。上述内容可以最大限度地避免由于评分程序或理解上的误差带来的数据偏差。

(二) 编码系统

编码系统是对录制好的课堂进行再次观察、分析，主要是运用时间抽样（time - sampling）的方法计算录像课、课堂视频资料中特定的行为类型，从而对课的类型、课中主题、课堂事件进行比较和分析。

大规模运用编码系统进行课堂研究的当属 TIMSS（The Trends in International Mathematics and Science Study）。TIMSS 是第一次在国家范围内使用录像技术和编码系统研究课堂教学的。TIMSS 对课堂进行了深入而全面的编码，试图将课堂研究量化。1995 年的 TIMSS 编码相对比较简单，主要是组建由参与国家的学者组成的编码小组，观看录像带，对国家间的文化差异问题形成假设，以此作为编码的基础，并通过录像带的数据来验证编码的有效性。

1999 年的 TIMSS 编码比较复杂，基本目标是阐述什么是教学质量，并有效地反映课堂教学的真实情况。因此，TIMSS 录像研究项目设计了一种两轮的信息编码方法。第一轮编码是课堂教学结构编码，即建立一个框架，对课堂进行多维度的分析。编码涉及课堂组织、学习环境的创设、学习进度及知识点的处理、教师用来鼓励学生参与的方法等。编码人员从 5 个方面分析课的内容：（1）情境（S），即进行数学教学的环境，如上课的特定环境、教学用语以及其他与教学相关的因素；（2）任务（T），即数学课所要达到的目标或要解决的问题，如“仔细思考如何变动这个图形却不改变它的面积”就是一个让学生解决的问题；（3）教师选择问题解决方案（TASM）；（4）学生解决问题的方法（SGSM），即学生自己提出解决问题的方案；（5）原理、教具和定义（PPD）。

第二轮编码是对课堂上师生的公共对话进行编码，包括教学行为、教学任务、课堂言语等。它将课堂发言分成 12 种类型：启发（elicitation）、信息（information）、指导（direction）、领会（uptake）、反应（response）、学生启发（student elicitation）、学生信息（student information）、学生指导（student direction）、学生领会（student uptake）、教师反应（teacher response）、提供答案（provide answer）、其他（other），而启发的子类别包括内容启发（content elicitation）、元认知启发（meta-cognitive elicitation）、互动启发（interactional elicitation）、评价启发（evaluation elicitation）、其他启发（other elicitation）等（蒋鸣和，2004）。

通过这样的编码体系，TIMSS 研究中的研究者如斯蒂格勒（Stigler）等人，才能基于课堂的量化数据横向比较不同国家的课堂模式，并纵向比较美国实际课堂教学与课程标准之间的一致性等。因此，要进行国际教学比较，需要精心设计编码框架。但是，编码框架越是无所不包，编码对课堂变化的敏感度就越低，因为一个非常细化的编码框架会降低研究者发现模式或规律性的概率，而由于这样的编码框架要求研究者在不同的编码间做出良好的区分和精细的解释，同时就降低了编码的可信度。因此，在考虑选择何种精细程度的编码时要同时考虑如何促进敏感度和可信度的最优化。

（三）量化观察的支撑技术

如果采用视频、录像、编码系统的课堂分析方法，那么，课堂数据的

存储设备、网络设置等新技术的支撑是必不可少的，尤其是在进行大规模的国际比较研究的时候。

首先，在数据的采集上，由于量化观察的编码体系涉及多个方面，往往采用多摄像的方式记录课堂信息。接下来的技术难题就是将 4 个同步拍摄的录像合成为 1 个，并找到相应的软件来支撑这样的录像，还要获得高质量的多窗口的声像品质，在这些窗口中，我们可以同时观察教师的教学、焦点学生的学习、焦点学生周围的小群体、班级全貌等。

量化观察也需要课堂数据的存储和分析技术。以往保存课堂分析数据的方式是文字记录，比如我们可以将互动片段制作成卷轴（scroll），把课堂参与者的话语、表情、眼神、手势、身体位置等，按照发生时间详细记录下来，从而能够比较方便地看出课堂互动的模式。做一个小卷轴会花费很多时间，研究者可能要花几十个小时来理解 1 分钟不到的师生行为。在大规模的课堂分析中，由于各种录像带的存储容量很大，一个教师的数据有时往往就需要一个光盘，如何实现多个课堂的同时呈现、研究人员对多个课堂的同步分析与对比分析一直是一个技术难题。如今在技术上可以做到将一个学校中若干节完整的课的分析录像、课后访谈、其他相关数据等都做在一张光盘上，如 Final Cut Pro 就是一种有效的大型录像数据文件的存储工具。

二、质性观察取径的特征与典型研究

质性观察取径与量化观察取径有着不同的理论基础与研究目的。这里所指的质性观察不是指教师使用的课堂案例，而是研究者所使用的具有理论基础、有严格的设计思路和理论渗透的质性观察。在社会学、人类学对课堂的微观研究中，都会用到质性观察的方法。这些质性观察的数据可以用于说明不同区域的课堂特征。

（一）质性观察的理论基础

质性观察取径有非常复杂的理论基础，也有很深远的历史。早在社会学创立初期，在实证主义的研究范式下，芝加哥大学社会学系就采用自然主义（naturalism）的方法观察当地社区并报告他们所观察到的“现实”。比如怀特（Whyte）著名的《街角社会》就是对意大利贫民区进行的民族志研究（怀特，1994）。民族志强调详细、准确地描述而不是解释。怀特通过与其线人的互动，从内部对街边的社会生活进行非参与式的详细描述，并以“他们”的视角报告“他们”的故事。

现象学派改变了上述纯粹自然观察的传统。他们认为，真实是由社会建构起来的，而不是外在的。类似于《街角社会》的观察与描述只是描述了“他们”视野中的帮派生活，而没有告诉我们，这些人是如何理解自己的行动并对自己的行动赋予意义的。因此，我们需要一些方法来解释被观察者是如何理解世界的。诸如加芬克尔（Garfinkel）所提出的“常人方法论”（ethnomethodology）或“关于常人的研究方法”（methodology of the people）（巴比，2005）即是如此。研究者通过“破坏”被观察世界中的既定规则或想当然的常识，来理解他们的日常世界。

自 20 世纪 70 年代开始，受到人种志、现象学的影响，英国涌现了一批“新”教育社会学家，他们主要以解释论为主要取向，由为数甚多的分支与亚结构构成，如符号互动理论、现象社会学、人种志方法。第一章中所提及的扬、史密斯和杰弗里首次应用微观人类学对班级进行人类学实地研究，就是这一时期产生的。

（二）质性观察的主要特征

在自然主义、人种志、现象学、叙事研究等多种理论影响下的质性观察，相互间有冲突的地方。比如现象学视角影响下的质性观察强调观察的无预设性，不用按照一定的框架来收集资料，而在案例研究影响下的质性观察则强调观察的框架与重点。但是，一般来说，质性观察具有以下三个重要的特征。

第一，真实情境中的观察。一般是对课堂实地的观察，观察者与被观察者一起上课、下课，在密切的相互接触和直接体验中倾听和观看他们的言行。“这种观察的情境比较自然，观察者不仅能够对当地的社会文化现象得到比较具体的感性认识，而且可以深入被观察者文化的内部，了解他们对自己行为意义的解释”（陈向明，2000）。

第二，深度描述取向。质性观察致力于深度描述现象，使现象成为“可见”的，在描述中自然展现事件的内在机理。譬如，采取使现象陌生化的方式，或通过系统性地“破坏”日常生活原有的“想当然”的常识等。为了更好地进行深描，有时还会采用录音、摄像技术。

第三，整体关联。质性观察往往不是对某一片段或现象进行简单的描述，或是将课堂分解为若干变量或元素，而是系统考虑被观察场域中教师和学生的位置、关系与意义，进行整体理解和诠释。有时还需要了解被观察对象的背景资料、日常行为模式，以建立更宽泛的意义。如果脱离被观察对象，从宏观角度或套用某些理论解释个体行为，则这些观察可能就会因缺乏依托而变得毫无意义。

（三）质性观察的典型研究

采用质性观察的例子国内外非常多，只要是运用人种志的方法研究课堂，都必然会运用到质性观察。如，美国密歇根州立大学教学研究学院的弗罗里欧（Florio）对一个班进行的长期的课堂民族志研究、美国社会学家科塞（Coser）对课堂冲突的民族志研究、英国的鲍尔（Ball）对课堂中微观政治的研究都是典型的代表。

这些研究都不再遵守“自然主义”传统中沿用“他们”的视角和观点，而是介入了很多新的元素，比如鲍尔对课堂中微观政治的研究，就受到福柯（Foucault）对微观权力分析的影响，将学校、课堂作为驯化学生的身体来展现其权力的场所。而另一些研究则将观察和行动研究整合起来，尝试在观察中对课堂进行改进。

例如，弗罗里欧对“为什么在学校里让学生写作是一件很难的事呢?”这一问题进行课堂民族志研究时，发现学生写作中的困难主要是因为写作活动没有意义，写作活动让学生无话可说。所以，研究者与任课教师一道设计了创设学生写作情境的教学活动。这一活动，通过教师为学生创设有意义的交流场景，有效地帮助学生发展写作能力。研究者把学生的课堂情境设计成学生们十分熟悉的社会情境，学生的角色被自愿确定为社区中不同职业的居民。他们在居民办公室工作，制定法律。课堂里有了如同社区里一样的部门和系统：执法部门、文化活动、商业、福利、邮政等。当然，这个课堂也具备其他标准教室的特征：黑板、桌子、书架之类的东西，但作为一个社区小镇的特征更加明显一些。学生们就是在这样的情境中活动，也是在这样的课堂情境中展开写作。在一年多的课堂民族志研究过程中，研究者慢慢地发现了学生写作中克服困难的方法以及教师在其中应该做的工作（古德 等，2002）。

值得注意的是，这种类型的研究仍然是研究者主导的，与下文所说的专业成长取径主要以教师自我或同伴为主体的观察有着很大的区别。

三、专业成长取径的特征与典型研究

作为与传统听评课方式相对的“专业的听评课”方式，专业成长取径的课堂观察最近几年是教育研究和实践的热点，有一些地区甚至在全区推进课堂观察（沈正元，2008），这意味着课堂观察在教学研究、教师专业发展中的作用正逐步得到认可。这些课堂观察与上文所说的两种取径不同，主要是以教师自我或团队观察为主。这种课堂观察正作为一种听评课的专业方式或工具，作为研究微观课堂的一种手段，来促进教师的专业发展，达成有效教学的目的。

（一）专业成长取径的主要特征

作为教师专业活动的观察与一般的观察活动相比，要求观察者带着明确的目的，凭借自身感官及有关辅助工具（观察表、录音录像设备），直接（或间接）从课堂上收集资料，并依据资料作相应的分析、研究。它是教师日常专业生活必不可少的组成部分，是教师专业学习的重要内容（崔允漷 等，2007）。与其他取径相比，专业成长的课堂观察取径有如下特征。

1. 确定可观察、可记录、可解释的观察点

这一取径课堂观察的主要目的是改进课堂和教学。教师的关注点一般集中于可见的教学行为，因此，依据可观察、可记录、可解释的标准来确定观察点是这一取径课堂观察的首要特性。研究者认为，教师只能观察到具体的行为表现，如师生之间的提问与应答、阐释与分辨、辅导与练习，教师移动与教学手段的运用等，而很难观察内隐的观念；同样，所确定的观察点还必须是可记录和可解释的，不可记录等于不可观察，不可解释等于没有观察。

2. 教师自己开发简单的工具

这种取径的课堂观察，主要是由教师自己开发工具。开发工具的出发点是为了方便地记录课堂的即时信息，基本上不考虑信度和效度问题，所获得的数据一般也只具有个人意义，很难用于大型的问责和监控。课堂观察只取其中一点，让复杂的课堂简化，在有限的时间内观察或注意到课堂教学的某个侧面，并快速洞察、反省自己所使用的教学技能。一般来说，

在专业成长取径的课堂观察中，教师自主开发的观察记录工具，尽管可能存在这样或那样的问题，但只要使用起来得心应手，解释起来能自圆其说，也就可以了。教师也可以在开发的过程中扩大自己在观察点上的视野，提高设计能力和合作研究的水准。

3. 以团队合作观察为主

这一取径的课堂观察不同于传统的听评课活动，它需要观察者、被观察者、学生之间开展合作，才能顺利地完成整个观察活动。这种合作不是形式化的，而是基于主体的意愿、可分解的任务、共享的规则、互惠的效益四元素的真实合作。开展课堂观察就要建立一种基于四元素的专业合作共同体（崔允漷，2008）。

合作共同体的建立可以改变教师传统的单兵作战的听评课方式，通过对话、倾听、讨论等交流方式，赋予备课组、教研组的运作以新的意义，使课堂观察更加有动力，更加持续。在一段时期（一个学期或一个学年），参与课堂观察合作共同体的人员基本是固定的，群体中个体的需求差异就会带来开展观察活动的动力。

（二）专业成长取径的典型研究

国内比较早地开展旨在改进课堂的课堂观察的是上海市教科院的顾泠沅教授，他早在青浦实验中就提出课堂实录、全息课堂录像，并结合课例研究来使用。而目前广为流行的当属 LICC 观察模型（如图 2–2 所示），它

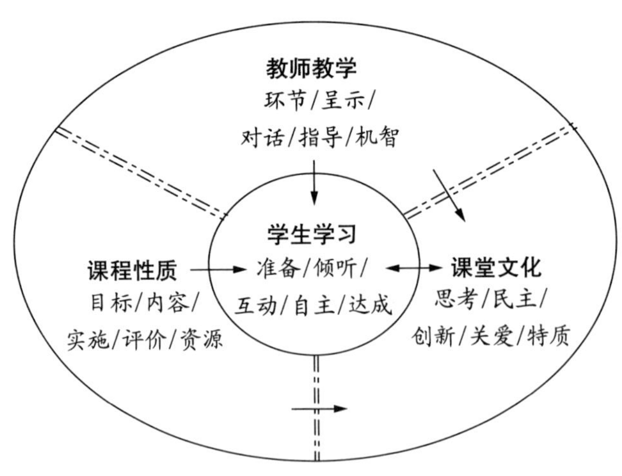

图 2–2　LICC 课堂观察框架

是由华东师范大学崔允漷教授及其团队开发出来的。LICC 将课堂分解为学生学习、教师教学、课程性质、课堂文化 4 个维度，每个维度由 5 个视角构成，如学生学习维度包括准备、倾听、互动、自主、达成这 5 个视角。每个视角由 3—5 个观察点组成，这样 4 个维度产生了 68 个观察点（崔允漷，2010）。

例如，学生学习维度的“达成”视角就由 3 个观察点组成，它们分别是：①学生清楚这节课的学习目标吗？②预设的目标达成有什么证据（观点/作业/表情/板演/演示）？有多少人达成？③这堂课生成了什么目标？效果如何？这些观察点不再以评价标准的方式出现，而是以问题的方式呈现，旨在引领教师思考某个视角的属性。

在观察记录工具的开发上，他们也提出了一些建议：具体分析观察对象（内容）的要素和观察课的特征，比如观察提问，就可以从提问的数量、提问的认知层次、问题的目的指向、提问的方式、学生回答的方式、学生的回答类型、教师理答的方式等方面分析，然后根据观察课的具体情境设计观察记录工具。观察记录工具形成后，必须检验其科学性，通过试用进行修正。

LICC 提出了教师进行课堂观察的工作流程：课前会议、课中观察与课后会议。从课前会议的讨论与确定观察点，课堂中的观察与记录，到课后会议的分析与反馈，构成了确定问题—收集信息—解决问题的工作流程。

四、课堂观察三种取径的比较与反省

比较三种课堂观察取径，我们会发现，好的观察有一些共同的特征，如都需要有一定的理论支撑，都需要良好的观察工具等。未来课堂观察的发展需要三种取径的融合。

（一）专业成长取径的疲软需要另外两类观察理论与技术的支撑

当前国内大量流行的是专业成长取径的课堂观察，但是，如果没有强有力的理论介入与技术支撑，专业成长取径的课堂观察很难深入。在最初的新奇感过后，教师所开展的课堂观察质量低下的问题逐渐显露出来：

第一，观察点没有得到深入理解与探索。很多观察点其实都是一个小的观念，都需要有相应研究和深入思考，而很难直接与可观察的行为对

接。如果没有思考，观察表的设计往往会很肤浅甚至会是一种错误。有的学校观察学生目标的达成度，其中一个重要指标竟然是看学生举手的人数，这种表面性的指标反而会对师生产生误导，教师在面临外界观察压力的时候，会要求学生尽可能多地举手，从而产生虚假的课堂。还有的学校给出0—5分的目标达成度观察单，要求打分，这种工具根本没有思考什么是目标达成、衡量目标达成的关键要素是什么，其意义是很小的。

第二，观察点与工具之间不配套。教师开发的工具往往基于自己对某一观察点的直观经验，大多是以频数、次数记录为主，工具所记录的行为并不能说明观察点。很多学校在设计观察“有效的问题”的工具时沿用布鲁姆的分类方法，将其分成：理解类、应用类、分析类的问题等。布鲁姆对目标的分类并不能简单沿用到课堂观察中，而且这种内隐性的分类很难在当堂观察时判断，教师不仅要花很多时间来确认，而且也很难分析清楚。

第三，缺少观察后的深入分析。由于观察所获得的数据零碎、肤浅，往往又以对某个小点的频数记录为主，导致后续基于数据的讨论难以展开。课后评议往往只是干巴巴的就数据论数据，或者只是基于自己的听课印象而抛开观察的记录。

其实，上述所谈到的这些问题在量化、质性观察取径中都曾经遇到过，并已部分解决。如对问题的分类是个难题，几乎每个大型课堂研究的编码系统都会遇到，编码系统中对问题的分类有很多具有启发意义的地方，而且这些编码经过研究者的深入探讨和检验，比较科学。如果在教师的课堂观察中能够结合这些编码，将会给教师的观察带来很多的便利。

在专业成长课堂观察取径中，合理地渗透量化观察、质性观察取径的思想，以研究者与教师共同合作开展深入研究，将有可能成为未来教师开展课堂观察的重要方向，三种取径的融合将为专业成长的课堂观察取径注入新鲜血液。当国内的课堂观察仅有专业成长取径的时候，对大规模课堂的“类型”、“特征”的理解和标准化的观察单、编码系统的开发就更为迫切。

（二）量化观察取径与质性观察取径的部分融合

以往的量化观察取径中很少纳入质性描述的成分，如弗兰德斯的互动系统就纯粹是数字描述。如今，在很多大型的量化观察单或编码系统中，一般都会加入对课堂的质性描述，以此整体把握课堂。或者，在编码的时候，加入简短的课堂情境说明。当然，这种融合是比较浅层面的，是在实证研究范式下的质性数据的补充。

不过，近年来，也出现了将量化观察取径与质性观察取径完整地融合在一起的典型研究。澳大利亚的 ICCR 所进行的学习视角的研究就是其中一例。该研究在每一个国家（地区）选取至少 3 位具有代表性的八年级数学教师的连续的 10—15 节课。在数据的获取部分，增加了以录像为基础的教师和学生访谈。这一研究假定学生的行为、态度、信仰、知识等一系列因素组成了一致的学生活动，整合成连续的数据模型。在其数据的分析部分，也开始强调多元理论的介入。这是量化观察取径与质性观察取径融合的一个表现。

（三）大规模的量化观察取径有更广泛的政策意义

量化取径的课堂观察目前在国内的应用是最少的，它的政策意义在很大程度上被忽略了。事实上，这一取径的观察至少可以在两种情况下运用：

第一，进行大规模的国际、区域间的课堂比较。这种类型的研究将对区域“课堂特征”作出区分，以为改革中的国家、地区提供过程性的依据。如 TIMSS 的录像分析对 3 个国家的数学课给出了生动的描述：日本的数学课中既有数学又有学生；在德国的数学课中，教师拥有数学并且把它传递给学生；在美国的数学课中，只有学生和教师，很难发现数学。该研究还发现下列跨文化的差异：美国与德国教师强调技能获得，而日本教师强调理解内容的丰富性和水平；日本和德国的课堂所教的内容要比美国课堂高深；日本学生比美国和德国学生更加投入。

第二，为了获得过程性的课堂数据而服务于政策的制定。如为课程标准的修订提供数据支撑。目前课程标准的修订主要基于这样一些渠道：（1）课程标准的国际比较。（2）全国、全市的意见征询。从 2001 年颁布国家课程标准以来，教育部基础教育司组织 42 个国家级课程改革实验区，总结课程标准实施的成效，提出修改意见和建议。（3）全国、全市的问卷调查。以国家课程标准的修订为例，在 2003 年、2007 年进行了两次大规模的全国调研，总人数分别为 6886 人、44287 人，涉及全国 42 个实验区，覆盖全国 29 个省、自治区、直辖市。但是，课程标准的修订涉及学科的本质和发展问题，涉及学科体系和学科的组织方式，而利用征求意见和问卷

的方式，获得的主要信息是教师对课程标准的“观感”，这些观感可以为政策营造声势，却很难成为课程标准的修订依据。

课程标准的修订应该基于对课程标准实施过程的定期监测。我们目前还没有这样的监测体系，每次课程标准的修订都等于是一次重新开始的过程，没有持续的课堂数据可以用来比较分析。要获得课程标准的实施数据，一个重要的手段就是直击课堂，收集课堂数据。目前，国家和上海市都在进行课程标准的修订工作，可以预计，面对不断变化的社会、知识和学生，课程标准的修订将成为一项持续性的常态工作。鉴于此，课程标准的修订依据和数据的来源就显得特别重要。大规模的、标准化的课堂观察能够收集大量的直接基于课堂和课程标准的数据，对课程标准的修订和检测具有重要的政策意义。

第三章

以学习为中心的课堂观察

本书所指的以学习为中心的课堂观察主要属于专业成长取径，但融入了量化观察取径和质性观察取径中的研究成果。观察的重点不再指向教师教学水平的高低，而是分析学生的学习过程和结果的质量，以及影响学习过程和结果的因素。教师的教学被看做是重要的影响因素之一，而不再是观察的重心。所有对教师的观察和分析都是建立在学生学习证据的基础之上。

一、什么是以学习为中心的课堂观察

课堂学习既有内隐的认知过程，也包含外显的认知活动。观察中我们只能看到学生外显的认知活动，比如他们操作、思考、沉默、自言自语、与同伴交流等。这些意味着什么？如果我们仅仅记录这些行为，就有可能对这些行为背后的学习进程和观念产生错误的推断。以学习为中心的课堂观察需要我们深入理解学生的学习。每一个观察领域都需要在深入理解学习及影响学习的关键要素的基础上，提出可行的观察方案，并进行深入分析。具体来说，以学习为中心的课堂观察有如下四个特征。

（一）理解学生的学习

观察的前提是承认每一个学生的学习是独特的个性化进程。如果没有对学习的深入理解，观察结果必然是简单行为数据的罗列。

学生的学习能力有强有弱，这历来被看做是教师“因材施教”的根据，由此设计难度水平不一样的题目。而今，学习科学的诸多研究进展表明，很多时候，所谓学习能力的强弱，只是每个学生的认知观念、图式具有多样化的特点，有些观念和图式吻合了某类学科知识的逻辑，或与教师的观念匹配，真正的因材施教是建立在承认并理解这些多样化的、朴素的认知观念和图式基础之上的。

我们总是匆匆地教学，匆匆地批改作业，却很少花时间来理解这个学生的学习和那个学生的学习有哪些不同。观察和理解是一个互动的循环过程，观察学习是为了理解学习，理解学习后才能更好地观察。通过观察，我们可以理解学生独立认知的过程，但前提是我们需要具备关于认知过程的知识基础；通过观察学生的情感水平，我们可以理解认知与情感是如何交替产生的，但前提是我们需要具备积极情感的理论支撑。

了解儿童，了解儿童的学习过程，是教师专业发展的基础。我们需要直面、观察学生的迷思概念、多样化的认知，了解“他们”何以与“我”不同，从而产生“为他们”的教学，而不是“我”的教学。

（二）在真实自然的环境中获取学习的多种数据

真实自然的环境，首要原则是尽可能减少听课对学生的干扰，让学生感觉不到是在为了别人的听课而上课。这样做就意味着公开课不是“表演”和“欣赏”，而是教师共同“研究学生学习”的过程，也意味着公开课要舍弃形式上的“光鲜”和“刺激”，转而关注如何通过视听技术营造出“真实课堂”的感觉。

有一次去一个宣称是“以学定教”的地方听课，听课地点是学校的大礼堂，学生的桌椅都摆在大礼堂的舞台上，6 个学生一组，听课的教师都坐在舞台下面。舞台很大很高，下面的人既看不见学生所做的课堂练习，也听不见他们小组中的讨论，只能看见学生的背面或侧面。周围的教师，有的闭目养神，有的埋头批改作业。据学校和地区的人介绍，他们校内、区内开展教研都是这样的方式。这样的课堂，即使上课方式做到了“以学定教”，在听课的方式上也是“以演定教”，这样的听评课，只是听个热闹，很难深化“以学定教”的已有研究成果。

在几百人参与的大型研究课上，为了尽可能地保证课堂的真实自然，我们会舍弃当堂上课这种极富“刺激性”的方式，而采用远程同步直播或录像课的方式。如果做得好的话，录像在某种程度上会比现实的课更有研究价值和真实感，帮助我们发现并保留很多有价值的学生表现。录像课一般要事先做好设计，包括摄像的机位、焦点学生的选择、麦克风的安置，都需要写好摄像手稿。[①] 否则，当我们想深入观察某个学生时，才发现这个学生与周围学生的互动片段没有拍下来，或者他的当堂作业成果没有拍下来，致使无法解释这个学生的学习过程和质量。

（三）观察认知学习与其核心要素间的整体关系

学习是一个整体，认知学习是学习的重点，但却不能独立存在。如果只关注认知学习，而不观察与之相关联的要素，那么，课堂的改进很难发生。苏霍姆林斯基对课堂的观察是将认知学习与影响学习的要素联结起来的典范。有一次，苏霍姆林斯基在课堂上观察学生是怎样感知新教材的：

“我注意到学生们听课很疲劳，下课时简直是精疲力竭了。我开始细心听教师（他教生物）的言语，结果使我大为吃惊。他讲的话是那么混乱而又缺乏逻辑性，讲的意思是那么模糊不清，以致那些第一次感知某个概念的孩子，必须费很大的劲才能领会到一点点东西。所以孩子们才这样疲倦。”

后来苏霍姆林斯基分析：“为什么我这个校长没有立刻发觉这个问题呢？这是因为我听的是我很熟悉的教材，只要有所提示，就足以理解其含义。也就是说，教师讲解中的‘漏洞’实际上都用我自己的思想弥补了。”但学生无法理解，于是，苏霍姆林斯基在几节课上逐字逐句地记录他的讲述，并在校务委员会上念给大家听，一起进行思考与分析（张菊荣，2007）。

对学生感知新教材的过程的观察引发了他的思考，为什么学生的回答总是那么贫乏、平淡而又刻板？为什么在这些回答里往往缺乏儿童自己的、活生生的思想？由此，苏霍姆林斯基开始记录学生的回答，分析他们的词汇量、言语的逻辑性和修辞成分，并进而思考：词是怎样进入儿童的意识的？词是怎样成为思维的工具的？这种感知让他观察到了一个重要的影响因素——教师的讲解。这一核心因素让苏霍姆林斯基又逐字逐句地分析了其他的很多课堂，发现如果教师本身思路混乱，表达含混不清，那就必然会在学生的头脑里造成混乱，以致白白浪费掉90%的课堂教学时间。他经常把一些教师讲课的某些部分逐字逐句地记录下来，和他们一起进行分析，进而引发出对教师语言素养的长期追求。

---

① 不能直接采用微格教室中的摄像机，因为它的机位是固定的。国内的微格教室在学生学习观察的很多细节方面还有待更深入的设计改进。

(四) 基于学习证据推论学生的学习和教师的教学质量

以学习为中心的课堂观察要获得学习证据。那么，什么是学习证据呢？证据的基本特征是：证据的收集必须能帮助你对能力、个人特征做出明确的推断；证据必须充分、真实、恰当和准确（Griffin，2008）。对于抽象的学习，人们只有四种可以直接可见的证据：我们能做、能说、能写、能制造事物。通过人们的所做、所说、所写、所造，我们就能推断内隐的学习。人们选择做什么、说什么、写什么、造什么，就是对自己每种能力的最好佐证。

学习证据的多样化。在专业成长取径的课堂观察中，我们可以综合运用量化、质性的观察工具，推论学生在课堂上的学习结果，推论教师怎样做会有助于特定学生更好地学习。而观察所得的数据是可以连贯解释的。课堂观察的一个重要品性不仅是获得数据，而且是解释数据，解释这些数据对教师专业成长和学生学习的意义，运用这些数据发现教师教学的不足和学生的学习起点与特点，从而制定有针对性的改进方案。

二、真实世界中的学习发生：一种观察架构

“学习”是课堂观察的核心。那么，在真实自然的世界中，我们要观察学生学习的什么？学生学习是一个复杂的连续体，以学习为中心的课堂观察不仅要观察认知与技能类的学习结果的达成，还要观察学习的认知过程和课堂中的其他学习结果。我们构建了一个以学习为中心的课堂观察架构（见图 3-1）。

当然，这个架构并不是完整地包含所有的学习要素，只是我们在课堂学习的探索中已经涉及的比较重要的领域。在以往的课堂观察中，比较多地集中在知识与技能类的学习目标的达成，以及对教师语言和行为的观察，而对学生的独立认知过程、合作学习过程、学习的积极情感、同伴的社会关系观察得很少。缺少对这些方面的观察，就很容易将大多数课堂问题归结为教师教学的责任，而忽视了学生的内在动力机制以及同伴关系对学习的重要影响。

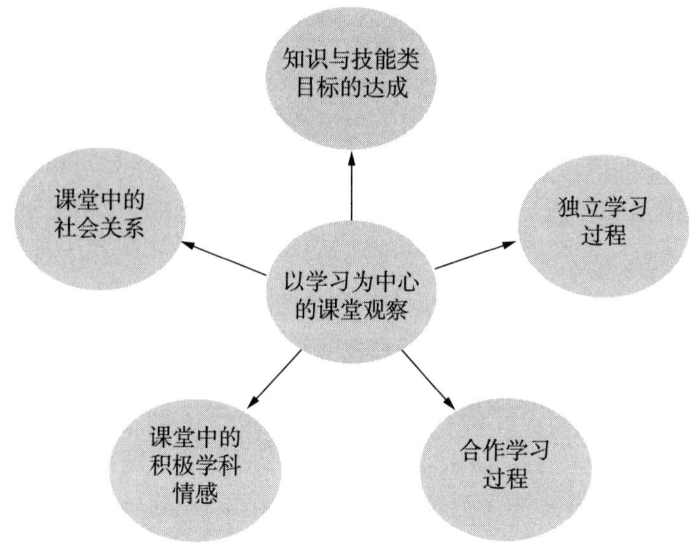

图 3–1　以学习为中心的课堂观察框架

（一）观察知识与技能类目标的达成

知识与技能类目标的达成历来是任何追求有效性的课堂都无法回避的问题。目标在一堂课中具有统帅全局的作用。对目标达成进行课堂观察实质上就是观察并回答“我想教什么，这类（个）学生到底学到了什么，我教的和他所学的是一回事吗?”指向目标达成的课堂观察可以让我们在千变万化的复杂课堂中判断学生是否获得了有质量的学习结果，在进入课堂前和进入课堂后是否产生了“学习进步”。为此，我们需要搜集各类学生的学习证据，分析这些行为或事件的教学意义，判断教师为这些学生设计的目标是否合理，教师的教学过程是否有助于这些学生达成目标。

（二）观察独立和合作学习的过程

学生的学习过程不外乎两大状态，一种是独立的学习，一种是合作的学习。在我们以往的课堂中，比较多的是独立学习，表现为课堂上的个体阅读、独立作业等，强调学生的个体思考。课程改革以后，合作学习，尤其是小组讨论式的合作学习在课堂上渐渐成为不可或缺的一部分。两种学习状态有各自的特点。独立学习往往是内隐的，观察中需要采用

将认知过程外显化、可视化的策略，这种外化和表达的过程不仅可以更好地促进学习，也有利于教师的观察和分析。合作学习是学生相互贡献知识、理解彼此的过程，合作中的学生话语自然而然地暴露了不同学生的学习和思维，是分析学生学习特点、困难的重要契机，也是观察学生的同伴关系、学习动机的一个窗口。当然，在观察独立作业或合作学习的时候，也要观察教师的指导过程，只有关联的观察才能达到改进学习的效果。

（三）观察课堂中的积极学科情感及其对学习产生的影响

学生的学习动机是否强烈、情感是否积极，会对学习产生重要的影响。因此，观察前，首先要理解积极的学科情感的产生机制，知道怎样的情感状态才是积极的，当然，“高兴”、“满足”并不意味着就是积极的学科情感。这一部分的观察将借助积极心理学的研究成果，呈现学生不同等级的学习情感状态，运用积极学科情感的师生观察量表、叙事记录、归因单，对个体、群体学生在课堂上的积极学科情感进行观察，探索积极情感与学习之间的关系。这一部分还将提供教师在课堂上的表现和行为的自评表。

（四）观察课堂中的社会关系及其对学习产生的影响

虽然在质性观察取径中有研究者关注到师生、同伴之间的微观政治关系，但在专业发展取径的观察中，很少有研究者、教师对课堂中的社会关系进行观察。社会关系对学生学习的影响比我们想象的要大得多。在这一部分的观察中，我们可以借助社会学中的社会关系量表等考察班级整体的社会关系，对“被拒绝”、“受欢迎”等特定类型的学生进行观察。这些观察将改变我们以往一些“理所当然”的假设。

三、观察与学习理论的互动

以学习为中心的课堂观察，非常强调观察与理论的互动。观察是有理论基础的观察，是有判断和方向的观察，而不是简单的行为记录。而理论是有观察数据和行为支撑的规则，不是空洞的说教。

目前，很多课堂观察背后隐藏的是一种行为主义、技术性的学习观点。这类课堂观察强调的是可观察、可记录的数据，却很少致力于观念与课堂数据之间的转化。正如佐藤学所说，这种课堂观察或听评课是受“假设—验证”模式所支配的。

在专业成长取径的课堂观察中运用“假设—验证”模式是没有意义的，课堂观察要关注的是“事件意义的多样性解释”，是“事件关系的结构性认识”，应当着力研究的是学习的过程与结果（佐藤学，2010）。苏霍姆林斯基对课堂的观察之所以深刻，就在于他的观察并不局限于就课论课，而更重在分析，更重在由此引发的持续的深入研究。他每年组织理论讨论会，在会上分析课堂教学中教师的讲解、学生的回答、知识的巩固等情况。

我们不能刻意地回避理论，因为对理论的回避就是回避一种立场和价值判断。理论可以帮助我们回答“什么样的目标达成是好的目标达成”、“不同学生的学习过程为什么会有这样大的差异”、“学生在课堂中为什么会感到厌烦”这样的中观层面的问题，从而帮助我们确定观察的方向，解释观察的结果。正如一位教师所说：

在课堂观察的过程中，让我感到很苦恼的是，搜集了数据，但是不知道怎样去用它们。在评课的时候，大家就相互汇报一下数据，开始还觉得挺新鲜，后来就觉得没什么意思，知道数据有什么用呢？这些数据说明了什么问题呢？自己也很不清楚。我觉得自己显然缺少理论的装备，也正是因为这点，我才对这些数据没有进行深入分析，总是停留在原有的水平上。

理论的影响从课堂观察的孕育阶段就存在了。选择观课地点、确定观课内容、搜集数据类型都反映了我们所秉持的理论立场，只是我们没有自觉意识到罢了。观察地点、记录内容、镜头的选择都反映了研究人员的意图，反映了他们在为预期的分析类型选择最佳的数据源。在复杂的课堂中，只有当教师和课堂观察者都非常清楚地知道自己在找寻什么行为，并有一个概念框架来分析自己的观察结果，才有可能理解课堂行为（古德等，2002）[34]。

在课堂观察的分析阶段，理论的价值意义更为突显。即使是同一个数据，由于理论分析框架的不同，会导致对课堂观察数据的解释大为不同。在大规模的课堂观察中，也有这样的例子。比如 TIMSS 的研究中，有“地域论者”认为存在一些“亚洲”课堂的特质，会引发高学业质量的特质，

其他国家有必要学习这些地域。而持“文化判断论”的研究者认为，这种论调忽视了文化因素的影响，特定的文化因素会超越具体教学策略的影响，使得在美国的课堂中也会产生亚洲学生比美国学生表现更为优异的情况（Wang et al，2005）。

课堂交流的相互作用既快又复杂，通过采用多种理论和分析方法，可以使教师增强对一系列课堂行为和学习成果的分析的敏锐度，避免分析视角的单一。

第二部分

知识与技能类学习目标达成的观察

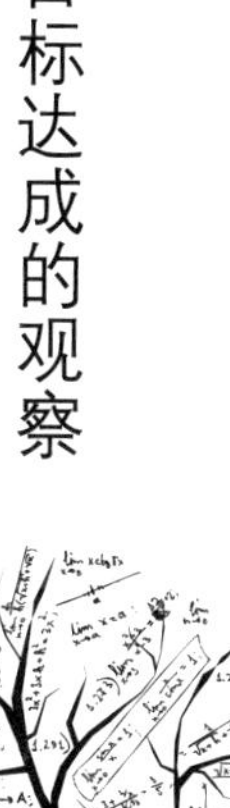

Di Er Bu Fen

zhishi yu jineng lei xuexi mubiao dacheng de guancha

第二部分 知识与技能类学习目标达成的观察

目标达成是每一个有效课堂的根基。但是，怎样判断一堂课的目标达成了呢？本部分给出了三个判断标准：预设目标的合理性、学生学习的进步度、学习过程的有意义。围绕这三个判断标准，探讨目标中的表层和深层问题，设计四种观察和分析目标达成的工具，并以一节课为主要载体，描绘环环相扣的实地观察与分析案例。

第四章

理解课堂中的目标达成

目标达成是任何追求有效性的课堂都无法回避的问题。

对目标达成的观察旨在解决"有效教学"的问题。有效性历来是教师，尤其是处在高利害学业成就环境下的教师孜孜以求的方向。作为教师自我和合作改进教学的工具，课堂观察要确定学生在课堂上到底学到了什么，产生的学习结果是否有质量。

探讨课堂中的目标达成并非易事，不是简单地看学生每次上完课后的分数就可以作出判断，还有很多有待深入思考的问题。我们需要思考什么是目标达成，在观察中出现了怎样的行为或事件可以判断学生达成了目标。这一章的重点在于帮助教师理解这些问题，为目标达成提供操作性的定义和判断标准，以此作为课堂观察的基础。

一、以目标作为分析课堂的脚手架

目标的确定与达成，既是东西方有效教学研究中公认的基石，也引领着讲授、提问、布置作业等教学行为的方向。用目标作为分析课堂的脚手架，可以将课堂观察与每一节课的具体内容联系起来，深入分析特定学科情境中的学习和教学行为。

（一）东西方有效教学中的"目标达成"

有效教学的概念是一个舶来品，源于20世纪上半叶西方的教学科学化运动。受教学效能核定运动的影响，出现了一批以提升学生的学业成就为旨归，通过一系列的变量促进学生取得高成就水平的学习模式。这些模式大多比较乐观，认为只要设立清晰、准确的目标，用目标来引导学生的学习，就能产生巨大的学习成效。布卢姆（Bloom，1968）曾经有个经典论断：所有的学生，除了2%—3%的身心缺陷者，在有利的教学条件下，都能掌握中小学课程规定的任务。进入 21 世纪以来，在基于标准的改革（Standards - Based Reform）运动下，对绩效的追求成为各国政府的重要教育指向，学习目标的达成成为新的研究热点。

总的来说，这一流派认为，能够制约学生学业成就提升的，并不是教师的个性、阶层、学生背景等变量，而是一些过程变量，尤其是标准（目标）的清晰呈现、强有力的监控（绩效责任）、及时而准确的反馈这三个重要变量（陈晓端 等，2005）。虽然以标准、绩效、目标为导向的教学引发了诸多争议，但他们打破正态曲线给学生分等级的惯例，强调每一位学生都可以达到目标，确实是与目前课程改革中关注每一位学生、不让每一位学生掉队的理念相吻合的。

从 20 世纪 80 年代刘佛年教授引入布卢姆的目标分类和掌握学习法以来，在我国的教育情境中，也有很多经验强调目标的达成。比如，上海市在 80 年代提出来的“大面积提高教学质量”、“分层递进”，近些年来兴起的“东庐讲学稿”、杜郎口中学的“三三六”自主学习模式、洋思的“先学后教，当堂训练”，都带有“掌握学习”（mastery learning）的影子。但是，国内强调“目标”的有效教学的观念与其说是“欧风美雨”催化的结果，不如说是东方文化中，在历来对学业成就的关注下，几代教师一直以来摸索的产物。在这种东方文化中，对学生的学习往往抱有乐观的态度，强调“没有教不好的学生，只有教不好的教师”，这句话并非给教师套一个紧箍咒，而是意味着，只要你有足够的责任心，所有的学生都可以在原有的基础上获得改进。这种乐观主义的教学观与有效教学中的目标学派不谋而合。

有必要强调的是，泰勒和布卢姆的“目标”并不支撑刺激—反应式教学，如程序学习。相反，泰勒和布卢姆的目标设定了高水平的目标，而行为目标只是将这种要达成的目标“对象化”，而不是“绝对化”，为了实现高水平的目标，教师需发挥创造力对教学和教学质量进行调整。

（二）目标—教学—评价的一致性

目标在课堂观察中相当于“脚手架”的作用，搭建起了我们观察一堂课的“核心架构”。通过这一架构，我们能够迅速厘清一堂课的脉络，这样课堂中的零散片段才具有了归整的意义，才能在意义框架内加以探讨。

教师经常会想到如何去设计很好的教学环节，但有时却对这个环节的意义和目的缺少深入的思考，从而出现目标和课堂教学内容、方式的割裂，让目标达成没有载体。这种状况表现在学生身上就是，学生参与了很多活动，却往往说不出参与活动后的实质性收获。

目标与课堂评价也有一致性的关系。这里所说的课堂评价包括课堂练习、作业、课堂提问等。上课教师在课堂评价中观察个体学生的目标达成情况。观课教师通过观察进一步分析：设计的目标是否合理，能否检测。

举例来说，一位数学老师在上“直方统计图”的时候，设计了这样的课堂练习：区分直方统计图和扇形统计图。如果他仔细分析这节课的教学目标——辨别直方统计图的典型特征，就不会出这道题。因为第一，扇形统计图学生还没有学；第二，与这一目标吻合的评价是对直方统计图特征的区分和辨析，而不是直方统计图与其他统计图之间的比较。

（三）预设目标的达成与课堂生成的关系

那么，强调对预设目标在课堂中是否达成的观察会不会简化课堂的复杂性，忽视教师和学生的生成，回归到一种“还原、简单”的思维呢？关键看我们如何理解预设目标的达成与课堂生成之间的关系。

有人认为，要让学生有生成，就不能有太多的预设，这恰恰是一个初级阶段的认识。有经验的教师往往对学生的学习情况有充分的预设，这样，他才能够在教学过程中自如展开，有足够的自信和可能放手让学生自己去生成。如果教师没有预设到学生可能的回答、可能的思维方法，在课堂上他就不敢放手去生成。

同样，观察也是如此。在观察前充分讨论预设目标就是为了更清晰地澄清：面对这样的学生，设置这样的目标是否合理，运用这样的目标达成方式是否合适。这就是对学生将怎样学习的关注，期待学生产生更有质量的学习结果和更丰富的学习体验。

不过，简单地根据教师预设的目标来判定他的课成功与否，确实有可能发生将复杂课堂简单化，从而出现误判的情况。因为，实际课堂中教师的教学有可能与他的教案有很多不一致的地方。有些教师不善于文本处理，在教案中呈现出来的目标设计可能并不合理，但其实际教学过程却体现出对目标和学生的深层把握。鉴于此，对目标的分析和讨论不能仅仅就教案中的预设目标来分析，而要从课堂中“还原”上课教师实际想实现的目标。

二、目标达成的操作性定义

当目标达成作为一种教育理念的时候，强调的是所有学生的学习能力都应达到各年级、各学科的标准（目标），教师要对所有学生的成长提供必要的、充分的教育指导。日本在20世纪90年代初所强调的“到达度评价”，美国近些年所倡导的“标准驱动的教育”，指的都是这个意思。

在“课”的层面上，目标达成是一个抽象概念。为此，首先要将这个抽象概念操作化。目标达成并不是简单地指教学目标的完成，完成教学目标只是说教师预设的任务完成了，目标达成是要进一步追问：这些目标在学生那里接受得怎样？学生产生了哪些关键行为和事件？鉴于此，我们对知识与技能类目标达成做了如下操作性定义：

个体或群体学生参与课堂学习后，在知识与技能上和课堂学习之前相比，表现出进步，达到了预设的合理目标。这一进步是在学生与教师、同伴、自身的有意义的学习互动中产生的。

在这一操作性定义中，目标的达成就是看学生自己在课堂学习前后的进步表现，而且这一进步表现是沿着目标方向的。对上课教师而言，在课堂上就不能人为挑起排他性竞争，使用的主流评价语言就不能是，“看看他怎么做得比你好”、“你们这组怎么这么差呢，第2组就比你们组好”，使学生产生一种“他人不幸就是我的幸福”的不正常的想法。而是变成探讨学生自己的改变，“你看你在这个地方比以前更明白了吗”，“你解决了你上课前的疑惑了吗”，“刚才同学演示前你是这样做的，现在对这个问题你有什么新的想法”。对观察教师来说，他就不是泛泛地听教师的教学环节，也不是关注学生的一般化的学习行为如举手次数，而是要建立起关注自己所观察的学生样本在目标达成上的前后关系：上课前后他们对目标的理解有多少，在课前是怎样的表现，在课后又是怎样的表现。

三、目标达成的判断标准

根据上文对知识与技能类目标达成所做的操作性定义，结合有效教学中的相关研究，我们提出判断知识与技能类目标达成的以下标准。

标准一：预设目标的合理性

不合理的目标会将教师的教学与学生的学习引入歧途。不讨论教师预设目标的合理性就直接探讨目标达成与否的做法是错误的。如果一堂课的目标设计得不合理，那么，即使教师达成目标的手段再好，也是射偏了靶子。所谓目标是合理的，主要看两个方面：第一，目标是否符合“我”的学生的前期认知基础和学习需求，并预示了学生通过努力后可以达成的结果。不同的地区、学校、班级的学生状况千变万化，这些目标对“我”的学生来说是否足够清晰，是否适当，都需要教师的审慎考量。从某种程度上说，最失败的课就是教师预设的目标没有基于特定学生的学习需求和基础。第二，目标是否体现学科内容的本质特征。当然，合理的目标还要清晰地呈现出来，这就涉及目标的叙写问题，相关的具体内容可以参看第五章。

标准二：学生学习的进步度

衡量学生是否达成了目标，不能只看学生在课堂学习之后到达了什么地方，而是看学生在课堂学习之前和之后是否发生了“位移”。要达成这个判断标准，意味着教师要知道两个很重要的逻辑条件：清楚地知道学生的起点，即学生已有的学习基础是什么；清楚地知道学生的终点，即在经过教师的教学后，学生学到了什么。只看后测是没有意义的，而且容易产生“后测的过度自信”。很多时候我们很难判定最后的“好结果”是教师的教学产生的，还是学生本来就有的。

后测的“过度自信”①

在教学“小数的加减法”时，这节课上得非常顺利。每当我提出一个问题，几乎所有的学生都不假思索地举起手来，嘴里不停地喊着：“老师，我来说!”

课堂现场作业正确率达94%，只有两个学习障碍生有部分错误。课后我翻看了学生的口算作业本，发现他们早已完成这个内容，比较好的学生正确率在97.5%以上，就连平时数学成绩很差的那几个学生的正确率也在95%左右。

我本应当为此感到很高兴，但事后在对另一个班的前测中，我发现，即使不教，学生的口算正确率已经达到95%了。那么，这节课对学生的意义体现在哪里呢？学生的进步度又表现在哪里呢？

① 改自：丁柏娟．没教就会了怎么办［M］．上海教育科研，2011（3）：67.

上述这个例子很常见。由于家长提前补课的行为、信息渠道的多样化等原因，教师的教学不再是学生获取知识的唯一来源。这给教师的教学带来了挑战，也需要教师对学生的学习基础有更深的洞察力。

鉴于此，衡量目标的达成，不是看学生是否达成了教师设定的目标，而是看学生在课堂前后的进步度以及课堂对学生学习的贡献率。一堂优秀的课能让大多数学生获得较大的进步。

标准三：目标达成过程是有意义的

面对优秀的考试成绩，我们需要追问，优秀成绩是怎样来的呢？这涉及衡量目标达成的另一个重要标准，目标的过程是否有意义。什么样的目标实现过程才是有意义的呢？纵观当前国际上的课堂评估系统，学生学习的高认知活动是其中的重要指标之一，也就是说，达成目标的认知活动是深刻的，富有独立性、创造性的。

高学业成就有时是通过机械式的学习而获得的。反映在课堂上，就是看似学生都学会了，目标都达成了，但只要题目稍加变化，比如将题目和结果反置，或增加一些冗余条件，或转换一种题目表述方式，学生就会做错。这种学习的目标达成过程就是无意义的，是一种“条件反射型”的目标达成过程。

“条件反射型”的目标达成过程①

在刚开学不久的一个平常课堂上，发生了一件让人惊诧万分的事情。有这么一道题目：“一个在水中的潜水员看到天空中有一只飞鸟，则他所看到的飞鸟比实际位置要（　　）A. 高　B. 低　C. 一样高　D. 都有可能”。班中48名学生只有13名学生做对。可两天前曾经给学生做过一道类似的题目：“岸上的人看到河底的石头比实际位置要（　　）A. 浅　B. 深　C. 一样深　D. 都有可能”。班中48名学生中有30名学生做对。一样的题目先前做的得分率反而比后做的要高，这着实吓了我一大跳。

这两者之间会不会有某种联系？头脑中突然灵光一现！课间我叫来了3男2女5名学生（其中有3人做错），当我问及“‘河底的石头’这道题目你们是怎么做出来的”时，有4名同学给了我同一个回答：“以前做过很多遍类似的题目，如看到水中的鱼比实际要浅等，我就知道了‘是变浅

① 摘自2011年《上海教育科研》长三角黄浦杯征文中胡碧刚的文章《拨开“谜”雾见青天——谈科学学科新题（变化题）得分率低的原因及解决策略》。

的’”。只有一名学生（2 名做对的学生中的一位）的回答与其他 4 人不同：我是通过作光路图理解出来的。“通过作光路图理解出来的”，我在心里重复着该学生的这个回答，突然眼前一亮，就是这个原因：做对的同学中有相当一部分同学根本就不知道自己是怎么做出来的，这些人只记住了答案“变浅了”！换言之，这些人可能不太懂如何解题，不太明白得出这个答案背后的原因，只是通过多次训练而对相应的答案建立起了条件反射而已，相当于“鹦鹉学舌”！

上述案例充分说明，在科学概念的习得过程中，相当一部分学生的学习只是简单信息和规则的获取，而没有发生深刻的“概念转换”。对上课教师来说，在这些科学概念的教学上，运用传统的讲授、练习的方式是很难奏效的，需要引发学生暴露先有知识，让不同的观点之间充分对质，诱发学生的认知失衡。而对观察的教师来说，这就意味着不是仅仅看学生的后测分数，或作业中的正确率，而要不断追问：学生在进入这一概念学习前的知识基础是什么？学到的东西能否进行迁移、应用和拓展？他在学习中产生了高水平的认知吗？这些追问需要借助一些访谈以及观察与分析工具，引出学生的话语、行为系统和思维轨迹，综合起来进行考察和分析。

第五章
观察前对目标的处理

观察前对目标的处理，主要是针对目标达成的第一个判断标准，分析目标的合理性。这一分析让我们在进行实地课堂观察之前就澄清：这堂课，学生将有可能在哪些方面获得进步，这些进步的方向设定得是否合理。

对观课教师来说，对预设目标的分析和处理，不仅是为了便于观察，也是从目标探查教学的环节和过程。有经验的教师在观察或分析了目标后，不用进入课堂，就可以预知这节课的方向是否正确，学生是否有可能获得有质量的学习。观察前对目标的处理可以是观课教师自己独立进行，也可以放在课前会议中集体讨论。

一、目标设计的主要问题

目标，历来是教师眼中的“鸡肋”，用之无味，弃之可惜。我们曾经分析过100多位教师的教案，其中的目标设计或照抄教参，或语义含混，或过于简略，或重心偏移，诸多问题，不一而足。在此，摘录几个例子如下：

语文——

1. 正确认识、评价鲁迅。

2. 思考怎样看待像鲁迅作品这样的“经典”的问题。

3. 了解这篇回忆录的艺术特色。

英语——

1. 知识与技能：读写结合，学习用联想的方法把事物写具体。

2. 过程与方法：通过学习，使学生掌握一定的词汇和句型的学习策略，能够运用所学进行交际活动。

3. 情感态度与价值观：通过学习培养学生的团结合作精神以及健康饮

食的观念。

数学——

1. 学生在探索规律的过程中，经历观察、比较、猜想、验证、推理和归纳等一系列的数学活动，体验探索数学规律的基本方法，进一步获得探索数学规律的经验，发展数学思维能力。

2. 在发现规律的过程中，体验数学活动的探索性与创造性，感受数学结论的严谨性与确定性，获得成功的乐趣，增强学数学的兴趣与自信心。

上述这些教学目标，或者泛泛而谈，或者只是宽泛地罗列学习领域，或者没有掌握目标叙写的基本规律。最重要的是，这些目标明显不是针对“这一”课堂和“这些”学生的，而是对“抽象”的学生进行的一般性说明。我们再来比较一份经过目标分析研讨后的目标。这是苏教版小学三年级《蒲公英》一课的目标设计，它是经教师们对目标合理性的集体研讨之后产生的：

（1）能按一定规律记住提供的词语，正确朗读词语，做到不拖调；

（2）能通过词语辨析、联系生活、结合上下文理解“嘱咐”等词语，通过第 3 小节联系“迷惑”等词语的意思，能有感情地朗读第 2 至第 3 节课文；

（3）理清不同蒲公英的不同选择与后果，能说出造成不同后果的原因之一；

（4）能根据理清的选择与后果复述课文。能说出 1—2 种读了全文之后的启迪。①

显然，这份教案中的目标和上文的目标相比，表达方法完全不一样。我们能非常清晰地看到学生达成目标后的状态。上述教学目标的表达不仅把握住了这一学段语文学习的主要特征“按照规律记住词语”、“朗读词语”、“理解词语”，而且给出了达成基于这一文本的目标所需要的特定课堂条件“通过词语辨析……”，并将这些特征与学生学习的“缺失”状态紧密联系起来，如“不拖调”、“根据理清的选择与后果复述课文”等。如果不是对学生学习有较深入的理解，是很难有如此准确的定位的。另外，这些目标之间又是有关联的，第 2 个目标建立在第 1 个目标的基础上，第 4 个目标又以第 3 个目标为基础。

① 本材料由江苏省吴江汾湖实验小学提供。

在此，我们总结了当前教案中体现出来的在教学目标设计方面的主要问题，将其分成两大类：一类是表层问题。主要是由于不清楚目标的基本概念、叙写规则等引起的。对这类问题，只要明确什么是目标、怎样叙写目标更合适，问题基本就可以解决。一类是深层问题。这类问题的产生在于目标没有与学科内容的本质、特定学生的学习问题产生关联，目标没有“对象化”，没有转化为学生的学习目标。

二、处理目标的表层问题

处理预设目标问题的策略可以是从表层问题到深层问题，先看看数量，去除冗余目标，将其转化为标准的目标陈述方式，再到深层问题，确定目标的合理性。也可以反过来，先从深层问题入手，再将其转化为便于观察的目标陈述方式。不管如何处理，具备一些关于目标设计的知识基础总是必要的。

（一）什么是目标?

所谓目标，是预期学生将要达到的学习结果，是行为和内容的结合。只要是目标，一定是既有学生将要学习的内容，也有相应的学生学习行为，如“说出实验过程中标记噬菌体的步骤”，“说出”是行为，“实验过程中标记噬菌体的步骤”是内容。从这个角度看，单独的学习内容、活动、知识点都不是目标，单独的行为也不是目标。

有些目标设计中只有学生要从事的内容领域，但没有指明学生要发生的转变。比如，有一所学校汇报“导学稿”，他们提出，这节课的目标是“二元一次方程”，认为该目标的表述方式突破了传统的教学目标的方式，是革命之举。这恰恰是不理解目标本质的表现。目标之所以和学习内容有差异，正在于它指出了教育要引发学生发生转变的事实。也就是说，陈述教育目标，是为了使学生产生这些变化。导学稿不导学生的学习，反而去导内容，岂不违反了导学的本意?

（二）一堂课要有几个目标?

一堂课到底以多少个目标为好？有的教师认为目标越多越好，也有的教师认为只有 1 个核心目标为好。目标的数量称为“目标密度”，和学习内容的数量、复杂性、年级水平有很大的关系。一般来说，一堂课的目标最多不能超过4个，不能少于1个。如果超过4个，就意味着这堂课的重心游移，教师对于学生在这堂课中到底要学什么还不是非常清楚，体现在教案和课堂结构中，表现为重复、思路不清等问题。

上海用的沪教版的教材，语文篇目非常多，课时又紧，我们经常可以看到教师密密麻麻的一串教学目标，数数总有七八个。如果是这样，一堂课40分钟，每个教学目标的达成至多只有5—6分钟，教师只能匆匆忙忙地点到各个目标，没有办法让学生深入学习。在这种情况下，比较可行的路径是根据大目标进行统整，而非在每一节课中加入过多的目标。

（三）目标如何叙写？

采用正确的目标叙写方式，运用目标陈述的ABCD方法，有助于课堂方向的确定和学生学习结果的明确。目标陈述的ABCD方法是由美国学者马杰（Mager，1962）在《准备教学目标》一书中提出，主要内容如下：

行为对象（Audience）：目标指向学生通过学习之后的预期结果，所论行为主体必须是学生，而不是教师。

行为动词（Behavior）：目标的陈述是为了便于后续的评价行为，行为动词要尽可能清晰、可把握，而不能含糊其辞，否则无法规定教学的正确方向。

行为条件（Condition）：学生完成上述行为的条件是什么，有什么规则和限制，有时单靠行为动词无法将目标清晰地表达出来，需要一些附加的限制条件，如对学习情境、工具、时间、空间等的规定。

表现程度（Degree）：学习后学生将可能产生的不同表现。比如，“用三种以上的方法验证影响电阻大小的因素”。针对不同的学生，表现程度会有所不同。

据此，我们来分析一个比较典型的目标：“让学生理解验算的意义”。这个目标显然不符合A的要求，行为主体是教师而不是学生；在B上也不是很适合，因为“理解”这个动词表述得不是很清晰，比较难把握到底到怎样的程度；在C上没有给出附加的限制条件，不知道是通过怎样的方式；在D上没有限定学生要达到怎样的结果。经讨论后，我们可以对其做如下修改，使其在ABCD上都有所体现。

目标：经过一堂课的学习，能正确说出加、减法的互逆关系（包括说

出两种运算中各部分名称之间的关联)。会用估算对计算结果进行初步验算，通过验算确保计算结果的正确率达到100%。

当然，并非所有的目标都要满足ABCD。一般来说，只要能够说清要学习的内容和期待学生产生的行为就可以了。

(四) 处理目标表层问题的工具

在处理目标表层问题的时候，我们可以参照一般性的表层问题框架(见观察单1-1)，并反省和追问如下问题：现有的目标有几个，是否超出或不足合理数目？是否存在不是目标的情况，如预习作业、教师活动、学习内容等；是否有冗余，如重复、重叠、同义反复；是否有这样一些目标：它们并不指涉这节课的内容，也与学生当前的学习状态无关，这样的目标往往是"正确的废话"，并没有体现这节课的独特性。如果有，就可以考虑和其他的主要目标进行合并。

观察单1-1 目标处理—表层分析单

<table>
<tr><td colspan="2">课　　题：________　　学　　校：________　　班　　级：________
任课教师：________　　讨论教师：________　　讨论日期：________</td></tr>
<tr><td colspan="2">表层问题框架
1. 数量太多或太少
2. 将教学、学习活动作为目标
3. 三维目标截然分开
4. 只有一维目标，只是知识点的罗列
5. 目标无主体，或主体是教师
6. 目标动词不清晰
7. 目标要达成的学生行为不清晰</td></tr>
<tr><td>原有目标</td><td></td></tr>
<tr><td>目标数量是否合适?</td><td></td></tr>
<tr><td>是否存在非目标?</td><td></td></tr>
</table>

续表

是否存在冗余目标？	
是否存在叙写问题？	
处理后的目标	

三、处理目标的深层问题

目标的表层问题只解决了目标设计的第一步，也是最简单的一步，只要掌握叙写的方式，基本上都可以将目标说清楚，但是，说清楚的目标未必是合理的目标。在课堂观察中，我们发现，表述得非常清楚的目标也可能与学生的学习状态不相吻合，或者难以起到引领教学的作用。这就涉及目标的深层问题。

（一）辨识关键的学习内容

目标中一个重要的维度是内容。根据变易理论，学习是在关键内容属性上的变易（卢敏玲 等，2006）。其核心观点是，为了让学生认识某个事物，就必须让他注意到这个事物与其他事物之间的关键不同点。一堂课的学习会涉及很多内容，有些内容学生是非常清楚的，而教师认为学生不清楚，他会针对这些内容设计相应目标；有些内容学生不清楚，正是这些内容妨碍了学生的学习，但教师认为学生清楚，他就不会设计与这些内容相对应的目标。这样设计出来的目标，没有针对关键的学习内容，就是无效的、不合理的。只有当目标是真正针对学生不知道的关键内容的时候，才是有效的。

例如，有教师这样设计“线段”的目标：

目标 1：通过观察比较，100% 的学生能找出线段，说出线段的两大特征：线段是直的、两端有两个端点的线。98% 的学生能正确数出图形中线段的数目。

目标 2：98% 的学生会用直尺正确度量线段的长度并规范表达。95% 的学生会画出指定长度的线段，85% 的学生能解决“断尺问题”。

目标3：学生能正确读题并理解题意，根据相应的线段图，通过长度计算解决生活中的一些简单的实际应用问题。

从形式上看，这是符合目标叙写的技术要求的，它清晰地表现出了学生将要产生的行为和水平，还列出了不同学生的比例。而在实际的上课过程中，目标却呈现出不合理之处。第一，很多学生对线段有自己的“前见”，他们认为线段是有“小树枝（断点）”的、是“水平”的，类似三角形中这样斜的、看不见“小树枝”的就不是线段。在教师的教学目标中没有涉及这一关键内容，在实际教学中发现要扭转学生的“前见”很难，于是干脆就直接告诉学生线段的两个特征，但学生只能复述不能应用。

第二，从学生比例上看，教师认为教学的难点是断尺问题、解决实际问题上，但实际上对这两个问题学生基本没有遇到困难，只有 1 个学生做错了。相反，由于对线段特征的不理解，绝大多数学生的问题在于不能正确数出图形中线段的数目，而教师也没有在目标中提及要教给他们数的方法。

之所以出现这样的问题，在于教师并没有解决目标的深层问题，目标的内容确定得不合理，没有找到学生关键的学习点，导致这堂课后学生并没有深刻理解线段的概念。在不了解学生学习起点的情况下所设计的教学目标，不管目标叙写得多么漂亮和完善，也是经不起课堂检验的，学生的课堂反应马上会把精心预设的目标击得粉碎。

有经验的教师，能比较容易看得出目标的设定是否符合自己的学生。但有时即使是资深的教研组长，也会对学生的学习状况判断失误。有时候，目标本身是没有错的，只是当与具体的学生学习情况联系起来时，问题就出现了。所以，在开始新授内容之前，在重要的内容上做一些前测，了解学生的学习基础，是非常有必要的。

（二）确定不同学生的学习起点

在研究中我们发现，学生的学习起点是各不相同的。我们要根据学生的已有知识基础来制定相应的目标。表 5-1 是同一个学习主题“钟表的认识”在不同班级中的学情分析。由于学生的来源复杂，不同班级中的学生的认知基础并不一样。

表 5-1　同一主题的不同学习目标

学习主题：钟表的认识	
班级 1	班级 2
前测：通过学生访谈了解到，85% 的学生能准确读出“整时”和“半时”。但 56% 的学生对钟面上几时几分的认识和表达还存在困难。	前测：通过问卷调查得知，全班 38 人有 21 人已经会认整时了。但会认的学生对时针、分针的整体认识还比较模糊，会认的学生中有 8 人不认识 12 时。
学习目标：认识钟面上的分针数，从分针位置的变化学会正确地读写几时几分。	学习目标：学习如何看整时；通过观察时针和分针的位置来判断和认读钟面上所表示的时刻。

表 5－1 中两位教师用了两种不同的学情分析方法。一位教师用的是学生访谈，另一位教师用的是问卷调查。班级 1 的关键学习内容是几时几分的认识和表达，重点是在对分针的认识上；而班级 2 的关键学习内容是整时、时针与分针的整体感知。

即使在同一个班，学生的学习起点和学习需求也有极大的不同。比如同样是对“集合”这一概念的理解，同一个班的 43 个学生呈现出了多样化的学习层次和需求：有 40% 左右的学生已经能顺利解决“集合”的日常问题，因为这些学生接受过奥数的学习或家长的辅导；有 50% 左右的学生采用了“两部相加”的方式，没有意识到“重叠现象”的存在；有 8% 左右的学生没有任何想法和思路；有 2% 左右的学生使用了数数的方法。对这个班级的学习来说，最关键的学习起点已经确定，就是单集内的对象总数；而关键的难点也比较明确，就是对“重叠”部分的理解；目标设计的重点就在于通过对生活中的重叠现象，理解重叠的意义，知道重叠问题的基本结构。

这充分表明，教学是非常复杂的，每一个个体都带着自己以往的经验和技能介入到教学的过程中。在个性化的教学中，最理想化的情况是为每一个学生制订单独的教学目标和计划，但目前还很难做到。我们只能满足大多数学生的学习重点和难点，寻找他们的关键学习内容。

（三）处理目标深层问题的参照系

合理的目标是判断目标达成的基础。教师应清楚地知道学生的起点，

并根据整个学科内容的序列澄清关键的学习内容，再指明经过教学后希望学生学到什么。如果授课教师能清晰地说出这三点，就意味着他已经考虑到了目标的深层问题。

作为课堂观察者，我们当然不能代替上课教师作判断，但是在课前会议中，观察者可以提出这些问题，以利于上课教师的改进。前测只是确定合理目标的参照系之一，我们可以同时从如下几个方面来引起参与课前会议的教师们的共同思考。

确认目标合理性的参照系

◇ 寻找课程标准中与之相关的内容标准，查看教参中关于本学期、本单元的重点目标，结合本课内容确定上课教师设计的目标是否是主要目标。

◇ 与同类型的教案相比，这一教案的目标有何变化，有何特别之处？请教师谈谈为什么要作调整，调整之后的目标设计特别在哪里？

◇ 从学科性质的角度出发，本学科的核心问题是什么，学科逻辑是什么？目标的设计是否关注到学科的本质和学科逻辑？

◇ 可以请上课教师谈谈，他运用了怎样的方法来确定学生已有的知识基础，是否做过前测，如果是，前测的结果是什么？他是如何根据不同类型的学生的情况确定学习目标的？对于不同类型的学生，学习的起点在哪里？

◇ 这一课程目标的达成意味着什么？如果不达成这一目标学生将会如何？是否牺牲了更为重要的目标？还有哪些相关目标是比这一目标的达成更重要的？

（四）处理目标深层问题的工具

对目标深层问题的考虑，要围绕学生的学习进行深入的思考，将目标的字面含义和学生的学习状态联系起来。这种联系不是类似对目标表层问题处理那样字斟句酌，而是搜集多方面信息确定学生的学习起点、关键学习内容、可能达成的学习终点。这样的课前会议实际上是一种深入的教研活动。只有通过对学期计划、单元目标、课堂目标的连续分析，我们才有可能不断增强对学生学习的敏锐度和判断力。观察单 1–2 提供了处理目标深层问题的工具，为目标设计提供方向性的指引。

观察单 1-2　目标处理—深层分析单

课　　题：________　学　　校：________　班　　级：________ 任课教师：________　讨论教师：________　讨论日期：________	
深层问题框架 1. 目标中的内容不符合学科本质和学习序列 2. 目标设计不符合学生的年龄特点和认知基础 3. 目标中的关键学习内容不准确	
原有目标	
课程标准中的相关陈述	
单元目标的表述	
学业测试、作业中的相关基础分析	
学生前测结果	
处理后的目标	

四、一个目标处理实例

下面以一堂课的目标处理过程为例来说明如何处理目标的表层和深层问题。这一研究是在 2010 年 3 月进行的。我们先让一位教师自己设计目标和教学过程，然后研究组教师共同商讨，对目标进行处理，之后教师上课，研究组教师进行一轮课堂观察，在上课教师改进教学设计之后再进行一轮课堂观察。整个研究过程持续约 2 周时间。

（一）教师原先设计的目标

在四年级语文的一个单元中，根据学生的阅读兴趣，确定了他们最喜

欢的一篇课文《揭开雷电之谜》作为上课的材料。一位教师事先独立按自己的理解设计了教案。她呈现给大家讨论的目标如下所示：

1. 自读本课生字，读准字音；

2. 理解“揭开、摄取、勇士、雷电交加、倾盆而下”的含义；

3. 反馈预习情况，帮助学生理解课题；

4. 能根据课文中的描述画出富兰克林实验用的风筝，让学生理解富兰克林做风筝的原理；

5. 正确、流利、有感情地朗读课文；

6. 默读课文，培养学生边读边思考的习惯，了解富兰克林冒着生命危险揭开雷电之谜的故事，感受他献身科学的伟大精神；

7. 学会围绕课文内容提问，能联系上下文，品读富兰克林的精神。

（二）目标中的表层问题分析

在课前会议中，研究组的教师有些从目标的表层问题切入，有些从目标的深层问题切入，都提出了很好的意见。我们先谈谈这一目标中的表层问题。根据观察单 1-1，上述目标存在以下问题。第一，从数量上看，7 个目标过多，使得这节课的教学方向不集中，需要删减。第二，存在非目标。目标中有些是教师的活动，如“反馈预习情况，帮助学生理解课题”；有些是学生的活动，如“自读本课生字，读准字音”。第三，存在冗余目标，如“感受他献身科学的伟大精神”与“品读富兰克林的精神”就是重复的。第四，有些目标不符合目标陈述的规则，行为主体不是学生，行为动词不清晰等，如“让学生理解”、“培养学生边读边思考的习惯”。

（三）目标中的深层问题分析

目标的表层问题还比较容易解决，以上目标设计中最重要的还是深层问题，如目标的关键内容没有得到很好的体现，到底要让学生学习什么呢？关于这个问题，教师们有很多的想法和建议，大家的意见都不统一。鉴于此，我们需要找到确定目标的参照系，用数据来说明到底要让这个班的学生在这一节课中学什么。

在确定这节课目标内容合理性的参照系时，我们主要从如下几个角度来进行分析。

1. 教材中呈现的单元目标

这一课文对应的单元目标是：生字词的理解；读课文，学习在阅读中提问，并试着解决问题；了解课文要点，概括文章的主要内容；关注写人类文章表达方式的异同点；学习善于思考、勇于实践的品质，激发热爱科学的情感。单元目标往往比较宽泛，它给教师一个大致的目标方向。

2. 课程标准中的相关内容

根据课程标准中的相关内容，在这一年段学生应该获得的学习结果有：提出有价值的问题；联系文本内容理解文章的主旨，感受课文所蕴涵的道理，并能准确表述。课程标准在阅读能力方面重点体现为以上两点，可以作为划定目标内容的参考。

3. 确定本班学生阅读能力的薄弱点

我们一起查找了学生上学期期末考试试卷，发现本班学生在基础题上的得分率非常高，都在 95% 以上，而在阅读能力上，还是存在一些薄弱点，如表 5–2 所示。

表 5–2　学生阅读题得分率分析

题型		应得分	实得分	得分率	题型要求及原因分析
阅读（一）	4	288	207	71. 87%	概括第二节的主要意思。存在不完整、不准确、太啰唆这几种现象。
	4	288	152	52. 78%	学生联系文本内容，有的没有点到“父爱”的主旨，有的虽然提及，但是表达不够准确。

根据上述考试成绩，结合教师的经验，我们总结出学生的阅读能力薄弱点主要表现在：

完整、准确、简要地概括某一节（课文内容）的要点；

根据要求，寻找文章重点和关键的词句；

联系文本内容（根据重点词句）理解文章的主旨，感受课文所蕴涵的道理，并能准确表述。

学生阅读能力的培养当然是一个长期的过程，但是，如果不将上述能力渗透到日常的阅读新授课中，学生的阅读能力将很难得到提升。这些薄弱点为我们制定这堂课、这一单元，甚至这一学期的阅读目标都提供了重要的方向。

4. 前测结果分析

经过前几个参照系的分析，大家基本同意这一节课的目标重点集中在学会提出有价值的问题、概括文章主要内容、体会人物性格特点上。但

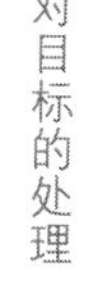

是，这些目标学生已有的学习基础怎样呢？我们需要通过前测进一步分析。另一位教师根据目标的重点设计了如下的前测试题：

1. 读了《揭开雷电之谜》《第一个发明麻醉剂的人》，你有哪些疑问？

从文本内容：____________________________________

从语言表达特点：________________________________

从文章主旨：____________________________________

2. 华佗为什么要发明麻醉剂？他是怎样发明麻醉剂的？在文中找出相关内容。

3. 富兰克林怎样揭开雷电之谜？从中你体会到他是一个怎样的人？

4. 富兰克林与华佗身上有什么相同之处？

参加前测的共有24名学生，测试借用了语文自习课，学生当堂完成以上这些试题。我们分类对学生的学习基础进行了分析。

在提出有价值的问题上，通过对学生质疑问题的归纳整理，发现学生提出了如下三方面的问题：(1) 文章内容。雷电之谜是什么？为什么要揭开雷电之谜？风筝实验怎么会轰动世界的？为什么用白色丝绸制作风筝？风筝上为什么要安尖细的铁棒？为什么在麻绳末端分别接上一片铜钥匙和一小段丝线？(2) 语言表达。课文为什么要描写雷雨的可怕？(3) 文章主旨。为什么称富兰克林是“勇士”？显然，学生对于具体的文章内容所提的问题是比较多的，而且比较多的集中在制作风筝实验部分，学生对此不是很理解。

在概括文章主要内容上，发现学生存在较多问题。学生通常会这样概括：(1) 富兰克林拿了白色风筝在电闪雷鸣时，放上了天。(2) 富兰克林是美国的一位科学家。他用白色丝绸制作风筝，手握丝线，将风筝发到天空中。他手指靠近铜钥匙时，差点被电击倒。后来，富兰克林还发明了“避雷针”。(3) 富兰克林为了揭开雷电之谜，他做了吸引雷电的风筝实验。对上述“错误”的概括，教师进行了深入的分析：

从例一中，我们发现该类学生没有把握文本要点，只能找出主要人物，没有紧扣题目思考。从例二中，不难发现这类学生虽然能从文中找出许多内容，但是在概括中出现了语言啰唆、表达不够准确的毛病。“他用白色丝绸制作风筝，手握丝线”，“发明避雷针”这些都不是本篇文章的要点。例三是较多学生采用的概括方式，可以看出这类学生虽然能抓住文本要点，但是概括还不完整。

其实，对这篇文章的概括，如果学生紧紧围绕质疑的问题入手——富兰克林为什么要揭开雷电之谜、他怎样揭开雷电之谜、结果怎样，在文中找到相关内容，有机地组合起来，就是本文的要点。

在领会主旨、体会人物特点上，学生存在一定困难。他们普遍用“勇士”、“坚强勇敢”、“勇于解决问题”来概括人物特点，无法体会到他勇于为科学献身的精神。从学生的表达中可以看出，学生对于人物的品质特点只停留在表面、浅层的理解上，这与他们概括文本要点时忽视了“冒着生命危险”这句话是相关的。可见，学生阅读时粗粗掠过，缺乏潜心细读的能力，尤其是对于两位人物的整体把握有所欠缺。这与学生从来没有做过单元整体预习、没有接触到人物比较的问题也是有关系的。

（四）确定新的目标

经过上述多个角度的求证与分析，教师们对于目标内容的关键点形成了较为一致的看法，第一位教师基于大家的讨论重新设计了如下的目标。当然，正如我们前面反复强调的，这只是将目标“对象化”和“具体化”，是一种“假说”，目标的实现方式和达成效果有待不同的教师在课堂中进行探索和验证。

1. 在初读、精读课文后提出有价值的问题，拓展在“语言运用”、“写作方法”、“文章主旨”等类型问题上的质疑能力，独立或合作解决力所能及的问题；

2. 能运用主要的问题线索概述文章主要内容，突出重点不啰唆。

3. 有感情地朗读体现富兰克林人物主旨的段落和语句，用自己的话表述富兰克林“为科学献身”的主题思想。

（五）归纳与深化

上述实例体现了预设目标处理的比较完整的过程，在实际的教学研讨活动中，由于时间和精力所限，我们很难做这样全面的分析。但是，在每一学期的开始，阅读课程标准、通读教材、收集学生以往考试中的数据，在此基础上整体规划学生这一学期的重要学习内容，是可以做到，并且非常有必要。而在日常的上课过程中，则可以选择一些重要的学习内容，做一些学情分析。

对目标的深入分析，其实就是在对教案、教学内容、实现方式、学生

学习进行一步步地深入探讨。它将教案的细节、环节置于目标框架之中，我们看到的是一个整体，是一种系统。经过课前会议的目标讨论过程，教案内在机理和设计思路会变得非常清晰，正如一位参加课堂观察研究活动的教师所说：

以前我觉得目标没有什么用，每次上交教案，上面写的目标我就是照着教参抄一遍。那时目标对我的教学没什么帮助，但是，经历过课堂观察后，我才明白，知道目标是什么和确定一堂课的目标其实是不一样的，对目标的处理其实就是一个不断清楚你到底希望学生学到什么的过程。

第六章 观察目标达成的工具

观察工具的设计是课堂观察的核心。目标达成的观察工具是围绕目标达成的判断标准而设计的，旨在判断预设目标的合理性、学生学习的进步度和目标达成过程的有意义性。根据第四章所提出的判断标准和设计原则，本章提出四个观察工具，如图 6–1 所示。

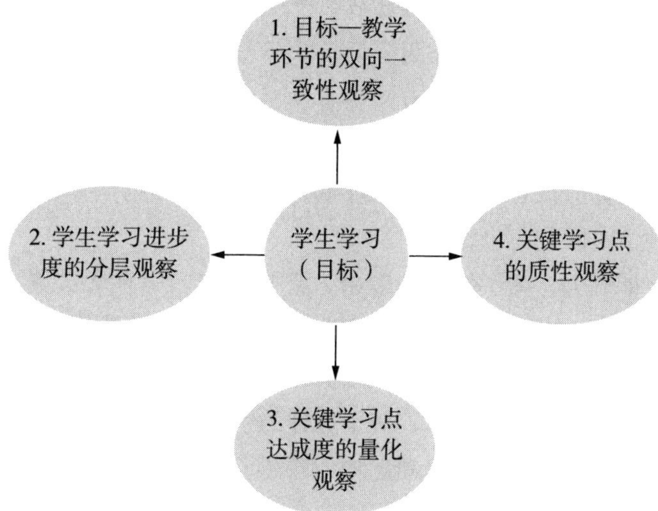

图 6–1　观察目标达成的工具

四个观察工具都采用半结构的方式，以给教师提供一种行动架构和模板，但又有一定的灵活性，教师可以根据每一节课的具体内容进行再设计。这种工具的呈现方式不仅是秉持教师专业自主的假设，也是因为专业成长取径的课堂观察并不能依赖通用型的模板，需要根据特定的学习目标和学习内容进行再设计，否则，就失去每一节课的情境意义。

一、目标—教学环节的双向一致性观察

观察是对课堂意义结构的整体观察，而不是对每个细节的零散分析，课堂中的各个部分只有在整体目标的统领下才会产生意义。

(一) 观察目的

双向一致性的观察主要是为了回应目标达成的第一个判断标准，即预设目标的合理性。第五章谈到的目标处理主要是在课前从文本上考查预设目标的合理性，而双向一致性的观察是在课堂中判断目标是否落实在教学中，用目标厘清课堂教学的结构，看课堂的各个部分是否在为目标服务，目标所期望的学生转变是否在各环节中得以体现。

这一观察工具是将目标作为分析教学环节的支架，将各种细节和环节都整合在其中，目标和教学环节间要有一一对应的关系。也就是说，每一个目标都应该能找到相应的教学环节，每一个教学环节都能对应相应的目标。重要的目标应该有较多的教学环节、较长的教学时间。次要目标的教学环节、教学时间相对也少一些。

在很多课堂上，为了新奇的效果，常常会加入一些无关紧要的环节，学生课后往往不记得主要的学习内容而只记得这些游戏。如在《扬州茶馆》教学中，有的教师会让学生看大厨做烫干丝的录像，有的教师则认为放录像浪费时间、很没有意义，对于这样的争论，就应该放到目标框架中来讨论，你希望通过放录像达到怎样的效果，达成了吗？放录像与这节课的目标有怎样的关系？

(二) 观察工具

用修订后的目标作为“锚”，分析教案中的各教学环节，我们可以形成目标—教案的双向表。

观察单 1–3　目标—教案环节一致性的观察简案

教材版本：______	第___单元　第___课	课　　题：______
学　　校：______	班　　级：______	学 生 数：______
任课教师：______	观 察 者：______	观察日期：______
原有学习目标		
处理后的目标		
目标 1	对应环节	一致性分析
目标 2	对应环节	一致性分析
目标 3	对应环节	一致性分析
分析内容参考		
◇ 目标有环节支撑吗？环节想达到怎样的目标？这样的环节设计合理吗？ ◇ 总的来看，目标与教学环节的一致性怎样？ ◇ 这样的一致性是否能保证学生在这节课上的学习是有质量的？如果不是，是因为目标的问题还是因为教学设计的问题？		

通过这张表，确定每个目标对应的教学环节，看重要的目标是否得到了重要的支撑，是否有环节没有对应的目标。在可能的情况下，上课教师要提前一天提供教案。教案不仅用来让人明白执教者的教学思路，而且也是观察者观察的基础。教师们可以教案为蓝本进行观察设计。

建议任课教师将教案的电子文档传给观察者，这样，观察者可以很轻松地通过移动教案中的目标和教学环节制作观察单。如果观察者拿到的是教案的文本稿，则可以在上面标注与目标相应的标号。带着填好的观察单

进入课堂，观课者对于整个课堂的脉络会有比较清晰的理解。观察者可以对每个目标进行观察，也可以和他人分工合作，每人观察 1 个目标。观察单 1-3 的分析主要是对教案的文本分析，而观察单 1-4 则是对上课过程的观察与分析。

观察单 1-4　目标—上课环节一致性的观察简案

教材版本：＿＿＿＿	第＿＿单元　第＿＿课	课　　题：＿＿＿＿
学　　校：＿＿＿＿	班　　级：＿＿＿＿	学 生 数：＿＿＿＿
任课教师：＿＿＿＿	观 察 者：＿＿＿＿	观察日期：＿＿＿＿
原有学习目标		
处理后的目标		
目标 1	核心环节及时间	想法与建议
目标 2	核心环节及时间	想法与建议
目标 3	核心环节及时间	想法与建议
分析内容参考		
◇ 教学环节与目标的内容、认知要求一致吗？ ◇ 教师在这类目标的教学上有什么特点？是否给学生提供了达成目标的机会？ ◇ 学生在这类目标的学习上有什么特点？ ◇ 对于这类目标，怎样的学与教会更好？		

与观察单1–3不同，实际上课环节不是记录教师的教学步骤，而是选择核心环节，将其作为一个“关键事件”来记录，完整地记录学—教的各要素。可以记录：这一环节用时多少；主要内容是什么；这些内容与目标之间的关联度如何；环节内部的流向是什么；逻辑关系是否合理；在这些环节中，教师是否给学生提供了目标达成的机会；各个环节中学生的回答、作业行为等。在分析的时候，主要采用白描、实录的方法。

产生观察单1–3、观察单1–4后还可以进行两者的比对，这一比对其实就是对教师预设的文本课程—教师教授的课程—学生习得课程间的落差分析。落差是肯定有的，值得分析的是，这些落差是怎样产生的，教师的言语、行为，特定学生的表现是怎样相互作用的。关于这些问题的深入分析，请参看第五部分“基于多元理论框架的分析”中的“数学任务的分析框架”，从中我们可以找到更多的理论启示。

（三）观察实例

为了连贯性地说明目标的设计及观察，我们仍以上一节目标处理中的《揭开雷电之谜》一课为例。这一课是沪教版教材中的内容，这一单元的目标重点是考查学生的质疑能力。以下是对教师第一次执教情况的观察。

1. 观察单上的表现

观察单1–4：实例

<table>
<tr><td colspan="2">教材版本：沪教版　　第3单元　第1课　　课　　题：揭开雷电之谜
学　　校：PL　　班　　级：四（2）　　学 生 数：33
任课教师：YMQ　　观 察 者：语文教研组　　观察日期：2010.3</td></tr>
<tr><td>原有学习目标</td><td>1. 自读本课生字，读准字音；2. 理解“揭开、摄取、勇士、雷电交加、倾盆而下”的含义；3. 反馈预习情况，帮助学生理解课题；4. 能根据课文中的描述，画出富兰克林实验用的风筝，让学生理解富兰克林做风筝的原理；5. 正确、流利、有感情地朗读课文；6. 默读课文，培养学生边读边思考的习惯，了解富兰克林冒着生命危险揭开雷电之谜的故事，感受他献身科学的伟大精神；7. 学会围绕课文内容提问，能联系上下文，品读富兰克林的精神。</td></tr>
</table>

续表

处理后的目标	1. 在初读、精读课文后提出有价值的问题，拓展在“语言运用”、“写作方法”、“文章主旨”等类型问题上的质疑能力，独立或合作解决力所能及的问题；2. 能运用主要的问题线索，概述文章主要内容，突出重点不啰唆。3. 有感情地朗读体现富兰克林人物主旨的段落和语句，用自己的话表述富兰克林“为科学献身”的主题思想。	
目标1	核心环节及时间	想法与建议
在初读、精读课文后提出有价值的问题，拓展在“语言运用”、“写作方法”、“文章主旨”等类型问题上的质疑能力，独立或合作解决力所能及的问题。	…… 环节2：对怎样制作风筝的质疑 教师：读三、四节，边读边思考：富兰克林是怎样揭开雷电之谜的？你有什么样的问题？ 学生1：为什么要在费城的郊外？ 学生2：为什么要用白色丝绸？ 学生3：为什么要接上铜钥匙和一小段丝线？ 学生4：为什么要用铁棒？ 学生5：电火花是什么样的？ 学生6：为什么要选择雷电交加的天气？ 学生7：为什么他会兴奋地叫起来？ 学生8：为什么一接触到铜钥匙就会射过来？ 学生9：为什么一道雷电闪过，就会有大雨倾盆而下？（下面有学生大笑，有同学说，这么简单的问题啊！教师回应：打雷以后下雨是自然现象）	想法：学生几乎是对每句话都提出了质疑，有一个学生提出了明显无效的问题。这个单元要解决的重点问题是让学生明白什么是有价值的问题。 建议：（1）在学生一边提问题的时候，一边板书。让学生知道其他人提了哪些问题，从而避免重复。 （2）在提问中不是追问“你有什么样的问题”，而是追问“谁能提出有价值的问题”，可能就会促使学生往问题的质量上去努力。 （3）在学生提了问题之后，可以让学生说一说，这些问题问的是哪些方面，哪些问题是有价值的。也要引导学生对写人的文章进行质疑，明白写人文章的一些关键要素。

续表

	学生10：麻绳是不导电的，为什么还会感觉手有点麻？ 教师：读一读课文，然后小组讨论，看看你能解决以上的哪些问题。	
目标2	核心环节及时间	想法与建议
能运用主要的问题线索概述文章主要内容，突出重点不啰唆。	教师下面分别提问学生：雷电之谜是什么？富兰克林为什么要揭开雷电之谜？怎样揭开雷电之谜？结果怎样？并板书：放电现象——大胆提出——风筝实验——轰动世界，请同学们根据板书概括文章主要内容。 学生1：富兰克林做了一个白色丝绸风筝，在郊外…… 学生2：富兰克林带着儿子，…… 教师（LDT2①）：两位同学概括得不够简练，听老师来概括一下：……（两个学生仍在举手，后放下）	想法：这个年级的学生在概括的时候总是会出现一个问题：啰唆、不简洁。其实教师不用急着帮学生概括，当时还有两个学生再举手，可以再听听其他学生的意见。 建议：可以在概括后再增加一步，将学生的话和教师的话写在黑板上，进行比较分析，其实就是将主干列出，让学生在回答问题的时候学会检查。

① 注：LD表示理答，T表示时间，2为秒数。合起来，LDT2表示在这一问题上，教师的理答时间为2秒。下文依此类推。

续表

目标3	核心环节及时间	想法与建议
有感情地朗读体现富兰克林人物主旨的段落和语句，用自己的话表述富兰克林“为科学献身”的主题思想。	环节1 教师：为什么是勇士？画出句子。 学生：“富兰克林觉得手有点麻，……和实验室里的电火花完全一样!” 教师（LDT0）：和实验室里的电火花完全一样（带着上扬的声调，明显表示不对）这句话是表示结果的，应该放在这里吗？学生齐答：不应该。 环节2 教师问：为什么富兰克林是勇士？你有没有过类似的经历？ 学生1：有一次我做饭的时候电饭锅漏电了…… 学生2：我把手放到电源的插座里去了…… 学生3：…… 学生4：衣服上一阵刺（静电）…… 每位学生回答后，教师都会追问：当时你有什么感觉？ 教师：既然你们经历了这么一点都觉得疼，那么富兰克林这样做就说明了他为科学怎么样的精神？ 学生：献身的精神。	想法：教师的反问和语调很明显地表明了自己的倾向，代替了学生的思考。 建议：让学生之间相互质疑处理，是否会更好？如果学生都认同这位学生，说明大家都有这样的问题，这时教师再分析一下这段话的结构，引起学生的思考。 想法：教师的问题其实就预设了答案。 建议：是否问学生“你敢不敢像富兰克林这样做”会更好呢？

2. 对观察单的分析

根据观察单1-4，我们主要从如下四个方面进行分析。

（1）教学环节与目标的内容、认知要求一致吗？

观察单中提供了处理后的目标，上表中呈现的是教师的第一次教学目标，所以从一致性上来看，教师做得并不是很好。

就内容来说，在第一个目标上，教学还是比较浅的，既没有涉及对“什么是有价值”的问题的引导，也没有拓展在“语言运用”、“写作方法”、“文章主旨”等类型问题上的质疑能力，而是跟着学生的提问走。在第二个目标上，没有运用主要的问题线索概述文章的主要内容，也没有让学生体会到什么是“突出重点不啰唆”。

就认知要求来说，这三个目标主要培养学生的质疑能力、概述文章主要内容的方法和用自己的话表述文章中心思想的能力。从课堂来看，教学环节与认知要求是吻合的，但却没有给学生真正的质疑机会，基本上是教师自己将答案说出来了。学生阅读课文中的质疑能力、对他人阅读的质疑能力没有得到锻炼。

（2）教师在这类目标的教学上有什么特点？

从目标 2、3 对应的教学环节来看，教师在处理类似“文章主旨”、“重要词句”等阅读难点问题的时候有一个特点：“过度帮助”现象，尤其是在重点阅读的题目上。教师习惯于给学生一个明确的答案，告诉学生应该怎样。教师的理答时间很短，基本上不超过 3 秒，学生思考的时间很少。

（3）学生在这类目标的学习上有什么特点？

从学生的表现来看，这个班级的学生很有质疑精神，几乎对每句话都提出疑问。但是，这些问题中有相当一部分仅为问题而提问。学生还不太明白，质疑是为了帮助自己更好地理解文章，更深入地分析文章的中心思想或写作手法，而不是为了质疑而质疑。

在概述文章主要内容上，学生遇到的难题是：啰唆，不简洁。学生不能用最精练的词语概括文章的主要内容，有很多修饰语。学生没有学会去除修饰语的方法。在分析文章的中心思想上，他们只是复述教师的话，泛泛地在谈“勇士”，并没有从自己的角度深入体会富兰克林的精神。学生对于人物的品质特点只停留在表面、浅层的理解上。

（4）对于这类目标，怎样的学与教会更好？

对于“质疑”这类目标，我们应该怎样教学？关键在于学生要明白为什么要质疑，怎样的质疑是有价值的。因此在教学环节的设计中，教师应该引导学生对问题进行分析：为什么要提出这个问题，这个问题属于什么类型的。提出问题之后还要努力地找答案，而不是抛出问题就不管了，避免养成提问题时的“不负责任”的态度，要学会通过对前后文的理解、重

点语句的品读以及同伴之间的互助，有效地解决问题。

在概述文章内容和分析文章中心思想上，如果把每节阅读课都当做学生自我和同伴间的一种阅读训练，学生知道检查自己阅读能力的方法，而不是由教师“告诉”，那么，学生的阅读能力培养就能与每一节新授课的学习结合起来。

二、学生学习进步度的分层观察

课堂观察与分析应促进教师以每一个学生的个性化的发展和改进为教学的努力方向。进步度的分层观察强调学生在课堂上“学有所得”。

（一）观察目的

学生学习进步度的分层观察考察的是目标达成的第二个判断标准，即学生在课堂学习前后是否有所进步。进步度 = 后测 - 前测。如果进步度为正，表明学生在上课中学到了新知，产生了增值。如果进步度为零甚至为负，表明课堂教学中可能出现了问题，学生没有理解新知识或习得新技能。

我们可以所有学生为基数进行前后测，计算所有学生的进步度。在小班化的前提下，最好的情况是细致分析出每一位学生的进步度，但这个很费时间。一个替代的办法就是分层，分别抽取在这一学习点上不同水平的几个学生，分析他们的进步度，以了解全班的概貌。

测试最好辅之以访谈，因为访谈最能了解学生的思考轨迹。访谈时可以直接询问“这节课你学到了什么”，也可以针对上课的内容，练习题目、前后测内容进行询问。这种询问可以让我们了解学生的学习观念在课前、课后所产生的变化。

（二）观察工具

这一观察工具需要设计与目标相对应的前后测。

观察单 1–5　学生学习进步度的分层观察单

教材版本：______ 第___单元 第___课 课 题：______ 学 校：______ 班 级：______ 学生数：______ 任课教师：______ 观察者：______ 观察日期：______ 学生抽测人数与比例：______				
目标 1	前后测	前测结果	后测结果	进步度分析
目标 2	前后测	前测结果	后测结果	进步度分析
目标 3	前后测	前测结果	后测结果	进步度分析

前后测的形式可以是丰富多样的，除了测试题这种形式外，还可以考虑以下这几种形式：

（1）聚焦于问题情境的访谈。给出一种问题情境，让学生谈谈如何解决这一问题，通过学习前后学生回答的对比，了解学生的认知是否产生了差异。如让学生回答："一种蔬菜入冬前卖 4 毛钱一斤，入冬后卖 9 毛钱一斤，你认为有哪些因素影响了它的价格？"由此考查学生是否了解客户、产品、成本等因素。（2）绘制概念图，用概念图考查学生与相关概念间的关系，如"画出与光合作用相关的概念图"。也可以用概念标签的方法，

给学生提供一些标签，每个标签上有一个概念，要求学生将所有的标签进行排列，并用画线的方式连接起来。有时候还可以提供一些无关的标签作为诱饵，要求学生对每条线的关系进行描述。（3）关键语词联想法。给出一个关键词，如“繁殖”，让学生在学习前后自由联想，并进行解释，由此对比考查学生在繁殖这个学习点上的知识基础。

测试题是教师最常用的一种方式。前测和后测的题目需要精心设计。设计与目标的内容、认知水平相一致的前后测并不是一件容易的事情，非常考验教师的评价素养。从目前课题组的实践来看，在前后测中经常会出现的问题有：前后测与目标不一致，前后测难度低于或高于目标的认知要求，前后测的内容超出或没有覆盖上课的内容范围，后测难于前测，选择学生的数量不合理，等等。

例如，在《揭开雷电之谜》一课教学中，上课老师先设计了一套前测试题，通过对试题进行分析发现，其中的题目几乎都是关于基础知识方面的，唯一一道与阅读有关的题目，却是课文内容填空。这种试题不仅测不出学生的阅读能力，而且剥夺了学生自主阅读的机会。

在此，对前测和后测提出如下建议：（1）题目要能完整覆盖所有的目标，题目时认知水平的要求要与目标一致。（2）把握好前后测的时间。前测有两个时间点，一是在预习前，一是在预习后。如果是为了检测学生的自我学习能力，要放在预习后；如果是为了检测学生的学习新知的基础，要放在预习前。同样，后测也有两个时间点：一是在作业前，一是在作业后。时间点的不同会对推论产生差异。有些教师很擅长作业设计，可以通过作业设计来弥补课堂教学的不足。（3）后测的认知水平要与前测相当，可以在数据或具体内容上做一些改变。（4）前测的结果可以用来确定学生的关键学习内容，教学应该建立在前测的基础上。

（三）观察实例

应用观察单1–5，运用试题编制的方法对《揭开雷电之谜》的第一次执教情况进行学生学习进步度的抽测。前后测用的是同样的题目。

观察单 1-5：实例

教材版本：沪教版　第 3 单元　第 1 课　课　题：揭开雷电之谜
学　校：PL　班　级：四 (2)　学生数：33
任课教师：YMQ　观察者：语文教研组　观察日期：2010. 3
学生抽测人数与比例：9 人，好：中：差 =3：3：3

目标 1	前后测试题	前测结果	后测结果	进步度分析
在初读、精读课文后提出有价值的问题，拓展在“语言运用”、“写作方法”、“文章主旨”等类型问题上的质疑能力，独立或合作解决力所能及的问题。	你对课文有哪些不懂的地方，你能不能试着回答这些问题呢？	从人物、词语含义、内容上提出了 14 个问题。大多数学生能自主解决自己提出的问题，有 3 个问题学生认为较难，回答不出： 1. 富兰克林为什么要冒着生命危险揭开雷电之谜？ 2. 为什么要用白色丝绸制作风筝？ 3. 为什么在麻绳末端分别接上一片铜钥匙和一小段丝线？	在课堂中，有 18 位学生从人物、内容上提出了 21 个问题，问题有流程化的倾向，多为为了问题而提问。 所有问题都得到了解决。但在前测中的第 1 个问题没有在全班讨论，用“富兰克林为什么是勇士”这个问题的讨论代替。 再次提问学生，学生知道后两个问题的答案，对第一个仍存疑。	提出有价值的问题的进步率很高； 记叙文中“有价值”的问题还需要引导； 课堂中关注学生的难点还不够； 没有学生从修辞用语的角度提出问题。
目标 2	前后测试题	前测结果	后测结果	进步度分析
能运用主要的问题线索概述文章主要内容，突出重点不啰唆。	朗读课文，概述富兰克林的风筝实验。	朗读较流利，除了个别字音有误，其余全对。全部学生都能概述，3 人较慢，要看书，2 人有 1 处顺序错误。	朗读较流利，除了个别字音有误，其余全对。全部学生能够较快而准确地概述。	有一定进步度。

续表

目标3	前后测试题	前测结果	后测结果	进步度分析
有感情地朗读体现富兰克林人物主旨的段落和语句，用自己的话表述富兰克林“为科学献身”的主题思想。	你认为富兰克林是怎样的人，为什么？	所有的学生都认为富兰克林是勇士，很勇敢。	所有的学生都认为富兰克林是勇士，很勇敢。	学生的前后回答没有发生变化，没有达到“用自己的话进行表述”的目的。对人物的理解停留在表面。

三、关键学习点达成度的量化观察

进步度主要考查的是学习结果，但我们需要进一步追问，进步度是如何产生的？教师在教学过程中的哪些做法提高了进步度，哪些做法降低了进步度。

（一）观察目的

这一观察工具针对的是目标达成的第三个判断标准，即目标达成过程是否有意义。在全班范围内，衡量不同学习状态的学生比例来回答学习过程的意义。这一工具有两种设计方法。（1）确定关键学习点，制定观察纲要，记录数据。（2）确定关键学习点，制定每个点上的量规，计算全班学生在每个关键学习点上量规上的比例。两种设计方法都需要首先确定关键的学习点。

（二）确定关键的学习观察点

观察点要围绕学生的重要学习活动的过程展开。那么，哪些点是关键的学习观察点呢？下面是一些标识：学生学习新概念、新规律、新公式的过程；学生的探究活动，包括他们的操作活动和语言；学生的合作活动，包括与他人合作的过程和语言；重要的课堂练习的解答过程。

一堂课中的关键的学习观察点一般控制在4—8个。如果是1个人的独立观察，关键的学习观察点应该尽可能控制在5个以内，多了观察就会浮于表面。如果是备课组或教研组一起观察，选择的关键的学习观察点可以多一些。

以沪教版的《智烧敌舰》为例，通过研讨，确定这节课的主要目标之一是：能联系上下文说出阿基米德为何会想到“智取”，说出这一方法可实施的关键因素，并能根据提示完整地复述阿基米德的思维过程。根据这一目标，观课教师可以从教案中选择如下三点作为观察点：

观察点一：默读全文，思考“智取”方法在哪节，画出文中阿基米德智烧敌舰的方法。

观察点二：默读课文，在文中圈画表示这一方法可实施的关键因素的词语。

观察点三：根据提示完整地复述阿基米德的思维轨迹。

（三）基于观察纲要的量化观察

观察纲要是对一堂课要观察的关键学习点的任务分工。它尤其适合教研组等多人一起进行课堂观察的情况。观察纲要可以非常简单，说明每个人的分工、所使用的量表，也可以比较复杂。

观察单 1–6　关键学习点的观察纲要

教材版本：______	第___单元　第___课		课　　题：______	
学　　校：______	班　　级：______		学 生 数：______	
任课教师：______	观 察 者：______		观察日期：______	
目标	关键学习观察点	样本范围	记录要求	观察分工

下面以一节数学课为例来说明观察纲要的制定和观察计算单的填写。观察课名：《谁围出的面积最大》。

观察单 1-6：实例 1

教材版本：沪教版数学广场			课　　题：谁围出的面积最大	
学　　校：JY	班　　级：三（4）		学 生 数：32	
任课教师：ZJY	观 察 者：HZ 数学组教师		观察日期：2010. 10	
目标	关键学习观察点	样本范围	记录要求	观察分工
1. 知道长方形的周长一定，当长与宽相等时，面积最大。	a. 探究在新知环节，教师的追问是否指向预设目标的达成。	回答问题的学生	◎ 记录教师追问的问题 ◎ 指向明确的打√，不明确的打 ×	Y，S
	b. “实践应用”环节中第 1 题的完成情况。	一个大组	◎ 查看学生作业	D，T
2. 通过学生动手操作、思考以及师生间的交流，探究“长方形周长相等时，长、宽与面积之间的关系”。	a. 14 根小棒活动环节中学生是否能呈现所有的图形。	你身旁两组同桌	◎ 查看学生表 2 是否填全 ◎ 查看学生表 2 是否有序填写	Y，W
	b. 14 根小棒操作活动环节中产生的数据是否有利于结论的得出。	两个大组	◎ 进入组内提问了解 ◎ 对学生回答的正误进行统计	D，T
	c. 14 根小棒操作活动环节中产生的数据是否有利于结论的得出。	整节课	◎ 查看教案 ◎ 观察课堂实况	G，C
	d. 14 根小棒操作活动环节中，同桌的参与情况如何。	你身旁两组同桌	◎ 记录学生有否分工 ◎ 学生参与的表现	G，C

这是项目组内的一节研讨课，邀请的是项目组外的教师，参与的教师从各个角度进行课堂观察。这节课上完后，从印象和直观感受上来看，大家都觉得很不错，课堂氛围活跃，学生积极动手操作。那么，学生学习的过程究竟怎样，目标达成过程是否有意义呢？教师们根据观察纲要进行了观察，结果如下：

观察单 1-6：实例 2

教材版本：沪教版数学广场　　课　　题：谁围出的面积最大

学　　校：JY　　班　　级：三（4）　　学 生 数：32

任课教师：ZJY　　观 察 者：HZ 数学组教师　　观察日期：2010. 10

目标	关键学习观察点	实录状况	达成度分析
1. 知道长方形的周长一定，当长与宽相等时，面积最大。	a. 14 根小棒活动环节中学生是否能呈现所有的图形。	第一大列：3 全；2 缺；2 重复；有序 5 组。 第三大列：4 全；3 缺；有序 2 组。	样本 19 组。目标 1（全）达成率：37%；目标 2（有序）达成率：36%。
	b. 14 根小棒操作活动环节中产生的数据是否有利于结论的得出。	三列 6 桌：周长不变，面积不同。 三列 7 桌：周长一样，面积越来越大。 一列 6 桌：长变小，宽变大，周长相等，面积变大。 三列 4 桌：得出规律。	样本 4 组，得出最终规律 1 组。目标达成率：25%。
2. 通过学生动手操作、思考以及师生间的交流，探究“长方形周长相等时，长、宽与面积之间的关系”。	a. 14 根小棒操作活动环节中，同桌的参与情况如何。	三列 6 桌：女生操作报数据，男生记录。 三列 4 桌：女生记录，男生操作，女生协助。 三列 7 桌：女生操作报数据，男生记录。 一列 6 桌：男生操作，女生算数据并记录。 三列 5 桌：两人能力都较弱，有老师指导。	样本 5 组。分工明确、活动有序、参与主动 1 组。 分工不明确、活动无序 1 组。 男生普遍较弱。
	b.“实践应用”环节中第 1 题的完成情况。	三列（14 人）：9 人完成，其中第一小题 3 人正确，其他无一正确。 一列（6 人）：4 人完成，其中第一小题 2 人正确，第二小题 2 人正确。	样本 20 人。第一小题正确率：25%；第二小题正确率：10%。

上述观察结果颠覆了我们对这节课的印象式判断，学生的学习并不像表面上看上去那样成效卓著。从达成度来看，学生的学习仍然停留在比较表浅的层面，对于长、宽、周长、面积之间关系的理解还不够深入。这一次观察分析给项目组的老师们留下了很深的印象，他们普遍感叹：如果不深入到具体的学习点观察中去，不积累学生具体的学习证据，我们往往会对学生的学习过程产生误判。

（四）量规观察工具及实例

什么是量规？量规的英文为 rubric，原意为涂红之处或红色标志，指的是中世纪宗教用红笔书写的指导语或解说词。在法律文件中，法典的标题通常用红色标明。后来，rubric 被引申为简要、权威的准则。

完整的量规包含：（1）表现水平，指学生通过一段时间的学习后所产生的行为变化的学习水平；（2）表现级别，如优秀、比较优秀、一般等；（3）表现描述：描述各级表现水平上学生知道什么、应该做什么；（4）范例：说明各个表现水平上学生作业的样例；（5）分数线：区分各级表现水平的分数。

研究者们提出各种制定量规的方法，如莫特勒（Mertler，2001）归纳出如下步骤：重新审视任务中的学习目标；确定可观察的要素；应用头脑风暴方法，明确要素的特征；对于整体评分规则，描述出区别优、劣作品的要素整体特征，对于分项评分规则，描述出区别优、劣作品的各个要素的特征；对于整体评分规则，确定不同表现的水平，对于分项评分规则，确定各要素不同表现的水平；为每个水平配备不同表现水平的例子；必要时修改评分规则。

1. 制定量规

以往的课堂观察中我们也会使用量规，比如对学生的学习状态进行分类：很投入、比较投入、投入、不投入等。但是，这种量规有一个缺陷，就是和具体的学习内容没有关联，只是对一般行为进行观察。基于关键学习点的量规需要分析学生在具体学习内容上的表现。我们总结出了以下几种制定这种类型量规的方法。

方法 1：分解目标中的关键概念

目标是学生的学习结果，某一目标指涉的学生学习状态到底是怎样的呢？有时候我们对目标还没有深入的理解，就对学生提出了目标，这种

“模棱两可”的状态很难有真正的目标达成。比如前文一直探讨的一个很重要的目标“提出有价值的问题”，到底什么是有价值的问题，对小学四年级的学生来说，他们提出怎样的问题算是有价值的呢？经过讨论后，教师们设计出如下量规：

A. 与课文主旨有关的问题

B. 体现人物性格的问题

C. 理解文章情节的问题

D. 涉及写作方法的问题

E. 帮助自己理解文本的问题

F. 重复、有明显答案等无效问题

在对一个班级的学生进行观察后发现，学生提出的问题主要集中在A、B、C上。

量规	A	B	C	D	E	F
比例（%）	9.5	23.8	42.6	0	16	8.1

根据这样的量规，教师可以进一步引导学生们提出D、E类的问题，拓展他们在文本阅读和语言表达方式上的思考深度。

方法2：分析学生多样化的学习观点或结果

预估学生在关键学习点上的多样思维也是一种方法。如果一开始很难做出预设，也可以在上课的时候观察学生的各种表现并记录下来，然后再根据多种表现制定量规。以《谁围出的面积最大》一课的教学为例，学生在得出规律这一学习点上，产生了多样观点，从这些观点中，我们可以分析学生的错误类型，对于后续学习的深入有很好的作用。

E. 周长一定，长和宽相等，面积最大

D. 周长不变，面积不同

C. 周长一样，面积越来越大

B. 长变小，宽变大，周长相等，面积变大

A. 没有规律

量规	A	B	C	D	E
比例	2/14	3/14	1/14	5/14	3/14

从上表来看，只有3组得出了正确的结论，而其余几组都没有，而在小组陈述的时候，只有2组得出的正确结论的小组进行了班级交流。学生的错误没有得到深入讨论，深度的学习没有发生。

方法3：分析学生可能的学习行为

分析学生在不同学习点上可能的学习行为是比较容易的一种方法。我们可以先观察并记录学生的不同行为，再将其整理成观察单。这种方式可以增进我们对学生多样的学习行为的理解。比如，在《智取敌舰》一文的学习中，当教师要求学生思考智取的方法并画出智取的方法时，学生就表现出多样的学习行为。

观察点一：默读全文，思考智取方法，在哪节画出文中阿基米德智烧敌舰的方法。

学生表现	找错节	找对节，没有找出相应的句子	画正确但画得不完整或画太多了	画得完整且正确
学生数量	1	3	4	2

当教师要求学生复述阿基米德的思维轨迹时，学生的表现也各不相同。

观察点三：根据提示完整地复述阿基米德的思维轨迹。

学生表现	茫然	看题准备	慢速轻声练说	快速轻声说，并作回答而且正确
学生数量	2	3	3	2

学生在特定的学习点上会产生不同的学习行为，教师需要根据这些学习结果进行有针对性的反馈或个别化的指导。

2. 关键学习点的量规观察单

在实地观察中，根据不同关键学习点的性质，我们可以综合采用上述三种方法制作量规。量规观察单比较适合团体合作的观察，每个人可以制作1—2个观察点的量规，最后整合成如下完整的观察单1-7。

观察单 1–7　关键学习点的量规观察单

教材版本：________	第____单元　第____课	课　　题：________
学　　校：________	班　　级：________	学 生 数：________
任课教师：________	观 察 者：________	观察日期：________

预设目标	关键学习点	量规	达成情况分析
目标 1	关键学习点 1	量规	
	关键学习点 2	量规	
目标 2	关键学习点 3	量规	
	关键学习点 4	量规	
目标 3	关键学习点 5	量规	
	关键学习点 6	量规	

分析内容参考
◇ 记录各类量规上学生的比例状况。 ◇ 根据比例推论学生在各个目标上的达成状况。 ◇ 结合环节观察、质性观察等分析为何某类学生的比例会比较高或低。

关于量规观察的实例在上述量规制定部分已有阐述，在此不再赘述。

四、关键学习点的质性观察

通过量化观察可以判断整个班级的学习过程，而质性观察则可以让我们描述个体或群体学生的学习过程的质量，在对学习行为的白描、深描中，揭示教学—学习、个体—群体、文本—环境—认知等互动的机理。

（一）观察目的

这一观察同样是针对目标达成的第三个判断标准，即目标达成过程是

否有意义。事先也需要确定关键学习点，过程与量规观察无异。因为要观察细节，1 位教师最好只观察 1 个学生或 1 个学习小组，观察者最好坐在要观察的学生的旁边。从我们的经验来看，刚开始，教师在观察过程中，不知不觉就会去关注教师而忘记学生。所以，在初期，观课者尽量背对教师，只专注于所观察的学生。如果是对本校、本年级的学生进行观察，最好选定 1 位或 1 组学生，进行长期观察，这样会积累很多关于学生学习的资料。事先了解一下被观察学生的背景也是很有必要的，可以在上课前与他简单交流，或在征得他同意的情况下看看他的作业。课后，也可以与学生进一步交流，了解他们某种行为背后的原因，或澄清他们在关键学习点上的想法，这有助于我们深入理解学生的认识和思维，做出在当时背景下的合理推断。

（二）白描和深描

质性观察中最重要的就是客观、中立，尽可能还原课堂的真实生活，不要让自己的观点和判断先入为主。之所以采用“白描”的方式，在于白描相对真实，能将观察者所看到的与自己所体会到的分开。

“白描”是中国画的一种技法，也是一种叙述描写的手法。白描重在神，而不是形，它用最朴素简练的文字进行单纯的描写，不重辞藻修饰与渲染烘托。用鲁迅的话说，就是“有真意，去粉饰，少做作，勿卖弄而已”（鲁迅，《南腔北调集》）。教师，尤其是语文教师，在观察的时候，容易倾注很多个人情感，或采用修饰性的形容词，或对观察内容进行提炼和加工，这种方式往往会“涂改”自己的记忆，从而对课堂的判断产生偏差。

白描，还要尽可能不使用评论性的语言。有些观察者喜欢下结论，如“这个学生很聪明，但是做得不够认真仔细”，“这堂课很有效”。白描切忌这种匆忙下结论的概括，而要用事实说话，写出自己之所以这样下结论的观察依据，追问所下结论是否合理。这种追问可以让我们不断还原课堂本来面目，进而反省自己的判断是否过于草率。

“深描”是文化人类学中一个非常重要的概念。美国文化人类学家格尔兹（Greertz）用这一概念来指称“人类学”研究中对文化现象的详尽的描述，以求对文化现象或对文化现象背后的文化规律做出合理的解释。深描的目的是要将研究者在现场的观察结果与体验过程直接而真实地表达出来，深入而细致地描述出来。观察中的深描要交代行动的来龙去脉，交代行动是在何种意图与意义的作用下组织起来的；追踪、描述行动的变化与进展（丁刚，2008）。下面我们用一个例子来具体说明。

白描——

2009年11月5日，上午第二节课，老师要求做测验，统计测验完成人数，小元举手了。但是，小元没有说出作业的具体内容，被老师批评了。

深描——

第二单元测验，H老师要求阅读理解暂时不做，其他题目当堂完成。小元做了几题，抬头左右张望，停下来挖了挖鼻孔，约1分钟后，重又埋头。他不会做这道题，但是又不想让老师看出来。

H老师中途发医疗证，吩咐学生将医疗证先放在一边，下课再看。医疗证每学期都有，内容并无区别，所以大多数学生并未因好奇心违反老师的命令，除了小元。他拿到手就停笔翻看，持续约2分钟。这时后排的WF钢笔没水，H老师问谁有两支钢笔可以借一支给他，小元扭头看，停顿约1分钟。

快下课时，H老师统计测验完成人数，有6个人没有举手，小元举手了。H老师刚数完人数，他就转头问LY："应该做到哪里啊?"LY未答，挥手打发他转过头去。这样的事情在这几天中已经出现过很多次了。

H老师看见了，走过去问他原委，他问："第3题要不要写?"

H老师："我们全班一起告诉他!"

学生高声齐答："要——"

H老师瞪了他一眼："个只宁脑子勿灵光!"（上海话）①

深描虽然有很多的描述，但并不影响其客观性，这种观察和一般的描述性的文章有很大的不同。在深描中，每一句话都是描述真实发生的情况，每一句话都有证据，而不是想当然。上文中，横线代表时间、数量等数据，曲线代表一般情况或经过访谈后论证的结果，双直线描述学生的具体行为。全文没有使用任何夸张的形容词，或明显的主观感受。

浅描提供的信息是有限的，从深描中，我们可以推论出很多信息：（1）小元是一个学业不良的学生，不仅学业不良，而且他的人际关系也存

① 深描部分的内容摘自：陈扬．游离与牵引［D］．上海：华东师范大学，2007.

在问题，他的朋友可能不是很多；（2）导致小元学业不良的部分原因是他的注意力不够集中；（3）小元的自尊心还比较强，为了掩盖自己的不足，他可能会撒谎；（4）小元是一个 H 老师不喜欢的学生，而且是被老师定义为“不聪明，不用功且成绩不好”的学生，H 老师对他没有什么耐心；（5）H 老师可能不是很尊重学生的学习，经常会打断学生的思维。不同的人可能会从深描中读出不一样的信息，而基于此，教师们就有了共同的话语平台。比如 H 老师的课堂管理行为与小元的注意力不集中之间的因果关系，教师们就会有不同看法，在讨论中各自的教育观念得到突显。

质性观察本没有固定的体例和工具，只要把握住上文所提及的白描和深描要点即可。

对将要观察的学生的描述，可以根据观察必要性和时间来定，一般可以考虑以下几个方面：（1）学生所处的地理位置：几排几座，独坐、有同桌一起坐还是在小组里坐，如果是坐在小组里的，需要绘出小组座位表。（2）课桌描绘：包括桌上的学习用品摆放；与本节课相关的准备工作等。（3）学生描绘：包括样貌、神情、与其他学生的交流、作业本上的错误率和整洁状况等。

对学习关键点的记录，一方面是白描被观察学生的语言和相关行为，另一方面是在白描的基础上做出相应的推论。

观察单 1–8　关键学习点的质性观察单

教材版本：＿＿＿＿	第＿＿单元　第＿＿课	课　　题：＿＿＿＿
学　　校：＿＿＿＿	班　　级：＿＿＿＿	学 生 数：＿＿＿＿
任课教师：＿＿＿＿	观 察 者：＿＿＿＿	观察日期：＿＿＿＿
对将要观察的学生的描述		
关键学习点 1		
关键学习点 2		

续表

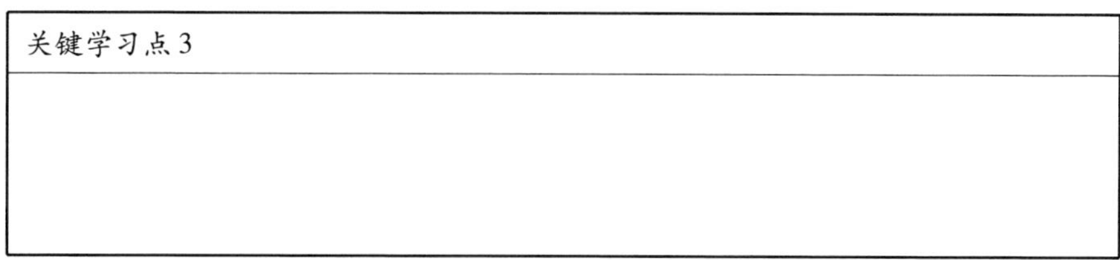

关键学习点 3

（三）观察实例

下文是一个不太成功的课堂观察。在这一观察片段中有很多修饰性的词语（横线部分），加入了观察者的很多主观判断和概括性的提炼。

“富兰克林是怎样做风筝实验的呢?”于老师话音刚落，学生纷纷把目光投注到屏幕上，飞快地扫视着，寻找自己感兴趣的问题。不一会儿，一双双小手高高举起，学生抢着说出自己心中的疑问……学生呈现出一个个问题，于老师适时地画出屏幕上相应的语句，并打上问号。学生质疑的热情高涨，问题越来越多，教室里热闹极了。

这样的课堂观察可以让我们清楚课堂教学的大致流程和氛围，但却不能对学生的学习进行深入的分析。通过这个片段我们既看不到个体或群体学生的真实学习情况，也感受不到学生与教师之间的互动。质性观察不需要对事件本身加上很多修饰或文学性的描写，所有的描述都要基于事实本身。下面呈现的是《揭开雷电之谜》这堂课中的部分白描，观察对象是一个学习小组。

观察单 1-8：实例

教材版本：沪教版	第 3 单元　第 1 课	课　　题：揭开雷电之谜
学　　校：PL	班　　级：四（2）	学 生 数：33
任课教师：YMQ	观 察 者：XXM	观察日期：2010. 3

对将要观察的学生的描述

我坐在最左边的第一组学生旁边，这组学生一共有 5 个人。由于我所坐的座位限制，在大部分时间，我只能观察 C、D、E 3 人，除非有教师提问到 A、B。

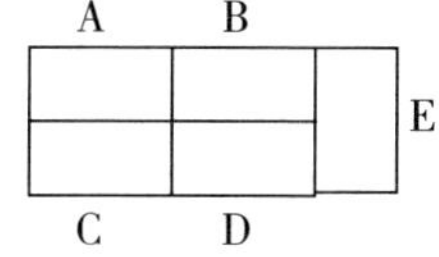

续表

<table>
<tr><td>A、E两人在课前将所有准备工作做好。B、D两人从外面冲进来，铃响后拿书。C一直坐在位置上左右张望。E的作业本非常整洁，几乎没有订正，在这一课的课文上给有些字词标了注音，给课文标了节，有些地方打了问号，C和D的这一课课文上没有什么标记。根据课后教师的描述，E是语文成绩比较优秀的学生，C的语文成绩是中上，A、B、D都是中等。</td></tr>
<tr><td>关键学习点1</td></tr>
<tr><td>教师喊起立，学生问好，坐下来后，C转过头来对D说：你吵死了，声音太大。D用手捅了C一下。</td></tr>
<tr><td>关键学习点2　教师：请在文中画出表示富兰克林是“勇士”的句子。</td></tr>
<tr><td>C——没有动手画，用手捂住本子，斜眼看D和A的书。
D——画出两句话：“那天，天空乌云密布，雷电交加。富兰克林带着儿子来到费城的郊外”、“富兰克林觉得手有点麻，……和实验室里的电火花完全一样！”
E——画出一句话，“富兰克林觉得手有点麻，……和实验室里的电火花完全一样！”在教师反问后又擦掉。
推论：C、D、E在这一任务上完成得都不是很好，C在此类任务上的表现比较差，似乎完全没有找到感觉。</td></tr>
<tr><td>关键学习点3　质疑</td></tr>
<tr><td>C——回答问题：麻绳是不导电的，为什么还会感觉手有点麻？坐下后，低头玩手指。
D——先举手，在其他学生提出两个问题后停止举手，看书，手上在玩笔。
E——提出问题：为什么他会兴奋地叫起来？坐下后，眼睛很关注老师，继续听讲。
推论：C、E都提出了很有价值的问题，但C和E在提出问题后的表现有差异，C似乎更注重提出问题，而E表现出更积极主动的态度。D可能想到了一些问题，但是已经被其他同学提出来了。</td></tr>
<tr><td>关键学习点4　教师：读一读课文，想想你能解决哪些问题。</td></tr>
<tr><td>C——眼睛扫视全部课文，迅速举手，在教师喊其他同学时玩笔。
D——小声快速阅读第三、四节，读完后马上举手。
E——大声朗读，从第1节开始读，未举手。
推论：第一，学生的阅读策略不一样。学生似乎并不明白教师所说的“读一读”是什么意思，不知道在这个时候应该默读、朗读还是快速读。就这一问题情境来说，涉及对问题的理解，似乎应该用默读更为合适。第二，三位学生的阅读内容也不一样。可能学生不明白到底应该读哪一段。</td></tr>
</table>

质性观察比较细腻地展现了这个学习小组内部的学习状态和社会关系。在一个班级和小组内部，C、D、E 3 人在一些关键的学习点上，如“画出表示富兰克林是勇士的句子”、“解决问题”等产生了类似的学习过程，而由于教师没有能够提供相应的学习机会，这两个关键点上 3 个本来处于不同水平的学生都没有能够产生重要的学习进步。而在另一些关键的学习点上，如质疑，由于学生个体的学习差异，E 要比 C 和 D 想得更深远。

第三部分

个体与群体学习过程的观察

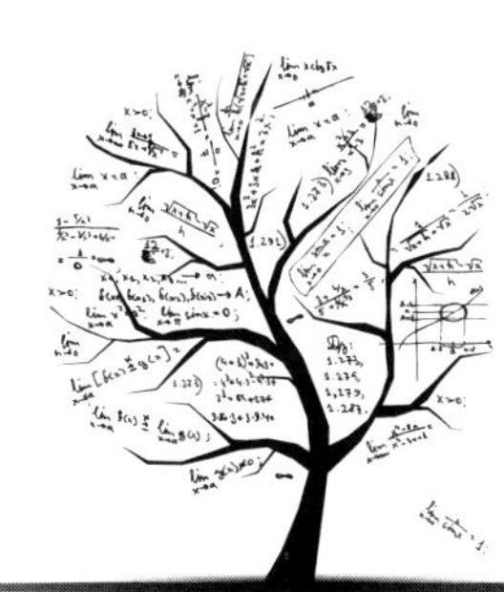

Di San Bu Fen

geti yu qunti xuexi guocheng de guancha

第三部分 个体与群体学习过程的观察

我们理解学生的学习吗？进入课堂，我们发现，教学与学习的发生并不总是在一条轨道上。不管是课堂教学还是课堂观察，我们都需要有一些知识基础，了解学习何以发生，学生的大脑中有什么，怎样的学习方式会更好。借助本部分的学习科学理论基础和观察工具，我们可以分析课堂中的迷思概念，探查学习活动与作业中学生的认知水平。通过白描、话语分析，我们还可以判断师生合作学习的质量，促进深度的合作学习。

第七章
理解学习过程

在很多课堂观察中，对认知观念与过程的观察常常停留在简单的外部指标上，比如观察学生的举手、表情、各种学习状态（作业、小组活动、思考）、非学习性行为等，这些指标在了解学生的认知过程方面作用比较有限。有鉴于此，在观察之前，我们需要了解学习的知识基础，知道学生头脑中究竟有什么、怎样的学习方式会更好。

这个过程可以帮助我们：第一，澄清课堂学习涵盖哪些要素和范围，有哪些行为化的指标可以推论出学生的认知观念与过程；第二，解释怎样的认知过程具有更高水平，教师怎样设计学习任务与环境更有助于学生的认知发展。

一、学生头脑中究竟有什么

学生在学校里的学习主要是认知技能的习得。这种习得过程与现实生活中的技能如烹饪、缝衣、制鞋等并不一样。在这些技能领域的学习，师徒之间可以对具体的技能进行观察、评论加工和修改，并反映在具体成品上。而在学校的大多数课堂教学中，学生的认知过程是内隐而独立的，我们无法对学生的学习进行有效的调整，因为我们看不见学生头脑中的认知过程。同样，学生也无法知道教师是如何进行思考的。

那么，我们通常说的关注学生学习，到底要关注学生学习的什么东西？现有的学习科学研究提醒我们，有这样几点认识是我们在课堂观察前需要注意的。

（一）学生认知观念的多样化

学生头脑中的认知观念的多样化超出我们的想象。

学生会从很多渠道获取对某一现象或知识的观念积淀。他们通过与其他同学的交流、课外书的阅读、浏览网络资源、课堂学习等多种信息源产生多样化的观念。以温度为例，他们可以依据自己的经验，认为木头要比金属热；他们也可以依据自己日常口语化的说法，认为“热度”等同于“温度”；他们还可以使用各种比喻，说“热是一种可以被吸收、被传递的东西”。这些依赖于特定情境的观念形成了学习科学研究者所说的个人观念的积淀。

这种个人观念积淀的数量是非常庞大的。有研究者对高三学生理解的科学现象进行调查，如就浮力这个学习主题，研究发现，学生对浮力会产生 200 多个截然不同的观点，每位学生都会有 5—15 个观点，即使有相同观点的学生，他们证明观点的方法也不相同。既然有如此之多的个人观念，教学该如何进行？个性化的教学是否要应对每一位学生的特定观念？

对这个问题，学习科学研究者同样进行了探索。他们发现，特定年龄段的学生观点和处理方式是类似的。梅兹（Metz，2000）研究了小学以上的学生对生物行为的观点，根据学生的话语，她确定出 20 多个变量，如人工实验条件、条件的排列、顺序的影响等，发现特定年龄段的学生观点是类似的。这就意味着教学可以在把握一类学生的认知特点的基础上进行。

有各种研究表明，学生在数学、生物、阅读、物理等领域，都存在多样的观念，并且因年龄段的变化而发生变化。这些研究指出，学生的个人观念库中包含合理的、容易混淆的、特殊的、武断的等各种观念（柯林斯，2010）。大多数学生缺乏辨别观点或评价观点的能力。教学的目的就是辨别这些观点，鼓励学生将自己的观点外显，并进行评论，以促使学生形成对特定观点的连贯描述。

（二）学生的认知学习会遵循不同的轨迹

学习科学的研究进一步发现，即使认知观念相同的学生，其认知学习方式也各不相同。那些更擅长考试的学生往往只是因为习惯了教科书的思维方式，琳等人（Linn et al，2000）的研究充分说明了这一点。他们在 40 个学生中选择了 4 个典型的学生，对他们的科学学习活动进行观察，发现在科学学习活动中学生表现出四种不同的认知轨迹：

有些学生遵循概念化（conceptualizing）的轨迹。这类学生会在对现象宽泛了解的基础上，形成规范的观点并采用抽象概念。他们对教科书上的原则和概念运用得比较熟练，会引用它们作为证据。这些学生在课堂上经常占据主动地位，使教师对学生的学习过程和结果产生错误的判断，认为学生都已经掌握了要学习的内容。

有些学生遵循实验化（experimenting）的轨迹。这一类学生很容易产生新观点，并想出方法来检验观点，他们会将规范的和不规范的观点同时加以考虑，归纳出某个情境下的观点并解释另一个情境。他们通常对日常生活中的现象有独到的见解。他们的学习结果可能不是很好，但却能够更准确地掌握科学学习作为一种探究、不断增长的知识共同体的本质。

有些学生遵循策略化（strategizing）的轨迹。他们严格区分学校和日常生活，他们将科学看做是从权威人士那里收集来的事实，科学只是要解决测验中的问题。

有些学生遵循情境化（contextualize）的轨迹。这类学生在各个单独的情境中处理问题，而不将观点联系起来，比如他们认为加热和冷却是不同的过程。

如果我们的教学能够更敏感地描绘学生不同的学习认知轨迹，将会对学生的学习产生重要的影响。但是，有时候我们往往会判断失误。一个富有说服力的例子来自于柯丁格等人（Koedinger et al，2004）。他们提供了三种问题情境：故事问题、文字问题和解方程，三者的数量结构与解决方法是相同的。

故事问题：作为一个侍者，特德每小时收入 6 美元，一个晚上有 66 美元的小费，现在特德共收入 81.90 美元。问特德工作了多少个小时？

文字问题：从某个数字开始，如果我将其乘以 6，然后加上 66，结果是 81.9。那么，我开始计算的数字是多少？

解方程：$X \times 6 + 66 = 81.90$。

他们先访问了数学教师。数学教师认为，对高中生而言，故事问题是最难的，而解方程是最容易的，他们的典型理由是：故事问题要求更高的阅读能力以及将故事问题转化为方程的能力。出乎教师意料的是，在随后的学生测验中，学生对故事问题和文字问题解答得更好，正确率分别是 70% 和 61%，而解方程的正确率则是 42%。

如何解释这一问题？显然，许多学生在解决故事问题和文字问题的时候，并不是运用解方程的策略，而是采用了别的非正式策略，如猜测—验证或逆向操作的倒推。这对教学有怎样的启示？通常教师在教学上都是先教方程再教情境中的问题解决，如果我们要基于学生的先前知识展开教

学，就应该充分利用实例。在上代数课前，通过言语或者情境激发学生的数量推理技能；在进入正式表征进行更加抽象的过程之前，就要先利用故事问题情境和言语描述帮助学生非正式地理解数量间的联系。

（三）学生的“迷思概念”和“零散知识”

迷思概念又被称为学生的朴素观念。学习总是基于学生原有的认知基础发生的，学生并不如洛克所说的是一块“白板”，在他们的头脑中实际上充满着对现实世界的多样化观点和迷思概念，这一领域的研究也被称为朴素（naive）生物学、朴素物理学、朴素数学。

从20世纪70年代开始，在社会研究中出现了大量的关于“迷思概念”的研究，它开启了在教育研究领域，包括实验心理学和发展心理学在内的现代概念研究。

大量的研究表明，有些领域和主题对学生而言，要产生概念转变是非常困难的，运用传统的教学方式往往会失败。这些领域和主题如：物理学科中的物质和密度的概念、牛顿力学、电学、相对论；生物学科中的进化和遗传学，等等。这些领域和主题充满了学生的迷思概念，通过教师讲解、大量练习只能使学生简单获得知识，而无法在辨识自己原有观点的基础上“恍然大悟”，从而对日常现象产生新的理解，并产生迁移。

波斯纳等人（Posner et al，1982）认为，学生只有在满足以下条件时才能改变他们的概念体系：（1）不满足于自己先前的概念（经历了大量反常的事物）；（2）新的概念是可理解的；（3）新的概念不仅应当是可理解的，而且是貌似合理的；（4）新的概念对后续工作是富有成效的。

如何看待学生的“迷思概念”呢？一部研究者认为，迷思概念对学生的后续学习会产生消极的影响。教师只有克服学生的认知障碍，让学生完整摆脱原有观点，接受教师的正确观点，没有其他选择。这种转变学生原有观点的脉络来建立新的观点的研究思路称为概念转变（conceptual change）。与此同时，另一部分持零散知识论（knowledge in pieces）的研究者认为，学生的想法是由许多准独立的成分组成，教师不用否定学生的观点，而是仔细挑选学生原有想法中的有益成分，通过改进形成规范的概念。这种概念的形成方式称为概念发展（conceptual advancement）。在这种观点中，学生的原有观念就不是概念发展的障碍，而是资源。教师要做的是重新编排组织一个更有包容性和规范性的结构，而不是抛弃它。

二、从新手到专家

如何从新手变成专家是学习科学领域的重要研究问题。“迷思概念”和“零散知识”就是研究新手思维的载体。那么，专家是怎样获得这些专业知识的？通过对这个问题的研究，我们可以分析从新手到专家，学习者经历了怎样的心智阶段。

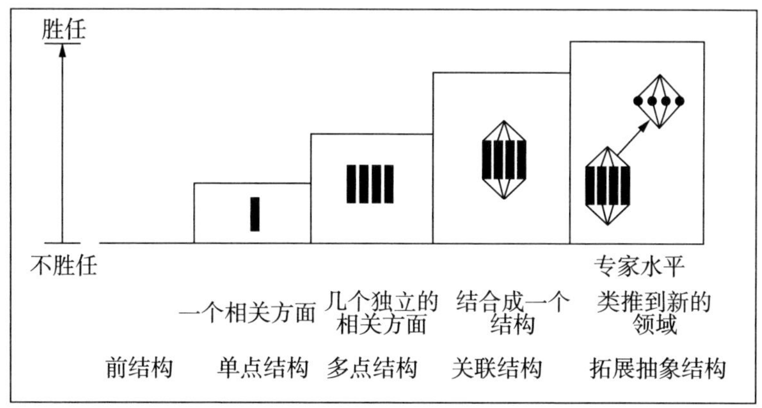

图 7-1 从不胜任到专家水平：SOLO 分类法

SOLO（Structure of the Observed Learning Outcome，SOLO）就是一种描述从新手到专家发展过程的工具。SOLO 意指可观察的学习结果的结构，是由澳大利亚教育心理学家比格斯（Biggs）于 1982 年首创的一种学生学业水平分类方法，在 2007 年的时候比格斯等人又对其进行了具体的修订和描述。SOLO 分类理论基于学生对某一具体问题反应的分析，对学生解决问题时所达到的思维水平进行了由低到高的五个基本结构层次的等级划分。

SOLO 分类理论建立在皮亚杰的发生认识论的基础上，但是，皮亚杰的认知发展理论是对总体认知结构发展的阶段划分，不可以直接检测，比格斯称之为“假设的认知结构”（Hypothetical Cognitive Structure，HCS）。比格斯认为，在回答某个具体问题时，可以通过衡量学生思维结构的复杂性来体现不同的水平。这些水平是可以直接检测的，所以称为“可观测的学习结果的结构”。

SOLO 分类理论判定学生认知水平的差异是根据能力、思维操作以及

一致性与收敛三个维度的基本特征来描绘的（Biggs，1982）。

表 7–1 SOLO 五个认知水平

SOLO 层次	能力	思维操作	一致性与收敛
抽象拓展 E	最高：问题线索 + 相关素材 + 相互关系 + 假设。	演绎与归纳：能对未经历的情境进行概括。	解决了不一致的问题，认为不必使结论收敛，结论开放，容许逻辑上兼容几个不同的解答。
关联结构 R	高：问题线索 + 相关素材 + 相互关系。	归纳：能在设定的情境或已经历的经验范围内利用相关知识进行概括。	在设定的系统中没有不一致的问题，但因只在一个路径上收敛，在系统之外可能会出现不一致。
多点结构 M	中：问题线索 + 多个孤立的相关素材。	只能联系几个有限的、孤立的事件。	虽然想做到一致性，但由于基本上只注意到孤立的素材而使回答收敛太快，从而导致同样的素材得出不同结论。
单点结构 U	低：问题线索 + 单个相关素材。	只能联系单一事件。	没有一致性的感觉，甚至连问题是什么都没弄清楚就收敛了。
前结构 P	最低：问题线索 + 混乱的解答。	拒绝，同义反复，转移，跳跃到个别细节上。	—

比格斯等人用建筑材料对这五个水平进行了具体描述。其中，前结构就像一堆颜色各异、形态各异的建筑材料，散乱地堆积在一起；单点结构开始在相同颜色内部形成了一个连接；多点结构则是在不同颜色之间产生了多样连接；关联结构能将这些散乱的材料整合成整体；抽象拓展结构则不仅是将此整合成整体，还能挖掘没有提供的信息，产生在更广阔情境中的建筑体。

前结构（Pre-Structure）：完全错误或者不相关的答案。学生不具备与所要解决的问题相关的知识，没有真正理解问题；或者与所问的问题完全不相关；或者使用了与问题要求相比过于简单的方式回答问题。

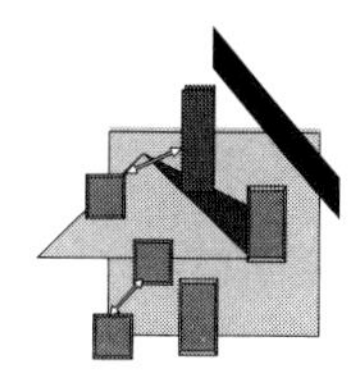

单点结构（Uni-Structure）：只使用了所给问题的某一个相关信息。学生只抓住或者使用了回答问题的某一方面信息，然后就直接跳回了问题；或者仅仅是靠记忆进行回答，而没有得到真正理解。

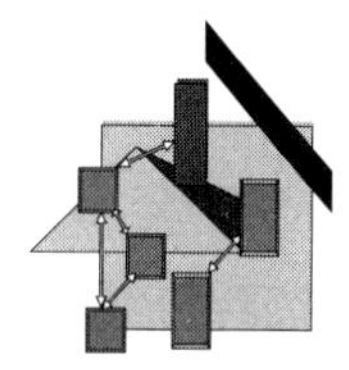

多点结构（Multi-Structure）：连续使用所给问题的多个相关信息。学生抓住或者使用了回答问题所需的所有方面或者其中的几个方面的信息，甚至能够在其中建立起两两之间的相互联系，但是对于这些信息的使用仍然是孤立的，没有形成所有方面的有机联系。

关联结构（Relational Structure）：综合所给问题的全部相关信息，形成唯一的结论（Atherton，2011）。学生能够抓住并使用回答问题所需要的全部信息，并进行综合和概括，形成统一的整体。这个水平就是一般意义上的对问题的充分理解，能回答或解决较为复杂的具体问题。但是这个水平的学生在回答问题时使用的信息仍是与问题直接相关的，不会使用没有直接涉及、但又与问题本身有联系的其他信息，不会将问题置于更一般的、更广阔的情境中或者对问题提出质疑。

抽象拓展结构（Extended Abstract Structure）：综合使用各种相互影响的信息，以形成对问题的反应。学生能够在关联的基础上，联系与问题相关的所有影响因素（包括问题中没有直接提到，但是有影响的因素），将问题置于更为广阔的情境中，对问题进行全面思考以及更高水平的概括和归纳（Atherton，2011）。这个水平的反应最终可能形成一个一般的假设、开放性的答案或者一个新的主题。这一层次的学生表现出更强的钻研和创造意识。但是，并不是每个人在每个领域上都可以达到抽象拓展水平。

三、怎样学习会更好

以教授为主的课堂是从行为主义发展而来的，本质上是与最好的学习方式相违背的。而从18世纪至今，教授主义的课堂在我们的教育体制中已经制度化了，尽管新技术的出现在一定程度上改变了传统的学习方式，不过，基于问题、项目、情境的学习仍只是一种课堂理想。我们只能借助学习科学的已有研究寻找一些可以与教授式的课堂相整合的契机。

（一）外显化和表达

学习科学中很强调将学生的认知外显化，只有外显化才能发现迷思概念和零散知识。事实上，这不仅是一种研究方式，也是一种比较好的学习方式。布兰斯福特等人（Bransford et al，2000）发现，当学习者外显化并表达自己正在形成的知识时，学习效果会更好。他们认为，最好的学习方式是学习者在知识尚未成型时就开始尝试进行表述，并一直贯穿于整个学习过程。这样，学习与表达得以在反馈中相互促进。他们认为，很多情况下，当学习者开始清晰表达某个知识时，他们才真正学会了。

外显化和表达有助于学习，这一观念最先是由维果茨基提出的。他对表达的教育价值予以了充分的肯定。他认为，所有的知识都始于可视化的社会交互，然后慢慢被学习者内化并形成想法。这一观念在 20 世纪 70 年代以后被西方的诸多心理学家予以证实。这个观点可能与我们通常的“学习”假设相悖，尤其是在传统的中国课堂中，很多人认为深刻的学习只有在独自的默想中才能完成。外显化和表达的观点为课堂观察与分析指出了一个重要的方向：学习者之间的对话、协作是非常关键的，因为它使学习者能够清晰表达并从中获益。这就意味着，课堂中的互动，学生陈述与表达的机会、清晰性应该成为重要的观察方向和讨论的焦点。

那么，教师应该如何支持学生的表达过程呢？学生需要帮助才能表达自己正在发展中的理解，教师可以提供有针对性的辅导，包括对学生执行任务的观察、为学生提供线索和反馈。教师要避免告知学生信息，而应该创设能够让学生产生观点冲突和表达不同观点的情境。如果教师能够提供“脚手架”，效果会更好。脚手架可以提供提示或线索，在最近发展区中促使学生更积极地投入学习。学生以“学”来积极主动地建构自己的知识，而教师的“教”是“建筑物”必要的“脚手架”，以支持学生不断完成对所学知识的意义构建。教师随着学生能力的发展，不断拆除、修正“脚手架”，以使其处于学生的最近发展区中。

（二）参与情境性的实践

知与行是交互的，知识是情境化的，知识通过活动不断向前发展。学生在参与情境性的实践中体验了学习并获得理解。概念不是独立的实体，而是工具，概念只有通过应用才能被完全理解。所以，学习包含建立学习和应用的情境。学生面临的情境应该具备一定的复杂性，也就是说，给出的问题必须是真实的问题。学生不应该从简化了的、不真实的问题开始学习。正如上文所谈到的方程的三种情境，应该先利用故事问题情境和言语描述帮助学生非正式地理解数量间的联系，然后再进入抽象的表征过程。

在著名的贾斯珀探究系列中，将数学抛锚在真实的情境中，贾斯珀遇到的日常问题是与故事整合在一起的，而不是孤立地另外呈现和练习。比如贾斯珀的一个两难问题是能否在天黑之前驾驶新买的船回家。学生需要自己形成合适的问题，要搜集信息、记录英里数、阅读油量表、考虑时间问题，等等。问题是多方面和复杂的，可能有多种解决方法。学生不是利用只有一个正确答案的标准方程去解决问题，而是创造独特的方法来解决有多种观点和方法的复杂问题。

在现今的学习科学中，计算机正成为一个重要的参与媒体，计算机所构筑的虚拟学习环境正在成为课堂分布式认知的重要媒体。在我们绝大多数的科学课堂还是“书本＋粉笔”的时候，西方已经开始了大量的可视化的网络科学学习环境的探索，如加州伯克利大学开发的“基于网络的科学探究环境”（Web-based Inquiry Science Environment，WISE）具有支持学习者、教师和改进知识的特征，提供了反思笔记、辩论建构工具、概念图、小组发现等支撑工具，使教师能够迅速地撰写新的活动方案，用嵌入式评价证明学生的学习。它能够使学生将他们自己和专家的问题解决过程进行比较，从而最终能够形成一种内化的专家认知模式。

（三）学习共同体

学习科学研究中有一种思路认为：当儿童积极参与共同体的知识建构时，他们对知识理解会更深、更概括，学习动机会更强。学习共同体的目标是提高集体知识并促进个体知识的增长，在学习共同体中产生的意义是持续协商的过程。学习共同体要具备以下四个特征：（1）成员有各自不同的专家知识，乐于贡献，同时共同体支持他们的发展；（2）有旨在持续提高集体知识和技能的共同目标；（3）重视学习方法的学习；（4）有共享所学知识的机制。共同体成员没有必要吸收共同体的所有知识，但每个人都应该知道哪些成员掌握哪些相关的知识（Bielaczyc et al，1999）[269-292]。这

种观点和学校传统的观点不同，学校中往往强调个体知识和个体的努力与表现。

那么，学习共同体的思想在学校中如何应用呢？合作学习中的一些模式就致力于营造这种类型的学习共同体，比如锯分法（JIGSAW）的合作模型，就是先分成一定的主题进行学习，再重新组成小组汇集成完整的想法。学生在小组之间共享知识并进行反省。也有研究者专门为1—8 年级的学生开发培养学习共同体的模型。与锯分法不同，它为所有成员提供一系列的共享材料以构造共同的知识基础，然后以专家小组形式专攻特定问题，再回到原小组内分享。

学习共同体的学习质量是与反省紧密联系在一起的。通常，个体在处理头绪繁杂的任务而又时间紧迫的时候，很少有机会反思他们正在处理的事情，时间的紧迫感会推动他们持续的行动，注重于当下的事务。但是，在以学习为中心的环境中，事后的反省必须是处于中心地位的。在课堂和作业中都要给予学生反省的机会，让他们思考自己在做什么，为什么做，搜集证据来评价行动的功效。合作的反思过程、对社会性的探讨是影响学习质量的关键因素。

四、将学习过程外显化

在上述各种学习方式中，外显化对于课堂观察与分析具有尤为重要的意义。因为它将隐性的观念和思维显性化了。学习科学领域中有很多研究者提出了将认知观念与过程外显化的策略，有经验的教师往往也会自觉不自觉地运用这些策略来探寻学生的认知过程。在对学生的认知观念与过程进行深度观察的时候，同时也就对课堂提出了变革要求。在很多课堂上，学生往往处于静默状态，他们的思维沉浸在教师话语的“冰山”之下，学生的认知观念和过程难以暴露，观察者和教师也很难了解学生头脑中的思维运作。

（一）学习科学中的外显化策略

学习科学中的认知学徒制是借鉴传统技能学习中的“学徒制”观念，尝试通过各种策略将隐性的认知过程外显化。有研究者总结了如下外显化的重要策略和相应的课堂中的例子。

表 7-2　设计认知学徒制的方法（柯林斯，2010）[59-74]

方法	内　　涵	例　　子
示范	教师演示、操作任务，学生进行观察并对完成的目标过程形成概念模型，这就要求教师将常规的内部过程和活动外显化。	教师用几种不同的语调来表现文中的不同感情，要求学生模仿。
辅导	当学生执行任务时，教师对其进行观察并提供建议、挑战和反馈。	教师让学生提问题或进行归纳总结。
脚手架	教师提供特定领域内的稍高一些层级的支持来帮助学生执行任务。	在写作过程中给学生提示卡片。
表达	学生明确陈述某个领域中的知识、推理或问题解决的过程，教师鼓励学生表达他们的知识和想法。	询问学生为什么一篇文章的摘要好而另一篇的不好，形成好摘要的模型。
反思	将学生自己的问题解决过程与专家、其他学生的进行对比，还要和专家智慧的内部认知模式进行比较，对某些可以体现专家和新手行为的关键特征进行抽象重播（abstract replay）。	在阅读或写作中，先记录学生说出的想法，随后重放录音并与专家和其他学生的想法进行比较。
探索	引导学生自主寻找解决问题的模型。通常教师先制定总的目标，然后鼓励学生关注感兴趣的特殊子目标，建议学生提出自己的问题并解决这些问题。	教师让学生组成小组到图书馆查找资料，调查影响地球变暖的原因。

教师要尽可能采用这些方式，让学生的学习活动外显化，以利于学生在学习共同体中评论相互的知识，对集体知识产生贡献。

运用上述这些策略，斯卡德玛利亚等人（Scradamalia et al，1984）[265-283]开发了一个网络化的写作平台，这一平台极大地激发了学生在研究型写作过程中的自我表达。这一平台让学生用一个周期（几个星期或几个月）来调查不同学科领域中的问题，学生们在一个在线知识库中录入观点和研究

问题。写作平台中提供了若干脚手架，如理论建构脚手架（我的理论，我需要理解……）、辩论脚手架（……的证据）等来帮助学生建构知识框架。学生可以通过知识库阅读，添加文本、图表、问题，链接其他记录，评论彼此的工作。这种写作平台就是构建一个促进个体表达以增进公共理解的知识库。其中，促进个体表达的具体工具有：①个人笔记。学生可以陈述问题，提出初始理论，概括需要理解的问题以探究问题或是完善自己的理论，上传一幅图像或图表等。②视图。师生可以创建图表对相关的笔记加以组织。③链接。链接到新的记录或知识库中的相关内容。④概括式笔记。将知识库中的笔记加以整合。

虽然，目前在我们的课堂中还很难进行类似的在线平台的开发，但是，教师在学生的作文写作过程中采用“流动作文”或“漂流日记”的方式促进学生对其他同学所写作文的评论和后续写作也是一种促进学生写作思维外显化的策略。

（二）课堂中的外显化策略

在课堂研究中，很早就开始有各种办法鼓励教师了解学生头脑中在想什么。其中，日本在这方面的研究特别突出，考虑得很精致、周到。在TIMSS的研究中，斯蒂格勒等人（Stigler et al，1999）将其作为日本数学课堂的一种重要特征，并成为日本数学教育的成功基石。

外显化的策略之一是课堂讨论。日本学者波田野等人（Hatano et al，1991）开发出的一种方法是，让学生在一个简单的实验中预测将会发生什么事情，他们可能会有不同的预测，学生对这些预测进行讨论，彼此辩论为什么自己的预测会是正确的。在修正了预测后，进行实验，并讨论为什么实验会有这样的结果。在此之后，研究者又给出了一系列外显化的策略。

与之类似的，日本学者田中耕治给出了一种课堂形成性评价的方法，这种方法鼓励学生将认知思维外显化。

① 教师出示学习课题。

② 学生在本子上写下自己的想法。

③ 教师根据不同意见让学生举手确认意见分布。

④ 学生发言、讨论意见。

⑤ 教师让学生在本子上写出听了别人的意见后的内容。

⑥ 教师通过让学生举手确认讨论后的意见变化。

⑦ 教师通过实验确认。

⑧ 学生在本子上写上实验结果及“我明白了的内容”。

⑨ 学生开始读上面的内容。

在这一学习过程中，通过交替运用个人笔记、讨论和实验结果的方式，模拟真实的科学探究情境，让学生从最初的概念逐渐通过同学提供的脚手架、自我的反思形成新的概念体系。以“花对植物来说是为繁殖而生的器官”为例，课堂中呈现这样的教学过程：

① 郁金香的花开后能有果实或种子吗？

② 学生在本子上写下自己的想法。

③ 教师根据不同意见让学生举手确认意见分布。

④“开展郁金香是用球根栽培，无种子和果实 ”与“郁金香有种子和果实”的辩论。

⑤ 学生在本子上写出听了别人的意见后的内容。

⑥“最初，有同学说因为郁金香是植物所以有种子。我反对这种意见。因为我就没听说过郁金香的种子，而且郁金香是用球根栽培的，所以我反对这种意见。之后，认为郁金香是由球根生长而来的意见变多了。我同意。接着又有人提出，如果这样，为什么会有雄蕊和雌蕊呢？”

⑦ 观察郁金香的雌蕊的子房和胚珠，确认已经收获的果实和种子。

⑧ 学生在本子上写出实验结果以及“我明白了的内容”。

⑨“郁金香有胚珠。我看了它之后的生长。成熟的种子是紫红色的，平平的三角形状的。由此可知，郁金香确实有种子。我明白了球根植物也开花结果有种子。内田同学的疑问是为什么不埋种子而要种球根，我想种种子的话，到开花要花很长时间，所以才种球根。”①

那么，在一个单元中，是否也可能通过这种方式来展现一个完整的认知框架呢？田中耕治等人发展出了针对一个单元的“一页纸档案袋评价”（one page portforlio assessment），主要是给出一个纵贯整个单元的核心问题，这一问题涉及单元中的关键知识点，学生在每节课结束后都对这个问题予以回答，并记录在一张纸上。通过这种方式就可以发现学生的理解在学习过程中发生了哪些变化。

如学习“植物的根和茎”这一单元，可以在学习前提出一个关键问题

① 摘自田中耕治于2011年上海市华东师范大学课程评价会议上的报告。

“水如果被植物吸收会发生什么?”这个单元的学习由下列四节课组成：第一节课，根毛；第二节课，水被根、茎、叶吸收；第三节课，光合作用；第四节课，蒸腾。这四节课都围绕这个“锚问题”外显化学生的思维。

在日常的课堂教学中，教师也可以使用各种课堂任务单、习题纸、实验单等进行学生认知思维的外显化，根据学生的填写情况，对学生的认知痕迹分门别类进行统计或列举典型个案。这样可以得到一些定量和定性数据，反映教学过程中学生真实的思维过程和学习状况。

五、观察的意涵

学习科学的知识基础给我们在观察方面的很多启示，如课堂前后要收集和分析学生的迷思概念，可以从合作学习切入观察学习者之间的社会性互动，要从合作话语中分析合作学习中的个体对集体知识的贡献度等。而其中，最重要的观察意涵应该是，教师与观察者要用各种方法将儿童认知观念和过程外显化，促进儿童在学习过程中的表达，暴露他们的思维过程。

教师鼓励学生将想法和知识表达出来是非常重要的，因为学生需要从特定的情境中提炼知识，而将其外显化后，知识才有可能在另外的情境中得以迁移，才能促进师生、生生进行有意义的协作，而相互的协作、讨论又能增进个体的反省，扩充群体的知识。

在心理学领域和学习科学领域，有很多对学生学习的研究都是借助于对真实、互动中的儿童的观察。其中，最典型的是皮亚杰（Piaget，1976）的临床访谈，他对观察有一个定位：

> 优秀的实验者需要结合两种矛盾的特性：他需要知道如何观察，也就是说他要让儿童自由讨论，不能表达任何赞成或者反对的言语。同时，他又必须不断警惕那些确定性的东西，在任何时候他都要有需要检验的研究假设和理论，不管是正确的还是错误的。

皮亚杰提出了一个非常重要的对认知活动的观察原则：不干预，尽可能让儿童展示他们的思维。但是，在正常的课堂教学环境中，教师往往很少给学生展现他们思维的机会，或有意识地促进学生的思维表达与清晰化。这不仅违背了促进学生更好地学习的原则，也让观察变得困难。对此，我们将给出课堂中的外显化策略，并结合具体课堂的观察进行分析。

第八章

认知学习过程的观察

心理学有关研究表明，每一个儿童，即使是幼儿，都乐意出于自身的动机来进行学习。即使他在学习时还需要帮助，他也往往不希望大人剥夺他在学习上作出努力的机会，简单地示范给他看或代替他完成，而是希望自己进行创造。课堂中同样如此，儿童在刚进入课堂的时候对于所要学习的事物充满原发的好奇心。假如教师不想“驯服”、“训练”儿童，那么只有仔细地观察儿童，了解儿童的学习过程，积累关于儿童学习的经验，鼓励、支持儿童独立地去掌握知识和技巧。

一、学生迷思概念的观察

哈佛－史密斯天体物理中心的研究者说，即使是班里最聪明的孩子也会有错误观点，这些观点是以持久的迷思概念为基础的，传统教学方式难以克服这种迷思概念（索耶，2010）[310]。

（一）观察目的

为什么要观察学生的迷思概念呢？迷思概念在课堂中经常体现为学生的“错误”，有些“错误”看似粗心，其实揭示了学生先备经验的局限性，比如认为“八大山人”是八个人，将“吴王夫差”看做是两个人；有些“错误”看似很荒谬，却揭示了学生已有的学习经验的负迁移，比如在用小棒计算 2＋3＝5 时，认为应该等于 14（// +/// =/////）。学习科学和课堂研究中经常发现，学生并不是胡乱出错，而是按照自己的一套朴素概念出错，是在学科理论和生活理论的基础上出错，如果教师对这些错误进行分析，将会带来可贵的教学影响。有鉴于此，对迷思概念的观察是揭示学生认知观念和认知水平的一个重要指针。这需要教师在课堂中多给学生发言的机会，让学生表达，让不同类型的学生暴露他们不同的迷思概念，而不能为了课的顺利进行而忽视学生多样化的想法。

(二) 观察工具

在观察学生的迷思概念时，我们要特别关注那些可能“泄露”学生认知水平的环节。观察的目的不是为了揪出这节课学生出现了多少错误，而是要深入分析这些错误体现了学生怎样的思维。因此，教师要勇于让学生出错，而观察者也要善于寻找迷思概念的出现时机。

观察单 2-1 迷思概念的白描和分析单

教材版本：＿＿＿＿ 第＿＿单元 第＿＿课 课　　题：＿＿＿＿ 学　　校：＿＿＿＿ 班　　级：＿＿＿＿ 学 生 数：＿＿＿＿ 任课教师：＿＿＿＿ 观 察 者：＿＿＿＿ 观察日期：＿＿＿＿	
迷思概念的基本信息	◇ 出现时间 ◇ 对应目标 ◇ 对应环节
迷思片段白描	◇ 教师问了怎样的问题？ ◇ 哪些学生出现了错误，记录具体的错误内容。 ◇ 教师是如何处理这些错误的？ ◇ 学生是否有机会重新认识和转化错误？
迷思概念分析	◇ 这些错误意味着学生在这个学习内容上有着怎样的迷思概念？ ◇ 学生为什么会产生这些迷思概念？ ◇ 教师对这些迷思概念的处理如何？ ◇ 对教师的处理有怎样的想法和建议？

运用以上迷思概念的白描和分析单时，第一步要记录下迷思概念出现的时间、对应目标和环节。这样的记录便于以后可以和同类型的目标作对比，对学生在这一目标下的迷思概念进行整合分析。第二步是对迷思概念进行白描，实录教师和学生的整体过程。第三步是对迷思概念进行分析。可以分析这一概念习得的主要要素，也可以分析学生产生迷思概念的原因，还可以分析怎样破解这些迷思。

(三) 观察实例

这是对学生学习《轴对称图形》的观察。这节课上，教师一开始就运用了外显化的策略，在小组集中体现了不同类型的学生对于轴对称图形的原初理解。这些原初理解体现了学生对轴对称图形的迷思概念。很可惜的是，教师并没有基于学生的迷思概念来开展有针对性的教学，在教学过程中没有突破或改变学生的迷思。

观察单 2-1：实例

<table>
<tr><td colspan="2">教材版本：沪教版　　第 5 单元　第 4 课　　课　　题：轴对称图形
学　　校：XCL　　班　　级：三（2）　　学 生 数：43
任课教师：TY　　观 察 者：数 QY　　观察日期：2011. 9. 15</td></tr>
<tr><td>迷思概念的基本信息</td><td>时间：上课第 10 分钟。
对应目标：目标 1：经历现实世界中普遍存在的关于轴对称现象的一系列活动，知道轴对称图形的特点，会用自己的语言描述轴对称图形。
对应环节：小组交流读书结果并展示各小组讨论的对轴对称图形的概念理解。</td></tr>
<tr><td>迷思片段白描（画线部分为迷思概念的出现）</td><td>教师：好，我们就带着这些疑问来学习，通过自学书本来找到问题的答案。请大家把数学书翻到第 54 页。一边读书，一边把重要的语句画出来。

学生一边看书，一边画书本。（两个 8 人小组，其中有 5 个学生画了全文，3 个学生画了第二段话）（1 分 25 秒）
（有学生摸头，有学生拿尺子，有学生一直看着前方，面无表情）

一、小组交流读书结果并展示
教师：画好了吗？现在请小组长带领组内同学讨论。

小组讨论——（讨论时间为 40 秒）
D（组长）：你来说。
A：没有多余的，就像镜子一样。</td></tr>
</table>

续表

迷思片段白描（画线部分为迷思概念的出现）	B：一张纸折起来剪好，剪好…… C：你要是不会，可以不说。A你说。 D：图形一样的（教师喊停）。 （E：没有说话） 教师：请将卡片贴到黑板上。 学生写在卡片上的内容： 1. 可以对称的图形； 2. 两边对称的图形； 3. 两边对称的图形叫轴对称图形； 4. 两边一样的图形叫轴对称图形； 5. 是两边一样，对称轴； 6. 两边一样，可以重合在一起的图形叫轴对称图形； 7. 是重合和对称； 8. 轴是对称的意思； 9. 剪掉一半还是一样的，可以重合在一起看不出来。 教师：同学们认为，是两边对称的、两边一样、两边可以重合的，那么是不是这样呢，请大家验证一下，哪些是轴对称图形。
迷思概念分析	轴对称图形的概念是“对折后两边图形完全重合”，这个概念看似简单，却包含两个关键的要素：对折、完全重合。只有同时满足这两点才是轴对称图形。而将卡片贴在黑板上的9个学生代表了9组学生，其实就体现了全班学生对于这个概念的理解。学生1、2、3、7的理解基本上只是概念的同义反复，并没有涉及关键要素。学生4、5、6只涉及1个要素。学生9比较特殊，他也发现了完全重合这一要素，但是他的完全重合不仅是对折，而是涵盖了旋转后的可能性。学生8的回答就不是题中之意了。 这些迷思概念一方面反映了学生在前期的独立看书、小组合作中的学习质量不高，另一方面也给教师的后续教学提供了很好的契机。教师如果能有效地掌握了这些迷思概念，就能进行合理地转化，重点阐述“对折”这一关键要素，从而事半功倍地提升学生对“轴对称图形”的理解。

在教师原有的预设中，认为上课的重点和难点是会识别轴对称图形、找出轴对称图形的对称轴，而将轴对称图形概念的理解看做学生比较容易能掌握的内容。但正是在轴对称图形概念的理解上，学生产生了迷思概念。受日常经验的影响，学生总是将轴对称图形理解为“两边一模一样”的图形，而教师也重复说“一样”，未能及时评价并给予学生正确的规范的表述，以致学生头脑中形成“两边一样就是轴对称图形”的迷思概念。在我们所做的前后测中也看到，学生显然并没有理解轴对称图形的含义，对关键概念仍然停留在原有的认知水平上。

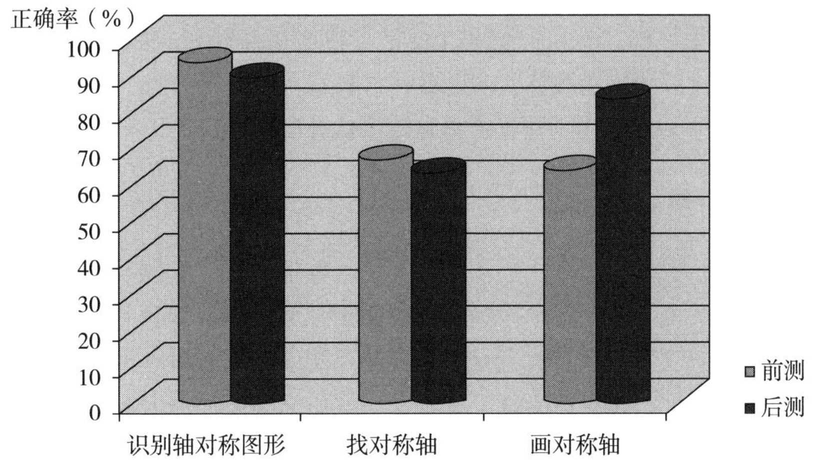

图 8–1　学生前后测正确率比较

有趣的是，在这次观察中，观察的教师们对迷思概念出现的时机也不是很敏感。整个观察过程中，十几位观察者都没有注意到这些迷思概念，他们更关注教师的教学。由此可见，虽然我们总是在不断提倡要关注学生的学习、要以学定教，但是在实际的观课、上课中要将注意力集中在学生的学习上，却是一件说来容易做起来难的事情。

二、“新手”与“专家”认知水平差异的观察

在课堂情境中，教师往往承担专家的职责，学生则扮演了新手的角色。在小组合作中，能力强的学生往往扮演了专家的角色，学习困难的学生则是新手。那么，如何对处于不同认知水平的学生进行观察与分析？

（一）观察目的

观察“新手”与“专家”的认知水平有助于教师发现学生解决问题的认知过程，从而理解不同的认知水平之间的差异，从而设计相应的学习任务，提升学生的认知水平。

要确定“新手”和“专家”之间的差异，我们就需要寻找一个认知水平的参考系，看看新手是什么水平，专家是什么水平。参考系可以是普适性的认知水平分类，如上述谈到的 SOLO，也可以是特定的学科能力标准和层级，如 PISA 中的阅读素养能力等级。这里我们借用 SOLO 来观察阅读过程中“新手”和“专家”的思维水平。在这一观察中，关键是要找到能够挖掘认知过程的问题载体，问题载体应该能充分体现学生的高水平思维过程。从目前来看，开放题要比客观题更适合一些。

（二）观察工具

SOLO 分类法可以应用于所有的学科，包括阅读。在阅读中，我们要选择高水平的范文和问题来检测学生的阅读认知水平。如让学生阅读《魔法妈妈》这篇文章。文章大意是讲，一个小男孩西恩要养一只小狗作为宠物，爸爸不允许，妈妈很为难。有一天，妈妈拿了一个土豆给小男孩，让他不管去哪儿都把它带在身边；到第三天的时候，给它拴上一根绳子，然后拉着它去花园里玩儿，妈妈会施魔法将他变成小狗。爸爸看到小男孩这样，以为他想要小狗想疯了，就赶快给他买了一只小狗。结果每个人都很高兴，小男孩得到了小狗，爸爸以为挽救了小男孩。给学生的阅读问题是：你怎样来评价“魔法妈妈”?① 观察不同阅读水平学生对这一问题的回答就可以判断他们的阅读能力。

表 8-1 阅读领域中不同认知水平的样例和能力特征

SOLO 层次	典型回答	能力特征
前结构 P	西恩妈妈真的会施魔法；妈妈有魔法，她真的把土豆变成了小狗；妈妈是有魔法的；妈妈很厉害；妈妈骗了西恩，也骗了爸爸。	对“魔法”的理解不准确。

① 此材料来自网络：http：//teacher. cersp. com/tutor/parent/200701/51. html.

续表

SOLO 层次	典型回答	能力特征
单点结构 U	妈妈其实根本不会施魔法，她只是和爸爸开了一个玩笑，就使土豆真的变成小狗了。	对魔法本身判断准确，但只关注了故事的表面情节，没有把握对魔法的比喻性的理解。
关联结构 R	妈妈巧妙地实现了儿子的心愿又没有让丈夫生气，就像传说中会魔法的精灵。	准确理解魔法的比喻意义。
多点结构 M	妈妈是一位会巧妙化解矛盾的聪明的母亲，“魔法妈妈”是一种幽默风趣的比喻。	对魔法妈妈有深度理解，并且对故事的语言风格有整体把握，从而能迁移到其他的情境中。

在对学生的认知过程进行考查时，我们尝试运用 SOLO 的方法，观察不同认知水平的学生。在此，我们发展出通用性的观察量表，见观察单 2-2。它以阅读为例来阐述，参考了研究者将 SOLO 与阅读结合后的研究成果（李英杰，2006）。

观察单 2-2　观察学生认知水平的 SOLO 单

教材版本：________　第____单元　第____课　课　题：________ 学　校：________　班　级：________　学生数：________ 任课教师：________　观察者：________　观察日期：________			
SOLO 水平	在阅读中的内涵	阅读表现样例 （问题：结合文本内容分析某一个文学作品中的人物形象）	学生回答记录
前结构	学生完全没有理解文本内容或者问题的要求，因此他的回答是完全错误的或者是脱离于文本内容的；或者学生使用了过于简单的方式回答问题。	仅根据文本中的某一句话就对人物的形象进行错误的解释，脱离文本凭自己的经验想象人物的形象，也可能会仅仅用“好”或者“坏”给人物下一个定义。	

续表

单一结构	学生仅仅达到对文本字面意思的理解，不能进行深入解释；或者学生对于文本的理解仅仅是从文本的某一个方面出发的。因此，他对于文本的理解是片面的、不完整的。	会忽略人物本身性格的复杂性，会用他从文本中找到的人物的某一个方面的特点代替整体任务形象。	
多元结构	学生除了能够理解文本的字面意思，还能够在一个文本信息可能涉及多个方面的时候，对文本的几个方面甚至所有方面都进行一定的解释。但是他对每个方面的理解都是孤立的，不能在两者之间建立相互联系；或者只能建立多对两两联系，并形成系列，这些系列之间是相互独立的。	从文本中找出多个细节，能反映人物某一个或者几个方面的特点。但是，他们不能将这些细节进行有机整合，在综合考虑的基础上得出人物的整体形象特点。他们对人物形象的解释是零散的、片段的。	
关联结构	学生不仅能够理解文本的字面意思，而且能够抓住文本的所有方面对文本内容进行理解，并通过建立相互之间的联系网，把这些方面综合成为一个统一的、整体的理解。这个水平就是一般意义上的对文本的充分理解。	能够抓住文章中表现人物性格的各个细节，并且能够将这些细节进行有机整合，在综合考虑的基础上对人物做出全面的分析，归纳出人物的整体形象特点。	

续表

拓展结构	这个水平上的学生不仅可以对文本的各个方面进行全面的、整体的理解。更重要的是，他们可以在理解文本时考虑到社会生活中各种相互影响的因素，进行更高水平的概括和归纳，最终形成一个原来文本中没有涉及的新的主题或者领域、一个一般的假设或开放性的答案。	不仅能够像关联结构水平的学生一样对人物的形象进行整体的分析，而且还能够结合人物当时所处的社会环境和心理状态，从历史的角度对人物的形象进行客观的分析。	

SOLO 的观察和记录不仅可以作为教师之间的研究和分析，还可以提供给学生，较低水平的学生可以看到高认知水平的学生的思维过程，通过比较与分析，提升自己对这一问题的思考能力。

（三）观察实例

在日常对学生的观察中，我们发现，5 个等级的 SOLO 水平过于复杂，对于专业发展取径的观察来说，只要分成 3 个水平就足够了。我们选择了 1 条数学课程标准作为分析对象："在现实情境中借助代数式进一步认知用字母表示数的意义"。教师在上课之初就提供一个问题情境作为载体，通过观察分析来看学生在这一方面的理解水平的差异，以作为后续教学的基础。

观察单 2-2：实例

教材版本：沪教版	第___单元　第___课	课　　题：代数式
学　　校：ML	班　　级：七（4）	学 生 数：38
任课教师：SM	观 察 者：ML	观察日期：2010.10.10
问题载体 学校买了 80 套练习本，每套 x 元，又买了 y 支笔，每支 19 元。请问式子 $80x+19y$ 的意义是什么？		

续表

SOLO 水平	关联结构水平及以上的回答	多元结构水平的回答	单一结构或前结构水平的回答
学生的典型回答	买 80 套本子和 y 支笔的价钱总和； 买 80 套本子和 y 支笔的总价； 买 80 套本子和 y 支笔一共花的钱； $80x$ 是购买 80 套本子的价钱，$19y$ 是购买 y 支笔的价钱，这个式子代表买本子和笔一共所需花费的价钱总和。	买 80 套本子和 y 支笔； 买本子与笔一共花的钱； 买本子和笔的总价； 买 80 套本子和 19 支笔的总价。	不知道； 空白； 学校买了 80 套本子和 y 支笔； 学校买了 80 乘以 x 套本子； 买东西总共花的钱。
人数比例	32%	53%	15%
分析	有 32% 的学生处于比较高级的认知水平，他们的理解非常充分与完整。对于这一部分学生，应该重点加强他们对于字母的多样化认知，让他们认识到，字母不仅可以代表特定的意义，还可以表示变化的数量。	有 53% 的学生处于多元结构水平，他们能够提取出 $80x$、$19y$ 的单独意义，但对 $80x$ 和 $19y$ 的整体意义不是很清楚。对于这一水平的学生，重点应该加强他们对部分之间的整体意义的理解。	从上述结果来看，学生所学的情况并不是很好，有 15% 的学生都处在前结构或单一结构的水平，对于字母的意义、字母与数字整合的意义不是很理解，更不用说对于代数式整体意义的理解。对于这一水平的学生，重点应该加强他们对于字母与数字连接的意义理解，让他们认识到，字母不仅可以表示未知数，还可以表示已知数。

根据上述的观察记录与分析，在随后的教学活动中，我们对不同水平的学生进行了分组，并提供了相应的作业，让不同认知水平的学生进行讨论，在后测上取得了非常好的成效。

三、学生学习活动的观察

上面的观察都是对学生内隐认知活动的观察。而即使不涉及学生的认知过程与观念，仅是对学生的学习活动进行观察，我们也能发现很多有趣的现象，从而对学生的认知过程进行合理推理。

（一）观察目的

对学生学习活动的观察是指对学生在课堂上的操作、实验、课堂练习、课后作业所进行的观察。将学生作业纳入观察范畴是以往课堂观察与分析中比较少的。通常认为，课堂观察就是对课堂上发生的事件进行观察，这种观点忽视了学生作业活动在展示学生思维认知轨迹上的重要作用。苏霍姆林斯基也对学生的作业予以特别关注。他认为，对学生的观察应该衍生到课外，要对学生的作业进行观察，这样才能了解学生的智力活动与精神世界。学生学习活动的观察可以借助量化观察中的编码，这种编码可以同时对很多学生进行量化的观察；也可以结合具体学科内容对学生学习活动进行白描，推论其学习的深度。

（二）学生学习活动的编码

美国研究所（American Research Institute）在课堂观察的研究中将学生参与分成 3 种程度，将学生的认知活动分成 5 类，根据上课时间进行对应编码，看怎样的教学活动引发了怎样的认知活动（Stapleton et al, 2004）。

表 8-2　学生学习活动的编码

学生参与
LE　低参与。80% 以上的学生没有完成任务。
ME　中等水平的参与。
HE　高参与。80% 以上的学生投入课堂。

续表

认知活动
1 知识的接受（receipt of knowledge），如讲授、工作单、提问、观察、家庭作业等。 2 程序性知识的运用（application of procedural knowledge），如技术形成、操作等。 3 知识呈现（knowledge representation），如组织、描述、分类等。 4 知识建构（knowledge construction），如高级思维，总结、探索问题等。 0 其他，如课堂被打断等。

英国学者高尔顿（Galton，1980）等人在20世纪70年代末至80年代初实施了一项较大规模的课堂观察定量研究计划。他们承袭了弗兰德斯观察中“师生有别”的思路，对学生的观察进行得更加深入和独立。根据高尔顿的分类，可以形成观察单2-3。

观察单2-3　学生学习活动的观察编码清单

教材版本：________　第____单元　第____课　课　题：________ 学　　校：________　班　　级：________　学 生 数：________ 任课教师：________　观 察 者：________　观察日期：________	
学生—成人	学生—学生
1　目标学生的角色 Q1 试图成为注意中心 Q2 成为注意中心 Q3 充当听众（无任何学生成为注意中心） Q4 充当听众（其他学生成为注意中心） 2　与成人互动 Q1 与教师 Q2 与观察者 Q3 与其他成人	5　目标学生角色 Q1 目标学生成功开始了一次新的接触 Q2 目标学生对其他学生的主动行为作出合作性反应 Q3 目标学生进行新接触的尝试未获成功 Q4 目标学生对其他学生的主动行为不予理睬 Q5 目标学生持续进行互动

续表

学生—成人	学生—学生
3 成人的互动行为 Q1 关于教学本身 Q2 关于规章、纪律 Q3 对学生的任务行为的积极反应（表扬） Q4 对学生行为的消极反应（批评） Q5 对学生引起注意的企图不予理睬 4 成人的互动指向 Q1 对目标学生予以专门关注 Q2 对目标学生的群体予以专门关注 Q3 与全班学生互动 Q4 对其他耽搁学生或其他小组的学生予以专门关注，或未进行互动	6 互动的方式 Q1 非言语的，仅以材料为中介 Q2 非言语的，以身体接触或姿势为中介（同时以或不以材料为中介） Q3 言语的（同时以或不以材料、身体、姿势为中介） Q4 目标学生对其他学生的主动行为不予理睬 Q5 目标学生持续进行互动 7A 其他学生的任务 Q1 与目标学生的任务相同 Q2 与目标学生的任务不同 7B 其他学生的性别、人数 Q1 目标学生仅与另一个同性学生互动 Q2 目标学生仅与另一个异性学生互动 Q3 目标学生与另两个或以上的同性学生互动 Q4 目标学生与另两个或以上的学生互动，其中至少有 1 个为异性 7C 其他学生的组属 Q1 与目标学生同组 Q2 与目标学生异组
活动与位置	
8 目标学生的活动 Q1 合作进行允许的活动（如阅读） Q2 合作进行允许的日常活动（如削铅笔） Q3 完全不在进行任何日常活动	9 目标学生的位置 Q1 在自己的小组 Q2 不在自己的小组，但也未移动 Q3 不在自己的小组，且在移动 Q4 不在教室里

续表

活动与位置	
Q4 完全不在进行教师要求的活动 Q5 攻击性地阻止其他学生的任务活动 Q6 与其他学生胡闹 Q7 等待与教师交往 Q8 部分地合作进行任务活动，部分地分心 Q9 对教师的活动或教师与其他学生的单独交往感兴趣 Q10 对其他学生的任务活动感兴趣 Q11 进行与允许的活动完全相反的活动 Q12 未记录下来（由于目标学生在对其内部刺激进行反应） Q13 未记录下来（由于某些原因，目标学生未被观察到） Q14 未记录下来（目标学生的行为不在观察范围内）	10 教师的活动位置 Q1 教师在行进，通过活动接近学生 Q2 教师在其他地方与学生或访问者互动 Q3 教师未与学生互动，而在监视全班活动 Q4 教师未与学生互动，而在进行室内整理 Q5 教师不在教室

编码内容以时间为顺序记录在表 8–3 中。以每 5 分钟为一个时间段，列出相应的学生课堂活动。可能在这 5 分钟里，有不止一个的活动标签。

表 8–3 学生学习活动的编码记录单

时间段 / 学习活动	0—5	5—10	10—15	15—20	20—25	25—30	30—35	35—40	40—45
学生—成人									
学生—学生									
活动与位置									

从表 8–3 可见，在对学生的观察中，有两个主要的特点：第一，观察对象不是笼统的学生总体，而是“目标学生”（target pupil）。研究者在观察之前对这些目标学生的相关社群属性已经有所了解。第二，在这一清单中，观察项目不只关涉学生的行为“性质”，而且还关涉其行为的“方式”

与“情境”。限于篇幅，这一观察单就不呈现实例。

（三）学生自主学习活动的观察工具及实例

自主学习是第八次课程改革倡导的一种学习方式。我们这里所指的自主学习不等于自习，也包括学生在课堂上根据教师指令所开展的独立活动。对学生自主学习活动的观察可以是对全班学生自主学习情况的观察，也可以是对个体学生自主学习情况的观察。

1. 观察工具

在对全班同学的观察中，可以借助前面关键学习点的量规方法，将处于不同学习状态的学生进行分类，然后分别记录其比例。

观察单 2-4　课堂自主学习活动分类观察单

<table>
<tr><td colspan="4">教材版本：________　第____单元　第____课　课　题：________
学　　校：________　班　　级：________　学 生 数：________
任课教师：________　观 察 者：________　观察日期：________</td></tr>
<tr><td>自主活动内容</td><td>时间</td><td>活动中的学生行为分类描述</td><td>活动评论</td></tr>
<tr><td></td><td></td><td></td><td></td></tr>
<tr><td></td><td></td><td></td><td></td></tr>
<tr><td colspan="4">分析内容参考</td></tr>
<tr><td colspan="4">◇ 学生在此活动中的行为的意涵，如：是否主动说出自己的观点；是否投入到活动中；是否产生了一些高水平的认知活动；是否敢于质疑，等等。
◇ 教师在此活动过程中的问题设计、行为的合理性，给出相关的建议。</td></tr>
</table>

在这张表中，关键是第三列中对活动中的学生行为的分类描述。这种分类描述需要观察者在短时间内结合课堂学习内容，分类记录学生的典型学习行为，有点类似于前述的观察量规的制定。我们可以分析学生是否主动提出自己的观点，提出的猜想是否有根据，制订的方案是否严谨，活动中的观察是否细致；采用的探究方法是否灵活多样；是否能用自己擅长的

方式表达探究结果，对活动的记录是否客观；是否较全面地收集信息并准确分析信息；是否不迷信他人（包括老师）；是否敢于质疑，等等。

即使是对个体学生自主学习情况的观察，也需要事先设计比较明确的观察范围。比如，我想观察1个中等学生在这堂课上的学习活动，并不是拿支笔记录就可以了，而是需要思考收集哪些方面的证据：教师发布指令后，他做了哪些活动？如果是画线，画了哪些句子，写了什么内容？在遇到难题、突发事件后，他的表情、动作怎样？他的非学习性行为有哪些？等等。

2. 观察实例

下面我们仍然用前文《轴对称图形》的例子来说明，这是另一位教师对全班学生的自主学习活动情况的观察记录和分析。

观察单2-4：实例

教材版本：沪教版	第5单元 第4课	课题：轴对称图形	
学校：XCL	班级：三（2）	学生数：43	
任课教师：TY	观察者：YXQ	观察日期：2011.9.15	
自主活动内容	时间	活动中的学生行为分类描述	活动评论
学生自己看书画句子	1分25秒	9组学生中共有15人将文中的第二段整个画了下来，有1人把这一页所有内容都画出来，有11人画了两段，还有5人不知在干什么。甚至有1个学生索性做后面的练习。	学生大都整段画，从中不难看出，这部分文字不适合自学，因为文字只是介绍了一种轴对称图形的个例，学生仅通过这一个例无法解决“什么是轴对称图形”的问题，对轴对称图形的认识依然停留于先前认知的水平而无法更进一步。
自学后组内交流	40秒	9组学生的情况大致一样，其中有3组在活动中各有1位同学与组长有互动、交流，其他6组都是组长自己说一遍后直接写在卡片上。（学生讨论1分钟不到，最后一组记录完毕用时3分钟）	小组交流时，讨论不充分，生生间的交流缺乏，组内成员发言很少，基本上是组长说一遍后就作记录。这说明大多数学生对轴对称图形这个概念是模糊的，是无法直接抽象成数学语言的。

续表

自主活动内容	时间	活动中的学生行为分类描述	活动评论
动手验证	6 分钟	每个学生拿一个图形动手折，有 35 人在对折后即能判断出是否是轴对称图形，有 2 人对折后未重合也判定是轴对称图形。	为什么有部分图形已经有折痕？对折后的判断很匆忙。
第二次验证	4 分 30 秒	大多数学生还是拿出前一次对折过的图形再次对折，有 2 人没有动手折，用眼睛观察后直接判断。	动手操作体验、感悟概念的过程并未发挥应有的作用，只是蜻蜓点水。
分　　析			
总的来说，这节课学生活动时间为 12—13 分钟，但这些活动时间是否有助于学生对“轴对称图形”知识点的学习？从观察结果看，在自学的环节，学生对轴对称图形的认识依然停留于先前认知的水平而没有更进一步；在之后的组内讨论交流中，大多数学生对轴对称图形这个概念仍然是模糊的，无法直接抽象成数学语言。 在验证中，教师只为每人提供了一种操作材料，且提供给学生的材料已有折痕或已画出虚线，所以有的学生根本未经过自己的大脑思考与加工，就沿着原先的折痕去对折，得出是轴对称图形；还有的学生甚至只用眼睛观察后就得出结果，未亲自动手验证、感悟轴对称图形的特征——对折后，两边完全重合。			

这一观察是对全班所有学生（9 组）的观察。我们也可以选择一个目标学生，具体观察他在这次上课过程中的表现。在本校中进行长期观察的时候，应该加上学生学习状况的一些简要描述，可以是所有学习的排名状况，也可以是具体的在这一门课中的学习弱点和学习困难。

（四）作业的观察工具及观察实例

作业是课堂评估的一部分，是反馈课堂学习内容、促进学生学习的一种重要手段。促使学生积极思维的一个重要方法，就是让他们完成独立作业。这种独立作业需要教师给学生留出思考的时间，让他们独立消化、弄懂课堂中学到的内容。

1. 作业的观察工具

作业的观察应该放在学校层面来进行，可以作为学校作业质量监控的一个载体。当前作业布置中一个很重要的问题就是作业的质和量得不到保证。很多教师没有将作业看做是与课堂教学环环相扣的一个整体，不是针对上课中学生出现的主要问题设计作业，而是将手边的现成练习比较随意地塞给学生。有些教师寄希望于通过作业来让学生巩固所学内容，提升学生成绩，于是布置大量重复性的作业，造成学生的机械学习。

观察单 2-5 体现了一个完整的作业周期。其中 1—5 是对教师布置、批改作业的方式进行的观察，从作业的目标开始，到布置作业的时间、作业方式、具体的作业内容、作业的设计等，这些都是影响作业质量的因素。比如，布置作业的时间，苏霍姆林斯基就曾说过：“如果教师在下课前一分钟才布置家庭作业，而且仅仅指出教科书的页码、段落以及练习题的号码，那是不能指望学生会有好成绩的。”6 是对学生作业的记录，可以记录典型的学生作业样例。此表可以用来对一次作业进行分析，也可以对一周的作业进行连续的观察。

观察单 2-5 学生作业观察单

教材版本：________ 第____单元 第____课 课 题：________ 学 校：________ 班 级：________ 学 生 数：________ 任课教师：________ 观 察 者：________ 观察日期：________	
本单元（课）目标	
1. 布置作业的时间	• 课堂结束前。 • 事先布置。 • 下课后布置。
2. 布置作业的方式	• 只告诉学生作业在哪里。 • 让学生明白具体的作业要求。 • 让学生知道什么样的作业是高质量的。
3. 作业具体内容	• 记录教师布置的作业的具体内容。

续表

4. 作业方式设计	总体描述教师布置作业的方式，注意如下方面： ● 是否让学生可以自主选择题目？ ● 是否有对不同能力学生的分层？ ● 是否鼓励学生对作业中不清楚的地方提出疑问？ ● 是否有同伴合作、家长合作的题目？
5. 教师的批改方式	总体描述教师的批改作业方式，注意如下方面： ● 是否让学生明白相应的评分规则？（怎样的作业是好作业） ● 是否有面批、个别批改等方式？ ● 是否给学生提供及时反馈？ ● 是否有个别化的反馈？
6. 典型作业样例	记录典型的学生作业样例。
分析内容参考	
◇ 作业的数量是否合适：作业是否体现了精选？不同类型的学生完成作业的时间是多少？（可以让学生自己写下开始做作业的时间和完成作业的时间以获得进一步的数据） ◇ 作业的质量如何：作业是否与目标一致？作业是否与上课内容有一致性？作业是否解决了上课中学生遇到的难点问题？ ◇ 作业的批改与反馈质量如何：学生能从教师的作业批改中获得有针对性的改进建议吗？ ◇ 可以对教师的作业设计与批改提出怎样的建议？	

教师的作业批改方式也是影响学生学习质量的重要因素，尤其是在批改前让学生明白，怎样的作业是好作业。这样可以引导学生的自我评估和改进行为。在观察过程中，我们发现，有一类教师总是将评分规则作为自己的“秘密花园”，就是不告诉学生为什么得了这个等级。

有一次翻看一个班级几位同学的数学作业，都有一个奇怪的现象，蓝色钢笔字迹的作业下面隐约有铅笔描画的影子。后来学生告诉我，为了拿到A，他们就做两遍，一遍用铅笔做，保证没有任何问题了，再用钢笔描一遍。

再有，有一位英语教师，就是舍不得给学生打A。35人的班级，在半个月的时间里只给1位学生1个A，而比较这位同学前后得B或A－的作业，在质量与工整程度上并没有明显差异，与其他几位同学的作业相比，也无明显的区别。

这样批改作业的方式可能会给学生学习带来消极影响，学生不明白教师的评分规则，不知道为什么昨天得A，今天得B。在不明白教师的评分规则的情况下，学生就会去揣测教师的心理，由此浪费很多时间，同时在一些不必要的地方特别的谨小慎微。

2. 作业观察实例

在小学阶段，数学教师们经常遇到的一个难题是，为什么学生做了很多数学作业，但还是在计算题中大量出错。一位教师写道：

这一个月，没有哪一天全对的学生能达到10人，总在5人左右徘徊。尤其是递等式计算，学生错的多。

今天1人全对，今天3人全对，今天2人全对，两周来数学的10道计算题成为大多数学生的困难，最好的一天也仅仅是7人全对。

这位教师很焦虑。应教师和校长的要求，我们组织同伴教师对这位教师一个月来所布置的数学作业进行了观察分析，也对这位教师布置作业的方式进行了观察。

观察单2-5：实例

教材版本：沪教版　主　题：计　算　任课教师：SLY 学　校：JKY　班　级：四（1）　学生数：28 观察者：数学组教师　观察日期：2011.11	
本单元（课）目标	熟练地用递等式计算四则混合运算，能使用简便方法。
1. 布置作业的时间	• 下课后布置
2. 布置作业的方式	• 只告诉作业在哪里
3. 作业题量	从9月22日到10月22日，教师每天布置12—15道计算题。

4. 作业方式设计	• 是否让学生可以自主选择题目？ × • 是否有对不同能力学生的分层？ × • 是否鼓励学生对作业中不清楚的地方提出疑问？ × • 是否有同伴合作、家长合作的题目？ ×
5. 作业的正确率	80%左右的学生每天的错误是2—3道题，并不见减少。而15%左右的学生每天的错误达到5—6道题。
6. 典型作业样例	部分学生所表现出的错误更多的不是计算法则上的错误，而是计算错误；部分学生的错误集中在小数点没数好，没注意括号前变减号内部要变号、简便运算中的分配率等方面。 $0.81\times50\times0.07$ $=(0.8+0.01)\times50\times0.07$ $=0.8\times50+0.01\times0.07$ $=40+0.0007$ $=40.0007$ × 订正： $0.81\times50\times0.07$ $=0.81\times(10\times5)\times0.07$ $=(0.81\times10)\times(5\times0.07)$ $=8.1\times0.35$ $=2.475$ × 再次订正： $0.81\times50\times0.07$ $=40.05\times0.07$ $=2.835$

依据观察结果，我们可以对作业的质与量进行分析：

作业的数量是否合适？每天12—15道计算题，对四年级学生来说，所用的时间是30—45分钟。这些题目是这段时间教师为了提升学生的计算能力而布置的常规作业，而每天随着教学内容的推进，教师还会布置相应的数学作业，每个学生一天的作业时间基本达到1—1.5小时，作业量偏多。

作业的质量如何？作业的目的是提升学生的计算能力，但是，这个班级中学生的计算能力有较大的差异。分析学生这段时间的作业可以发现，连续5天计算作业全对的学生有8人，占全班人数的28.6%；因计算问题或粗心原因造成计算错误的学生有11人，占全班人数的39.3%；还有9人在计算法则的运用、算理、概念方面存在问题，占全班人数的32.1%。面对这种情况，教师每天统一给所有的学生布置12—15道题目，对至少28.6%的学生来说，作业难度是偏低的。而且对这部分学生和另外的39.3%的学生来说，他们会因为每天的重复作业而增加厌烦心理，反而与提升学生计算能力的目标背道而驰。这些计算题目对32.1%的学生可能是有效的训练，不过我们还要结合作业的批改与反馈进一步考查。

作业的批改与反馈情况。从观察结果来看，这位教师只关注布置作业，而不关注批改作业。以上文的典型作业为例，在这道题目上，大约有16位学生出现错误，其中有的是计算错误，有些是用了简便方法。表中的这位学生比较典型，两次简便运算分别拆分了两次，结果都算错了。很明显，教师在这里没有给学生任何肯定，也没有研究学生为什么会这样算，只是简单地打叉，要求学生直接计算。学生出错—教师打叉—学生订正—再次出现错误，在这一模式中，学生处于被动地位，也很难从教师的批改中获得有针对性的个别化的反馈。

综上所述，这位教师可以对不同层次的学生采用不同的作业设计和反馈方式。对第一类学生，完全可以不再布置计算作业；对第二类学生，可以通过全对免做、全对少做等方式激励他们自我改进；对第三类学生，可以汇总他们的计算错误，重点解析典型题目，还可以通过学生之间的同伴互助、有针对性地批改和反馈等方式综合提升学生的计算能力。

四、基于深度学习的课堂评分系统

如何根据有效学习、深度学习的理念来评价课堂？这一部分，我们以美国的地平线研究公司（Horizon Research，Inc.）开发的课堂观察和分析工具（Inside the Classroom Observation and Analytic Protocol，ICOAP）来探讨。这一工具主要针对的是数学和科学课堂，它将课堂分成如下几个水平。

水平1：没有任何证据或只有极少证据表明学生学到了重要的数学和科学观念。课堂中的表现是：（1）消极学习。学生被动地接受信息，绝大多数学生不能接触到各种材料或资源。（2）为了活动而活动。学生参与动手活动或其他的个体、群体活动，但是只是为活动而活动。（3）教学枯燥无聊。课堂缺乏清晰的目的或与概念发展之间的清晰联结。

水平2：具有有效教学的要素。教学上有一些有效设计，但是在针对学生的已有知识基础、教学内容和实施过程上存在问题。例如，内容不重要或不合适，没有关注大多数学生可能会遇到的困难。尤其重要的是，课堂很少增强学生对学科的理解或发展他们开展数学或科学探究的能力。

水平3：开始有效教学。教学是有目的性的并有一些有效教学实践的标志。学生有时候会参与到有意义的工作中去。例如，教师会带领学生进行一些有计划的短期探究，告知学生他们应该发现什么。但是，教学可能会不恰当地强调一些学生的需求。尤其重要的是，课堂较少增强学生对学科的理解或发展他们开展数学或科学探究的能力。

水平4：有效教学。对绝大多数学生而言，教学是有目的和有吸引力的。学生积极参与到有意义的工作中去。教师精心设计了教学过程，且在实际教学中根据预设实施，但是，根据学生的需求和兴趣进行内容或教学的调整比较少。教学在一定程度上是为了增强绝大多数学生的学科理解，以发展他们的能力来成功地开展数学或科学探究。

水平5：示范性的教学。教学是有目的性的，所有的学生都高度参与有意义的学习任务。课堂精心设计，并得到了艺术性的实施，教学展现了根据学生的需求和兴趣进行调整的灵活度和回应性。教学在很大程度上是为了增强学生的学科理解，以发展他们的能力来成功地开展数学或科学探究。

根据这些水平，ICOAP对教学设计、实施、学习内容、班级文化四个方面进行评分。我们将其整合成一张总表（见观察单2-6）。

观察单 2-6 基于深度学习的课堂评分系统（Banilower，2005）

教材版本：______ 第___单元 第___课 课 题：______ 学 校：______ 班 级：______ 学 生 数：______ 任课教师：______ 观 察 者：______ 观察日期：______	
Ⅰ 教学设计	关键指标的评分 1 2 3 4 5 6 7
1. 课的设计包含与探究式的数学/科学相适应的任务、角色和互动。 2. 课的设计体现了精心的设计和组织。 3. 在课堂中所运用的教学策略和所开展的活动体现了对学生经验、准备、前期知识和学习风格的关注。 4. 课堂中的可用资源对达成教学目标是充分而丰富的。 5. 教学策略和活动反映了对学生的公平、多样性材料的易获取性的关注。 6. 课的设计鼓励学生采用合作性的方法进行学习。 7. 课上有充分的时间进行“意义的理解”。 8. 课上有充分的时间专注于学习。 证据：	
Ⅱ 实施	
1. 教学策略与探究性的数学/科学教育吻合。 2. 教师表现出对其教学数学/科学能力的自信。 3. 教师的课堂管理风格/策略提高了课的质量。 4. 课的节奏对学生发展性的水平/需求和课的目标来说是合适的。 5. 教师能够读懂学生的理解水平并相应地调整教学。 6. 教师的质疑策略能够增强学生的概念性的理解或促进学生对问题的解决（如强化高水平的质疑，合理运用等待时间，确认学生以前的概念和一些错误概念）。	

续表

Ⅲ　数学/科学内容	
1. 数学/科学内容是重要的且有意义的。 2. 数学/科学内容对这个班级的学生发展水平是合适的。 3. 教师提供的内容信息是准确的。 4. 学生积极参与了和课堂重点相关的重要活动。 5. 教师展示了对数学/科学概念的理解（如他与学生的对话）。 6. 数学/科学被描述为动态的知识体，通过猜想、探究性的分析以及证据/证明等不断予以丰富。 7. 当数学/科学课中包含重要的抽象要素时，采用如符号性表征、理论建构等多种教学策略。 8. 与数学/科学的其他领域、其他学科或真实的生活情境进行适当联结。 9. 课堂中的数学/科学内容满足学生发展性的水平/需求。 证据：	
Ⅳ　班级文化	
1. 所有学生的积极参与是受到鼓励和重视的。 2. 有尊重学生的观点、问题和贡献的氛围。 3. 互动反映了学生间的合作关系（学生一起工作、与同伴一起探讨课堂内容）。 4. 互动反映了教师与学生之间的合作性的关系。 5. 课堂氛围鼓励学生产生观念、问题、猜想和假设。 6. 课堂中体现出鲜明的高认知特征，要求学生有建构性的批判和观念间的挑战。 证据：	
Ⅴ　课堂学习结果	
1. 学生将数学/科学理解为一种动态的知识体，经由探究调查不断丰富。 2. 学生了解了重要的数学/科学概念。 3. 学生自己开展探究的能力。 4. 学生在涉及数学/科学的真实生活情境中创造或应用技术、概念的能力。 5. 学生在做数学/科学时的自信。 6. 学生对这一学科的兴趣和欣赏。 证据：	

ICOAP 认为，尽管一堂课对学生的影响是有限的，但判断这堂课是否有可能引导学生沿着理想方向发展是非常重要的。观察者可以参照指标对如上五部分进行评分。其中 1 代表“一点都没有体现数学/科学教育中的最好实践”，5 代表“完全体现了数学/科学教育中的最好实践”，2、3、4 是居于 1 和 5 之间的状态。当我们认为课堂中提供的证据不足以进行判断的时候，可以选择 6“不知道”；当我们认为这些要素并不适用于这节课的情境或目标的时候，可以选择 7“不可运用”。

以上观察单可以用于监控、评估式的大规模课堂观察。它给出了一种指向高认知水平课堂的话语系统和观察平台。观察评分不是仅仅凭自己的感受，而是要列出证据，给出课堂中的例子和片段来支撑判断。这些证据可以引导评课者之间的商讨，提高评估的信度。

第九章 合作学习的观察

“独学而无友，则孤陋而寡闻”，孔子如是说。学习者相伴共同学习的价值从古至今就受到肯定。从学习科学的角度来看，合作学习能够带动个体知识的增长，借助个体之间不同的知识结构和信息，提升共同体整体知识基础。合作学习的重要价值在于形成一种学习文化，让每个人都为增进集体理解而努力。我们期待通过合作学习，学生在课堂上习得的不是“我要做得比你好”，更不是“只有你做得不好了，才能变成我的好”，而是“我的成功是你的成功，你的成功也是我的成功”。

在我国的第八次课程改革中，合作学习是国家提出的三种重要学习方式之一。不仅在我国，在美国的《国家科学教育标准》(《National Science Education Standards》）和《数学教学专业标准》(《Professional Standards for Teaching Mathematics》）中也都大力倡导合作学习。在实践中我们也经常看到教师们采用小组合作学习的方式。那么，我们如何观察和分析课堂中的合作学习，如何剖析合作学习中的学生话语，解决合作学习中经常出现的“强弱差序格局”、“教师指导无力”等问题？这是本章重点探讨的内容。

一、合作学习的核心要素

从兰卡斯特（Lancaster）和贝尔（Bell）开设的第一所兰卡斯特学校，到杜威的芝加哥学校，合作学习（cooperative learning）都是一种主要的学习方式。

明尼苏达大学的约翰森（Johnson）等人最早在20世纪60年代中期成立了合作学习中心（Cooperative Learning Center)，探讨合作学习的要素、理论模式，并将其转化为具体的课堂教学策略和程序进行推广。近年来，学习科学中涌现出大量的研究成果，证明合作对学生学习的促进作用，即使在当今结构化的课堂组织中，合作也能增长学生的知识。

（一）合作学习与其他学习方式的差异

20 世纪 70—80 年代是各种合作学习方式大量涌现的时期，出现了团体探究法（Group Investigation，GI）、学生小组成就区分法（Student's Team Achievement Division，STAD）、小组支持教学（Team Assisted Instruction，TAI）、协同合作法（Co-op Co-op）、锯分法（Jigsaw），等等。这些合作学习方法都鲜明地体现了合作学习与个别学习、竞争学习的差异。

团体动力学的始祖勒温（Lewin）的学生达奇（Deutsch）研究了合作团体和竞争团体的学习表现。合作团体是一个整体，成员的表现是和其他小组比较后确定的，每个人在小组中的等级和奖励是完全相同的。竞争团体是根据成员在小组中的贡献和表现予以不同的奖励。达奇发现，合作学习中的小组，合作更加积极，注重同伴的表现，小组作品和讨论的品质比较高，而竞争小组的成员在合作质量、学习的投入与兴趣上没有较大程度的进步。

由此，达奇提出合作学习与竞争学习的一个巨大差异，在于团体中的依赖关系的不同。在合作团体中的相互依赖是一种促进式的互赖（promotive interdependence），只有当团体中的他人达成目标，个人才能达到目标。而竞争中的相互依赖，是一种相互抑制的互赖（contriently interdependence）情境，只有当别人失败时，个人才能达成目标。当下很多课堂中，往往表现为一种竞争性的关系，强调个体学习的知识和责任，每个人都要在最短的时间内学得同样的知识，所以必然形成一种竞争的文化而非合作的文化。基于这些研究，有研究者进一步整理了合作学习与竞争学习、个别学习三者之间的差异（黄政杰 等，2004）[7]，见表 9-1。

表 9-1　合作学习与竞争学习、个别学习的比较

	合作学习	竞争学习	个别学习
学习目标	目标是重要的。	目标对学生而言并非最重要，他们关心的是输赢。	目标和个人一样重要，每个人都期望最后能达到自己的目标。
教学活动	适用任何教学工作，越是复杂抽象的工作越需合作。	着重于技巧的联系、知识的记忆和复习。	简单的技巧或知识的获得。

续表

	合作学习	竞争学习	个别学习
师生互动	教师是引导者；学生的已学习合作技巧。	教师是协调、回馈、增强和支持的主要来源。教师提出问题、澄清规则，是正义的协调者、正确答案的判断者。	教师是协调、回馈、增强和支持的主要来源。
学生互动	学生积极互动、帮助与分享，是一种积极的互赖关系。	依同质性组成小组以维护公平竞争，是一种消极互赖。	学生间没有互动。
学生和教材间的关系	根据课程目标安排教材。	为小组或个人安排教材。	教材的安排及教学纯粹为个人而做。
评价	标准参照，学习与既定标准比较以决定其成绩。	常模参照，学生的学习结果相互比较，决定成绩。	标准参照。

格拉塞（Glaser）等人认为，青少年有四种重要的需求值得认真关注：归属（友谊）、影响别人的力量（自尊）、自由和娱乐（马兰，1993）。而在学校中，最应该给予学生的是归属感和影响力。他认为，虽然今天的学校教育过分压抑，不够自由，不够愉快，但这不是问题的焦点。学生懂得在一个群体情境中不可能自行其是，需要遵循规则和纪律。另一方面，如果有了归属感和影响力，愉快也是自然而然的。

格拉塞曾经询问了150个学生："什么是你感到在学校中最向往的?"回答几乎是一样的："朋友！"格拉塞又问一些11—15岁的学生："你觉得你在学校里显得重要吗？能影响别人、有自尊感吗?"许多学生对此反应漠然。有一半的人做了回答，但他们感到重要的地方，几乎都不是在课堂上，而是在运动场、戏剧表演小组、音乐会等课外活动中。

传统的课堂中，强调单位时间的效率，学生的归属和影响的需要无法在课堂上得以满足，而合作学习致力于让参与合作的每一个人都获得尊重，产生积极关联的个体关系，接纳别人的意见，提出自己的意见。良好的合作学习中，通过生生间的互赖性的互动，学生可以获得在师生交流中

难以获得的成就感和认同感。

（二）合作学习的要素

合作学习与我们通常所认识到的小组合作有什么不一样的地方呢？在众多研究者的讨论中，笔者归纳出了合作学习的关键特质（Slavin，1990；Johnson et al，1994；Johnson et al，1990），见图 9–1。

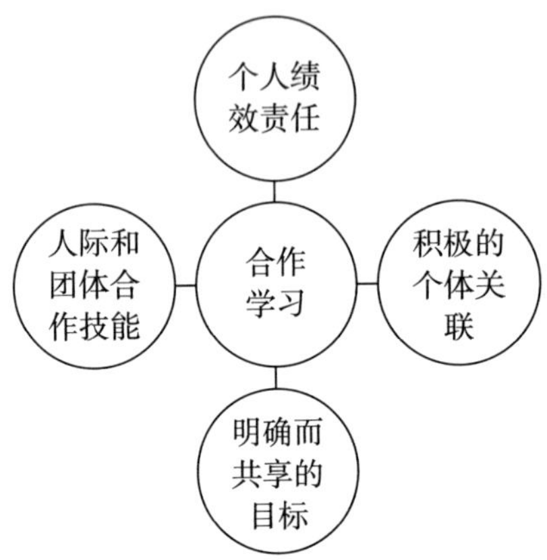

图 9–1　合作学习的关键特质

1. 积极的个体关联

合作学习要产生积极的互赖关系，让合作体成员感到大家是浮沉与共、休戚相关的共同体。以小组的成功为自己的成功。合作学习的互赖关系依赖于合作体成员自己的体验，他能够体会到自己的学习利于其他成员，其他成员的学习也利于自己。根据格拉塞等人的研究，小组成员要能感受到自己能够对这个小组的成功施加影响，对小组有独特的贡献。他分析了课堂上影响别人的三种水平（马兰，1993）。

水平 1：感到有人愿意倾听他的发言。课堂中的行为或纪律问题 90% 是由于没有机会让人倾听，或别人不愿意倾听而引发的。

水平 2：别人不仅愿意倾听，并且说“你是对的”。

水平 3：在此基础上，别人愿意说：你的主意比我的好，我们应该照你那样去做。

那么，怎样才能让成员间形成积极互赖的关系呢？研究者提出了一些方法：（1）设计小组队名，增强认同；（2）设计积极互赖的学习目标，比如“有感情地朗读这一段，并保证组里每一个同学都会有感情地朗读”；

（3）建立积极互赖的报酬系统，当小组达成学习目标时，组内每一成员都获得相同的报酬等；（4）建立积极互赖的角色，每一个成员都有自己的职责，都会根据学习内容分配角色；（5）建立积极互赖的资源，保证每个人都有自己的材料；（6）安排积极互赖的任务，小组中的每个成员所负责的任务是其他成员完成任务的基础（黄政杰 等，2004）。

2. 明确而共享的目标

目标一直是合作学习中的重要指南。达奇界定了三种目标结构：（1）合作的目标结构：个人的目标取向可以协助他人实现目标；（2）竞争的目标结构：个人的目标取向会妨碍他人实现目标；（3）个人的目标结构：个人的目标与他人实现目标无关（Slavin，1990）。

合作学习中的目标首先是清晰、明确，为所有成员所认可的。其次，目标是可以分解而又相互关联的。目标可以分解才能在团体间进行个体分工，让每个人都有相应的任务；相互关联的目标则让分工不会变成个体的独自努力，而是在做自己的任务时同时考虑他人的任务和目标，并在必要时调整自己的任务或时间。

3. 人际和团体合作技能

当下很多合作学习不能顺利开展的重要原因是只关注到了合作学习中的“学习”层面，而忽视了“人际关系”这一面。合作学习的顺利进行需要学生掌握一定的处理人际关系的技巧和小团体技巧，因为人际关系而产生的摩擦、冲突等“微观政治”将会大大阻碍学习的进展，这在第四部分的第十一章中我们还将深入探讨。

教师可以指导学生开展如下的活动，以减少合作成员间的消极学习：交换使用资源与信息；挑战彼此的推理与结论，以提升作决定的品质和对问题的洞察；相互鼓励达成共同目标；表现出能信赖别人、也受别人信赖的行为；具有学习的内在动机，为小组共同利益努力；有效处理焦虑与紧张；给别人提供回馈，也接受别人的回馈。

4. 个人绩效责任

合作学习最容易产生的问题就是“搭便车”，强调合作学习中的个人绩效责任正是为了避免这一问题的出现。个人绩效责任倡导“共同学习，独立表现”，这种评价有利于小组内产生积极的个体关联。如果不基于个人的绩效责任，小组成员会产生不公平感，损害团体间的个体关系，而且弱势学生的学习权利将得不到保障。教师应该评价小组中每一个学生的学

习情况，判断并回馈给小组的每一个成员，让每个人都能感受到自己和他人学习成功的重要性，也知道谁需要支持、鼓励和协助。

基于这个考虑，合作学习的规模不应该太大，适当的规模应该可以让每一个学生能有较大的责任。为了减轻教师的负担，增加学生的责任，教师也可以让组内学生观察并记录其他学生的理解和推理状况。

二、观察学生合作学习的质量

上述对合作学习要素的分析可以成为我们观察学生合作学习质量和教师指导的一个重要依据。根据上述要素，我们尝试开发出合作学习的量规观察。

（一）观察目的

课堂中的合作学习怎样才能产生高质量？这一观察单的目的并不仅在于评估学生合作质量的高低，同时也旨在给教师提供分析、改进学生合作学习质量的支架。也就是说，教师可以在课堂上运用如下的观察工具分析学生的合作学习，也可以在团体历程（group processing）中引导师生、生生的讨论，让小组成员检讨每次小组学习的效果。

所谓团体历程，是对学生合作学习效果的反省，可以定期在课后或班会上用10—15分钟的时间进行。这可以比较有效地提升学生小组合作学习的效果。团体历程的实施可以采用两种途径：一是全班式，一是小组式。比如教师可以在某一堂课后带领全班同学讨论“今天合作学习中表现好的三件事情，有待改进的一件事情”；也可以和某一表现特别好或不好的小组成员一起讨论“今天我们组内的合作学习效果怎样？作为组员（组长），我有哪些地方做得好，哪些地方做得不好？”这些讨论有助于学生反省讨论的内容、合作学习的形式，促进小组成员彼此维持良好的工作关系，获得关于参与情形的反馈，提升合作学习的技能。教师可以分析小组工作上的问题和困难，给予每一小组必要的回馈。教师的引领可以增强小组成员间的积极正向行为。

（二）观察工具

这一观察由四个维度组成，每个维度体现了合作学习中的一个要素，可以结合日常课堂的情境，设计相应的题项。每个题项都是正向的积极描述。1—5 表示程度的差异，数字越大，表示课堂中的学生表现越吻合这一描述。如果在这堂课中不能观察到这类现象，就用 6 表示（见观察单 2-7）。

观察单 2-7　基于合作要素的学生合作质量观察单

教材版本：＿＿＿＿	第＿＿单元　第＿＿课	课　　题：＿＿＿＿
学　　校：＿＿＿＿	班　　级：＿＿＿＿	学 生 数：＿＿＿＿
任课教师：＿＿＿＿	观 察 者：＿＿＿＿	观察日期：＿＿＿＿

积极的个体关联与影响力	1 很不符合	…	5 很符合	6 没有
小组成员有均等的发言机会				
当一个成员讲话时，其他成员注意倾听。				
当一个成员讲话时，其他成员表示赞同。				
当一个成员进度落后或迟钝时，其他成员予以积极支持与鼓励。				
小组的学习资源和材料是共享的。				
不存在小组讨论的时候不说话，公开讨论的时候滔滔不绝的现象。				
明确而共享的目标与分工				
小组成员明白在这一段合作时间里要达到什么结果。				
小组成员明白自己的任务、职责和角色。				
当某一成员玩乐或走神时，其他成员对他进行提醒。				
90% 以上的合作时间是用在学习任务上。				
良好的人际和团体合作技能				
小组中不存在明显的因人际关系而产生的隔离、摩擦。				
小组中不存在对某一成员的歧视与不尊重。				
遇到争论的时候能够友善地处理。				
提供对别人发言的反馈，也接受别人的反馈。				
清晰的个人绩效责任				
小组中的每一个成员都对最终的结果做出了努力。				
小组中的每一个成员都能够说出自己对小组的贡献。				
小组中的每一个成员都对自己的贡献有一个合理的评价。				

观察者在运用这一观察单时，一般只能重点关注一个小组，才能获得比较准确的数据。如果要对全班所有的小组进行观察和比较，则需要教师团体间的合作。

上述观察单可以对跨课堂中的合作学习状态进行分析，进行大规模的小组合作学习质量的比较。如果不是进行量化的观察，也可以将观察单中右栏的赋值项取消，用简要的描述代替赋值，这样更适用于日常的教研分析。此外，上课教师还可以运用这一观察单对各组的小组合作学习状况进行评分，引导学生们对自己的合作行为进行分析、反省。

（三）观察实例

我们曾在30多个课堂中尝试运用这一观察单，并与教研组长的质性观察进行对比分析。我们发现，课堂中的合作学习质量是相当值得忧虑的。教师经常采用小组合作或讨论的策略，但是，符合上述四个要素的合作学习却很少发生。

如下是运用这一观察单对一节数学课中的小组合作状况进行的评分记录，结果如下：

观察单2-7：实例

教材版本：人教版	第 4 单元　第 1 课	课　题：分数的意义
学　校：TJFX	班　级：五（6）	学生数：43
任课教师：FAQ	观察者：XP	观察日期：2010. 11

积极的个体关联与影响力	1 很不符合	…	5 很符合	6 没有
小组成员有均等的发言机会		2		
当一个成员讲话时，其他成员注意倾听。		1		
当一个成员讲话时，其他成员表示赞同。		1		
当一个成员进度落后或迟钝时，其他成员予以积极支持与鼓励。		1		
小组的学习资源和材料是共享的。				6
不存在小组讨论的时候不说话，公开讨论的时候滔滔不绝的现象。				6

续表

积极的个体关联与影响力	1 很不符合	…	5 很符合	6 没有
明确而共享的目标与分工				
小组成员明白在这一段合作时间里要达到什么结果。		3		
小组成员明白自己的任务、职责和角色。		3		
当某一成员玩乐或走神时，其他成员对他进行提醒。		1		
90% 以上的合作时间是用在学习任务上。		1		
良好的人际和团体合作技能				
小组中不存在明显的因人际关系而产生的隔离、摩擦。		1		
小组中不存在对某一成员的歧视与不尊重。		2		
遇到争论的时候能够友善地处理。				6
提供对别人发言的反馈，也接受别人的反馈。		1		
清晰的个人绩效责任				
小组中的每一个成员都对最终的结果做出了努力。		1		
小组中的每一个成员都能够说出自己对小组的贡献。		1		
小组中的每一个成员都对自己的贡献有一个合理的评价。		1		

从上述评分来看，这堂课在“积极的个体关联与影响力”上的均分是1.25，在“明确而共享的目标与分工”上的均分是2，在“人际和团体合作技能”上的均分是1，在“个人绩效责任”上的均分是1。本课中学生在合作中表现得很不积极，小组成员不主动和组内其他同学进行交流，当老师要求小组合作运用学具摆出分数时，成绩好的同学只是顾着摆自己的学具。在讨论中组长没有要求组员发表自己的意见，没有组织小组讨论，只是与自己旁边一个同学进行交流。学生在完成任务时都是个体独立的，完成后也不主动和其他同学讨论。

这堂课在各维度上的表现揭示了当前小组合作学习中的普遍问题，这些问题都是教师在组织学生进行合作学习的时候需要注意的。(1) 学生平常缺少合作学习的技能练习，事后也没有团体历程，只是在课堂上需要的时候临时合作一下，这种类型的合作效率是很低的。(2) 教师的目的性不明确，合作学习的任务缺少合理的设计。有时合作只是为了活跃课堂氛围，并不是为了增进学生对集体的理解。在合作小组的组合、评价、指导

上没有根据小组合作的特性进行设计，在后续的教学上还是采用一对一的方式进行交流和点评。(3) 合作学习中产生了一些值得关注的现象没有得到重视。如小组中的“社会漂浮”现象，好学生隐藏自己的努力，不认真学习，唯恐别人发现自己的问题；“搭便车”现象，学习困难的学生依赖其他成员，不需要努力就可以获益，如果长期这样，会导致成员间的不公平而使某些学生失去学习和努力的动机；“防卫性小团体”现象，小组中出现了一些强势的学生，导致这个小组对组内成员的能力过度自信，漠视其他成员的反对意见，抵制对团体的任何挑战和威胁，过度寻求成员的一致性。

三、对合作学习的白描

合作学习与独立学习不同，合作学习是生—生之间的互动，这种互动不仅涉及学习活动，还涉及同伴间的社会关系，需要运用白描的手法进行细致入微的观察和分析。

(一) 观察目的

合作学习的白描要同时将“关键学习点”和“同伴关系”作为观察的重心。白描的目的，一方面是看学生在合作学习中的学习状况，是否解决了学习任务，合作中主要的学习困难是什么，是怎样相互帮助解决问题的，如果没有解决，原因是什么；另一方面是看小组中的分工合作，如何分工，小组中的同伴关系是冷落、嘲讽、争吵，还是互助、友爱。因此，在制作观察工具的时候，我们一方面可以根据目标达成中寻找“关键学习点”的方法记录在各个点上的学生表现，也可以随时记录我们认为能够反映社会关系的重要节点。

(二) 观察工具

合作学习白描单这一观察工具最好只针对一组学生，这样才能如实白描，或者产生深描的结果。有效的合作学习观察可以推论出小组中的同伴关系、学生的思维认知品质、合作学习质量与教师教学策略、小组指导之间的关系。

观察单 2-8　合作学习的白描单

教材版本：______　第___单元　第___课　课　　题：______ 学　　校：______　班　　级：______　学 生 数：______ 任课教师：______　观 察 者：______　观察日期：______
观察者和学生的座位关系示意图
关键学习点 1　学生 A 学生 B 学生 C 学生 D
关键学习点 2　学生 A 学生 B 学生 C 学生 D
关键学习点 3　学生 A 学生 B 学生 C 学生 D
分析内容参考
◇ 学生间的学习性互动：合作是否聚焦于问题的解决？是否产生了有深度的争论？这些争论与问题解决间有何关系？ ◇ 学生间的社会性互动：所有的学生都参与到合作学习中了吗？有学生被排斥在外吗？在互动过程是否有人际间的冲突或争论？是怎样解决的？这样的小组搭配合理吗？ ◇ 教师的设计和实施：从学生的反应来看，合作学习任务的设计合理吗？合作学习时，教师是否巡回指导了所有小组？当学生遇到问题向教师求救的时候，教师是给出正确的答案，还是引导小组讨论，还是给出回答问题的支架？当小组讨论不积极或不深入的时候，教师是否有相应的问题或言语加以引导？

上述工具在每一节课中的应用主要包括三个步骤：第一，找到值得记录的关键点，主要是教师每次提出的合作任务，或教师提的关键问题，或观察者认为值得记录的小组动态。第二，迅速观察小组中的每一个学生表现并进行记录。可以座位表为观察基础，直观地画出小组间的位置关系，位置关系很多时候会影响学生间学习的交流和社会关系的形成。第三，根据记录推论分析学生间的关系和任务达成情况。当然，我们也可以依据上述合作学习的要素来分析小组的合作质量。

（三）观察实例

下面呈现我对沪教版《揭开雷电之谜》合作学习部分的白描，可以与目标达成观察相互印证来看，观察结果有互证之处。

观察单2-8：实例

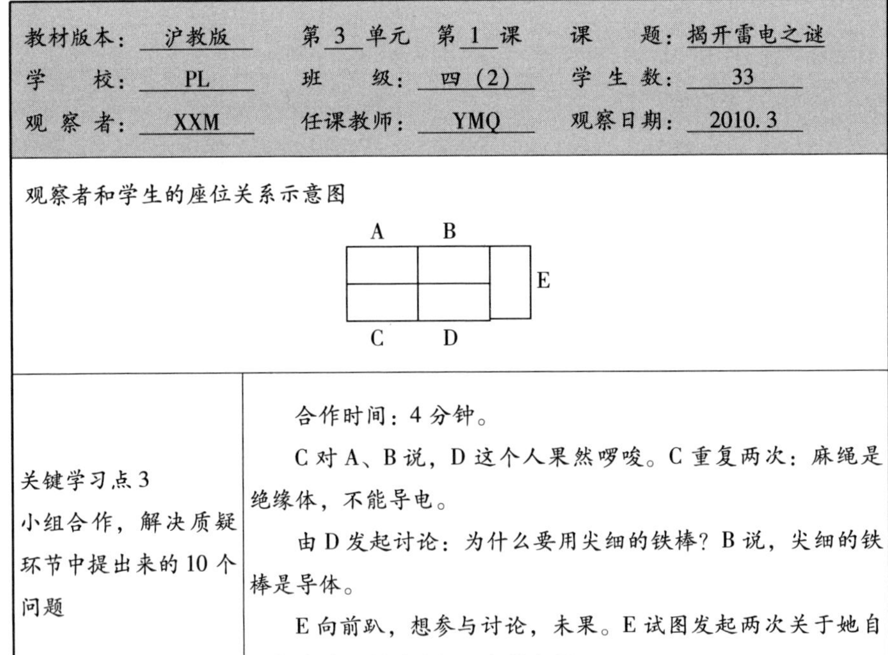

教材版本：沪教版	第 3 单元　第 1 课	课　题：揭开雷电之谜
学　校：PL	班　级：四（2）	学生数：33
观察者：XXM	任课教师：YMQ	观察日期：2010. 3

观察者和学生的座位关系示意图

关键学习点3 小组合作，解决质疑环节中提出来的10个问题	合作时间：4分钟。 C对A、B说，D这个人果然啰唆。C重复两次：麻绳是绝缘体，不能导电。 由D发起讨论：为什么要用尖细的铁棒？B说，尖细的铁棒是导体。 E向前趴，想参与讨论，未果。E试图发起两次关于她自己提出的问题的谈话，都被打断。

续表

推论与分析
◇ 学生间的学习性互动：本小组解决了 10 个问题中的 1 个问题，主要是由 D、B 两个人完成的，真正讨论的时间只有一问一答 4 秒。10 个问题对他们来说似乎太多了。C、E 都有自己“执著”的主题，一直在重复，而 A、B 对他们的问题很少有呼应。合作中几乎没有产生任何有质量的讨论。 ◇ 学生间的社会性互动：本小组的社会关系有一定的问题。C 和 D 之间的关系不是很好，如果长期采用这种小组组合，可能会导致组内讨论的混乱。E 不知是因为座位的原因，还是和这几位不熟，在整个讨论过程中，几乎没有参与小组讨论。 ◇ 教师的设计和实施：从学生的反应来看，合作学习任务的设计不是很合理。一方面，讨论的问题过多，而且没有罗列出来，只是教师用线画在电脑文本中，学生无法进行讨论；另一方面，教师在后续整理的时候，是以一个个问题为序喊学生回答，并没有用小组的方式集体呈现，学生的合作没有一个后续展示的环节。合作学习时，教师巡回指导了 4 组，另外 4 组没有涉及。没有学生向教师寻求帮助。教师没有在合作学习时检查学生的问题回答情况。

课后，这位教师告诉我们，她采用这种分组合作学习的方法已经有四五年了。她从来没有这么仔细地审视过这样的小组安排、位置、任务、小组的内部互动。而通过观察我们可以知道：第一，这种分组的模式是存在问题的，在座位的安排上，凡是坐在 E 这个位置的学生都很难参与到讨论过程中去；第二，尽管教师指导过较长时间的合作学习，但是对于小组成员的构成缺少审慎的考虑，小组间的社会人际交往存在一定的问题；第三，教师的合作任务的设计、巡回指导、后续评价都存在较多的问题。通过这样对一个小组的深入观察，不仅可以获得这个组内合作学习的诸多信息，也可以对教师的合作教学策略和合作问题设计、学习指导等方面进行深入的分析，并提出相应的改进建议。

四、合作学习中的话语分析

合作学习希望促进学生之间的知识建构和良性的社会关系。通过对合作过程中的学生交谈，即“私人话语”进行深入分析，我们才能判断合作学习中的每一个学生是否获得了深度的学习。在以往的话语分析中比较多的是对“公共话语”的分析，即 1 位教师和 1 位被点名的学生间的公共对

话，这些公共话语是不能探查小组内部学生之间的学习状态的。

话语分析的常用方法是将课堂会话分成若干话轮。在此基础上，寻求教学周期（teaching cycles）。研究者发现，公共对话中一种最常见的序列是引发—反应—评价（Initiation，Response，Evaluation，IRE）。研究者认为，IRE 的序列是与建构主义的宗旨相违背的。在 IRE 中，教师掌握了主导权，教师引发学生的反应，并对这些反应进行评价。学生没有机会去积极主动地建构他们自己的知识。由 IRE 支配的课堂是一个由教师主导的等级体制。

合作学习中的对话序列是否呈现出和公共对话中一样的 IRE 序列呢？在理想的合作学习中，是不应该有 IRE 序列的。合作学习有可能打破 IRE 的序列，引发更为丰富、民主的话语结构。但是，当小组中出现了很强势的学生时，他们实际上充当了“老师”的角色，这个小组内就会持续出现 IRE 序列，压制其他成员的表达，这样的合作学习达不到应有的成效。

（一）观察目的

合作学习中的话语分析是在真实自然的课堂情境中，对学生参与正常的小组讨论、实验操作等合作学习活动时的对话进行分析。合作学习中的话语分析有两个目的。一个目的是分析小组中的学生认知学习的质量，每个学生对合作体的知识建构产生了怎样的贡献，学生的思维达到了怎样的深度。另一个目的是分析小组中的合作关系、强弱学生的合作状况、话语权的变化、积极互赖的关系等。

（二）观察工具

合作学习的观察工具需要两步转化。第一步是记录下所有的合作话语，第二步是对记录的合作话语进行分析。

1. 记录合作话语

一般的话语分析是用摄像、录音录下课堂中的合作话语，再进行转录。转录要花费大量的时间和精力，如果采用细致性的交互分析法，将所有的停顿、表情等全部转录下来，一段几分钟的谈话可能要花费几个小时。有鉴于此，在日常的课堂观察中，我们不能采用细致性的交互分析，而主要采用概括性的交互分析，只要用笔记录语句即可。这里的分析不试图从大规模的数据中得出规律，而更多地指向课堂情境中的学习和教学意义。以下是对这两种分析方法的比较。

表 9–2　两类话语分析的区别

	细致性的交互分析	概括性的交互分析
转录细节分析方法	会话分析	剧本风格（只有语句）
分析方法	定性分析	综合使用定性分析和定量分析
理论作用	不应用编码；期待意义从数据资料中自然浮现	应用编码图式；以研究者的理论框架为基础
概括性	低：不能推断现象的普遍性	高：通过分析大量的资料数据可以确定模式的普遍性
优点	能够纪实性地描述学习得以发生的机制	能够概括出一定的模式，也能跨越情境进行对比

2. 对合作话语进行分析

下文的话语分析主要是从形式、意义两个角度展开。形式上的分析主要是考查合作学习中的社会关系，意义分析主要考查合作学习中的学习质量。

观察单 2–9　合作学习的话语分析单

<table>
<tr><td colspan="3">教材版本：__________　第____单元　第____课　课　　题：__________
学　　校：__________　班　　级：__________　学 生 数：__________
任课教师：__________　观 察 者：__________　观察日期：__________</td></tr>
<tr><td>话语形式分析</td><td>合作话语转录</td><td>话语意义分析</td></tr>
<tr><td>● 每个学生的话语量</td><td rowspan="3">◇ 合作时间
◇ 合作座位表
◇ 合作小组各成员的话语，标出话轮的转换</td><td>● 与合作任务间的关联</td></tr>
<tr><td>● 话轮如何转换</td><td>● 关键概念的出现</td></tr>
<tr><td>● 每个学生使用的语言色彩</td><td>● 关键问题的提出与解决</td></tr>
</table>

话语量的多少代表课堂的主控权，主要根据说话的时间来判断，说话时间多的话语量就多，说话时间少的话语量就少。在转录文本中，直接以文字量来判断更便利。从每个学生的话语量可以看出小组中的哪些学生占

据了说话的主导权，哪些学生处于沉默或被忽视的状态。

话轮的转换可以看出话语权的变化和研讨主题的变化。研究者提出了两个衡量话轮转换的标准：一，说话者的话是否连续，即在一个语法语义完成序列的末尾有无沉默。如有沉默，那么说话者的话就不止一个话轮。二，是否发生了说话者和听话者的角色互换。如果发生了，就标志着一个话轮的结束和下一个话轮的开始（刘虹，2004）[46]。

语言色彩的分析可以看出小组合作中的学生关系，是否有积极互赖的个体情感。

根据话语的意义，我们还可以分析小组对话与合作任务间的关联、学术概念的出现、关键问题的提出与解决等。从这些指标可以看出小组对话是否聚焦在问题解决上，合作任务是否发生了偏离，学生的讨论是否有深度，等等。

（三）观察实例

运用上述观察单，我们对苏教版五年级语文教材中《嫦娥奔月》一课的合作学习的话语进行了分析。我们选择了其中的 1 个小组，这个小组由 6 个学生组成。我们首先记录下 3 分钟合作时间中的所有对话记录，然后从形式和意义上对这一合作话语片段进行分析。

观察单 2-9：实例

教材版本：苏教版 学　　校：ADXX 任课教师：CH	第 3 单元　第 10 课 班　　级：五（2） 观 察 者：XXM	课　　题：嫦娥奔月 学 生 数：48 观察日期：2011. 10. 19
话语形式分析	合作话语转录	话语意义分析
• 每个学生的话语量 1：9 2：34 3：0 4：5 5：18 6：0	合作时间：10：30—10：33 （座位图：1、2 在上，3 在右，4、5 在下，6 在左） 教师让学生在嫦娥、逄蒙、后羿三个角色中选择一个进行研究，说出人物的性格。 6 是组长。	• 与合作任务间的关联 6 个话轮中，2 发起的话轮中有 1 个与学习无关。 教师发出的合作任务有两个：选择 1 个人物；说出人物性格。 第一个任务在话轮 1 中解决了，由 5 确定的。

续表

<table>
<tr><th>话语形式分析</th><th>合作话语转录</th><th>话语意义分析</th></tr>
<tr><td></td><td rowspan="3">2：我们研究什么呀？
5：嫦娥吧。
2：我猜就是嫦娥。// (1)
5：我们来找一下描写嫦娥的句子。
2：她都说了哪些话？
2：善良、机智、勇敢。
1：善良、敢于斗争。
4：要4个的吧。// (2)

5：机智勇敢从哪里看出来呢？
5：她和逄蒙那样说话就在拖延时间。// (3)

2：什么味道，好难闻啊。// (4)

1：把聪明写上去。// (5)

5：还要写什么？// (6)

教师喊停。</td><td>第二个任务涉及话轮2、3、5、6，但是发生了重要的偏移，学生并没有去找关键的句子，而是直接给出性格的描绘。</td></tr>
<tr><td>● 话轮如何转换
一共产生了6个话轮，用//在右栏中标出。其中有2个话轮由2发起。有3个话轮由5发起。具体发起顺序如下：
1. 2－5－2
2. 5－2－2－1－4
3. 5－5
4. 2
5. 1
6. 5</td><td>● 关键概念的出现
出现了“善良、机智、勇敢”、“善良、敢于斗争”、“聪明”等关键概念。这些概念都是集中回答教师的第二个任务“嫦娥的性格”。</td></tr>
<tr><td>● 每个学生使用的语言色彩
这次小组合作中的语言色彩不是很明显。只有2使用了一次消极词汇和一次情态词。</td><td>● 关键问题的提出与解决
出现了“我们研究什么”、“找一下描写嫦娥的句子”、“机智勇敢从哪里看出来”、“还要写什么”等5个关键问题。解决了2个问题。其中重点探讨的是“嫦娥的性格”。</td></tr>
</table>

在上例中，6 个学生的话语量有极大的差异。2 的话语量最多，5 次之，3 和 6 都没有说话，而 6 还是组长。后来了解到，他们的组长是轮流当的，今天你做，明天我做，6 虽然当了名义上的组长，却仍然没有获得小组中的话语权。虽然 2 的话语量最多，但是从话轮分析中可以看到，实际掌握话语权的是 5，在几个话轮中 5 都抛出了重要的问题，这些问题引发了同学的讨论。而且，他还提出了非常重要的解决教师任务 2 的重要问题“我们来找一下描写嫦娥的句子”、“机智勇敢从哪里看出来呢”，这两句话表明 5 不仅明白教师的意图，而且掌握了在提炼人物性格方面的方法，知道需要从文本中进行推论。很可惜，其他同学还没有达到这一水平，他们直接就根据阅读任务要求提出各种形容词。

话语的意义分析进一步表明，在有限的合作时间中，大多数学生会直接切入教师最想听到的问题答案，迫于最后要站起来发言的压力，学生会放弃对体现人物性格语句的细细品味，而直接堆砌大量的形容词。在后续的交流中，从学生的发言看，选择后羿、逢蒙的组都遇到了同样的问题，很容易给出对这个人物的定式化的理解，而无法给出相应的证据。

合作学习中的这种“迫于展示、交流的压力”强化了课堂中的学习肤浅化倾向。而学生之所以产生这种肤浅化的倾向，一方面在于时间的紧张，而更重要的原因在于合作者、学习内容、学习环境之间没有产生相互激发的作用，导致低水平的重复。要让合作学习真正发挥作用，教师就有必要为合作学习小组提供相应的资源。合作学习绝不意味着教师少说、学生多说，也绝不意味着将课堂时间留给学生讨论就能产生有意义的学习。

比如，一次听一节高中语文课《我为什么而活着》，教师给学生留出了大量的课堂时间，让学生“自由朗读课文，找出给你留下深刻印象的句子，并加以赏析”，这个合作指令表面没有任何问题，但事实上，由于缺少必要的支撑，学生读了 1 分钟后停下来，呈现如下的对话：

生 1：我找到的是第二句。

我也是。我也是。两个学生附和。

生 4：那这个句子为什么好？

生 2：它用了比喻吧。

生 1：那我还是不理解，为什么是在濒临绝望的深渊呢？

生3、4：我也不知道。

生5：不懂。

生6：那就不要说这句了，说不出理由。

生5：不好解释啊。

生1：重选一句。这句吧。

生3：因为要对人类负责。

生4：那我还是不理解。

生5：就觉得好。

生4、6：对就觉得好，没有原因。

在8分多钟的合作活动中，学生几乎没有讨论出任何有价值的内容，讨论都是围绕在交流中如何应付教师的提问。如何破解这样的难题？学生的合作学习也需要资源和支架。这篇文章是英国的哲学家、数学家、逻辑学家罗素写的，赏析这篇文章学生需要了解相关的背景资源，需要对罗素的生平背景、写这篇文章的背景有一定的理解，也需要具备赏析的策略，能联系上下文，对不理解的地方进行质疑、反复朗读、提出推理等。上文中的学生没有表现出这些能力。这些合作中的难题都和教师在合作学习中的行为、资源提供息息相关。

五、合作学习中的教师行为

在合作学习中，教师应该呈现出怎样的合作行为？合作学习中的教师面临比讲授式教学更复杂的情况，他需要面对多种状况：好学生在小组合作中隐藏自己的实力、不愿意帮助别人；强势学生掌控组内话语权，弱势学生一言不发；学生在讨论时游离主题，不解决教师所提问题却对无关问题讨论得热火朝天；学生不关心合作任务的完成，却绞尽脑汁思考怎样应对教师的提问。根据这些问题，经与教师们一起讨论，我们提出了合作学习中的教师适宜行为供参考。

观察单 2-10 合作学习中的教师适宜行为

学生分组	● 小学中、高年级以上多采用小组合作的方法。 ● 教师能按照强、弱异质搭配小组，组内包括性别、学习水平、兴趣和爱好不同的学生，使小组成员有较好的机会面对不同的思维方式，给学生原有的思维带来冲突。 ● 将小组人数控制在 4—6 人，小组内座位间隔小，便于学生讨论。 ● 使小组分组持续一段时间以保证小组内建立积极互赖的关系。 ● 组长的指定以成员对小组的贡献大小确定，定期轮换，组内每一成员都应该有积极的责任和任务。
小组评价	● 要让学生意识到自己与小组是浮沉与共、休戚相关的。自己的成功有赖于整个小组获得成功，小组若失败了，自己也就失败了。因此，小组内的每一个成员都应该共同努力，以完成任务。通过设计小组合作单等方式，尽可能留下学生的合作思维轨迹，以便进行小组合作的评价。 ● 如果以小组为单位进行作业练习的批改，可以是组员分数的均值。将小组成功界定为组内每一个人的成功，而不是以小组某一个成员的成功来代表小组，也不是笼统地给小组一个分数或等级。 ● 如果在课堂上任务的解决采用小组合作的方式，在交流、展示和评价时也要采用小组汇报的方式，可以让小组内成员相互补充，尽可能避免教师与一个学生点对点的对话。 ● 教师在提问或让小组总结陈述的时候，要每次都换学生；教师在点评时不仅点评小组的学习成果，也要点评小组内的社会互动。
材料与任务	● 提供给学生合作的材料和任务应该是每一个小组成员都可以参与其中的，任务是可分解的，任务对其中一部分学生是具有挑战性的。 ● 教师给学生的合作时间是充分的，能够让每一个小组产生有价值的结论。 ● 教师在每一个任务环节上采用任务单或工作单的方式，将学生的思维实体化，有助于学生的小组评价。 ● 如果在课堂上遇到需要深入讨论的问题，最好事先以小组合作的方式收集相关的背景信息、资料或完成一些预习的作业、实验等，为课堂合作提供讨论的支撑。

续表

合作的指导	• 在学生进行小组合作时，教师应在所有小组中巡回，评价各组互动的情况。除非必要，教师不应该做大规模的干扰。教师最好不要急着回答学生的有关答案，而是鼓励小组成员之间的思考和探索。 • 要求学生在讨论后以小组为单位进行汇报，而不是再进行个体的交流。教师在点评的时候，不仅点评合作的内容和完成的质量，还要对小组合作的情况进行点评，如“在这次合作中，你不仅汇报得很好，而且帮助你的同学一起解决难题。” • 指导学生学会基本的合作交流方法，在合作觉得有问题的时候，会通过写日记、找老师等方法让老师知道，以便重新调整小组。 • 巡回检查，保证每一个学生都享有平等的合作机会。 • 在合作学习中培养学生的人际与团体合作技能，引导学生轻声说话、积极聆听、相互鼓励、客观批评、化解冲突。 • 定期让学生对小组活动进行反思，找出小组合作中哪些行为是有用的，哪些是无用的，改善合作的效率。

当然，上述行为还不能全部解决教师有可能会遇到的各种合作问题，但是至少能给教师在组织学生进行合作学习的尝试时一个可能的方向。运用上述观察单我们还可以对教师组织合作学习的状况进行赋值评分、比较和分析。

第四部分

积极学科情感和同伴社会关系的观察

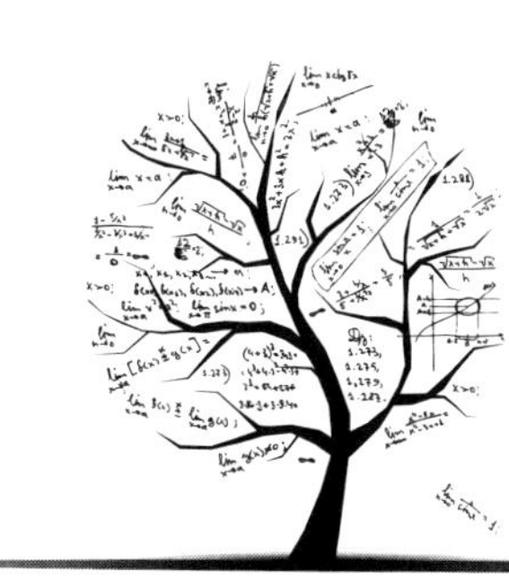

Di Si Bu Fen

jiji xueke qinggan he tongban shehui guanxi de guancha

第四部分

积极学科情感和同伴社会关系的观察

“知之者不如好之者，好之者不如乐之者。”但在分数的压力下，我们是否习惯于追求一个个知识点，而漠视了学生的情感？当某个成绩不错的学生突然遇到学习障碍，当某些考试成绩不错的学生突然变得低落消沉时，有可能就是师生关系、同伴关系、学习情感在起作用。本部分区分了不同水平的学生学科情感，提出了教师的自我监控工具，分析了处于不同社会关系的学生与他人互动的课堂学习过程。这些都有助于我们理解师生、生生间的微观政治关系。

第十章
积极学科情感的课堂观察

关于情感与认知学习的关系，美国心理学家布卢姆（Bloom，1989）[64]曾经有一个鲜明的比喻：

一个人用两排并排的梯子爬墙壁……一个梯子代表认知行为和认知目标，另一个梯子代表情感行为和情感目标。这两个梯子的构造是这样的：一个梯子的每一级正好在另一个梯子的每一级中间。通过交替地攀登这两个梯子——从这个梯子上的一级踏到另一个梯子上够得上的一级——就有可能达到某些复杂的目的。

这个比喻形象地说明，情感与认知学习之间相互促进的关系。课堂不仅是认知活动的发生地，也是学科情感养成的重要场所。那么，在课堂中我们如何判断与分析学生是否产生了积极学科情感呢？教师如何自我监控与改进才能引发学生的积极学科情感呢？本章我们重点探讨这些内容。

一、何谓积极学科情感

每一位教师都希望自己的课堂越来越受学生喜爱，而不是越来越遭学生讨厌，虽然这一愿望常常很难实现。有研究表明，即使是最优秀的孩子，有时也会产生厌学心理。这一结果意味着，学生的学习情感问题有时候是一种教育结构的问题，而不能完全归结为教师或学生的个体因素。但是，教师可以尝试通过谨慎地观察和改进学生的情感状态，对自己的课堂设计进行相应的调整，让情感促进学生的学习。

（一）积极学科情感的内涵

我们将那些能够带来积极的行为变化的情感称为积极情感。那么，什么是课堂中的积极情感呢？这种积极的情感是一种深层次的学习情感，是经过长期积淀的、已经内化的学习情感，它处于一种稳定、深厚的状态。

我们将积极学科情感界定为：

学生在学科学习活动中产生的相对稳定的积极的内心体验和感受，这种感受和体验使学生对特定的学科学习产生积极的行为倾向，对学习活动的发生、维持具有积极作用。积极的情感体验具有扩张性，消极的情感体验将约束学习行为。

体现在具体的学科课堂中，学生对这一学科的课堂总是抱有一定的期待，认为在这类课堂上会获得较舒畅的心理体验，由此伴随的可能是对这些学科在课堂外的迁移态度，更愿意完成这类学科的作业，更积极主动地去翻阅与之相关的资料或搜集相关的信息。正如奥苏伯尔在有意义的学习理论中提出的，有意义的学习必须具备三个条件：学习材料本身必须有逻辑意义；学习者必须具备有意义学习的心向；学习者认知结构中必须具有同化新知识的原有的适当观念。所谓有意义学习的心向，正是积极学科情感的一种表现形式，学习者只有具备了学习的动机与兴趣，才能进行意义学习。

积极的情感包含哪些内容呢？根据国外学业情感研究者的观点，已有的学习情感主要包括以下几种：态度与兴趣、动机、审美情趣和情绪状况。积极的情感因素包括兴趣、自信心、动机、愉快等能创造有利于学习的心理状态。消极的情感因素主要包括焦虑、抑制、恐惧、紧张、怀疑、沮丧、害羞等。图 10－1 可以反映出积极情感的范围。

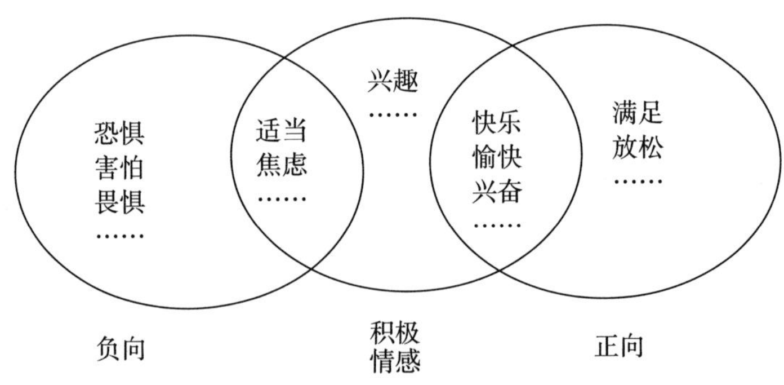

图 10－1　积极情感的范围

积极情感与情感的正向、负向体验并不是等同的。一般而言，积极情感包含正向的情感体验，如快乐、愉快等，这些体验将引发下一步扩张性的行为。但是，并不是所有的正向情感都是积极情感，如满足、放松就会引发收缩性的行为、对现状的无所作为，从这个意义上说，它就不是积极情感。从另一个角度来说，也并不是所有的负向情感都不属于积极情感。适当的焦虑，只要能促进认知学习的发生，在认知学习之后，会产生进一步的愉悦与动力，那它就属于积极情感。

我们所说的积极学科情感还是一个相对的概念，是和学习的结果相连的。对认知、技能等学习有促进作用的是积极学科情感，反之，则不是。作为有情感的动物，人在完成各种活动时，都会受到情感的影响，学生同样如此。在课堂学习中，学生需要同时处理多个认知任务，有时还需要在各种任务中进行灵活切换，这个过程中不仅包括注意、记忆等基础认知活动，还包括任务切换、工作记忆等执行控制活动。情感在此过程中发挥着重要作用。

很多资深教师都有这样的感受：在有些课堂上，尽管学生热情高涨，他们的学习状态和情绪都处在比较高昂的状态，但是课后检测结果发现，学生学习的效果并不好，尤其是在一些精细化处理的认知任务上，学生往往容易出错，点错小数点、忘记变号等。而在一些看似比较平静的课堂上，学生的思考反而会很深刻，对一些复杂问题的理解和处理也考虑得更加周密。为什么会出现这种情况呢？在这样的课堂中，学生的正向情感为什么没有激发更好的学习行为呢？

这就在于我们要深入理解情感与认知之间的关系，澄清一个误区：并不是所有的情感都会促进认知活动，也不是所有的正向情感都能促进认知活动。根据“认知资源占用说”，无论是正向情感还是负向情感，都会引发与当前认知任务无关的思维活动，这些思维活动会占用认知资源，由于认知资源是有限的，因此，当认知任务本身需要较多的认知资源参与时，正向情感和负向情感引发的这些思维活动会占用有限的认知资源，进而影响任务的完成。

（二）积极学科情感对认知学习的意义

随着对情感研究的深入，研究者发现，有一部分情感，尤其是中性的情感和某些正向的情感会引发积极的行为变化。这些情感可以导致大脑多巴胺水平的提高，特别是在前额叶和前扣带回，这会使被试的认知表现有所提高。伊森（Isen，2001）发现，积极情感能够拓展个体的思维和行为方式，在积极情感状态下，个体的思维方式更灵活，行为更具有创造性。

心理学上的很多研究都表明积极情感对认知活动有着重要影响。积极的情感因素会加快信息的组织、加工和存储；而消极的情感因素会给记忆造成混乱，导致编码速度减慢甚至停止，使可用于处理信息的空间减少，进而影响学习效果。此外，学生检索和提取记忆信息的效果在很大程度上取决于学习者的情感状态。当学生心情舒畅、精神状态较佳时，就能迅速检索、提取和使用信息，而当学生受到外界影响而进入思维混乱、紧张甚至愤怒等消极情感状态时，就不能有效地利用已有的记忆资源。

在认知的灵活性方面，个体在积极情感状态下偏好新异性的信息和刺激，因此，积极情感能够显著地减少转换损失，促进任务转换；而消极情感则会增强行为的固着性，增加转换损失，影响任务转换。埃利斯等人（Ellis et al，1988）[191－200]认为，个体在压力情境下会产生种种消极情感而导致自我能量的损耗。而在积极情感状态下，个体不仅能够消除消极情感所造成的体内生理活动的不平衡状态，而且还能缓解消极情感造成的紧张状态，消除消极情绪所造成的狭小的思维活动序列。积极情感有助于打破思维定式，使个体产生更宽泛的创新思想，在作决策时产生更宽广的认知网络。因此，当我们希望培养学生的开放性、拓展性的思维，或在教学以探究为主题的内容的时候，更需要激发学生的积极情感。尤其是对于不同年龄段的学生来说，年龄越小，儿童的认知活动越容易受到情感的影响。

二、判断学生学科情感水平的标准

我们在一所实验学校做了 3 年的跟踪研究，调查数据和访谈表明，刚进入一年级的学生对语文、数学、英语的喜爱程度是最高的，对各类学科，他们都怀着极高的热情和喜爱参与其中，对教师和学科的喜欢不加掩饰，溢于言表。随着年龄的增长，到了二年级，这一批学生产生了一些分化，有些学生开始讨厌某些学科，或不喜欢某位教师。到了三年级，还是这一批学生，大概有 1/3 的学生开始讨厌某些甚至全部的学科。可以推论的是，随着年级的上升，越来越多的学生将讨厌某些学科或学校。在课堂上，他们或两眼无神，或神游太虚，或每隔几分钟甚至几秒钟就进行一种非学习性行为（摸耳朵、转笔、敲桌子、画画……）。在与学生的交流中，有学生这样说：

◇ 我很怕上数学课，数学老师讲得很快，我一不留神他就讲到下一个去了，我也不敢问她。

◇ 以前我的英语不错，可是现在我越来越讨厌它了，同学们也讨论过，不是我们本身不喜欢英语，是我们讨厌英语老师，连带她教的那一科都讨厌。

◇ 有的老师教来教去我就是听不懂，讲得很复杂……妈妈讲我就懂了！

◇ 语文课上得最没劲了，自己看一遍就知道意思了，还要一遍遍让我们读，读来读去就那几句话。我在课外看布老虎丛书，爸爸还帮我定了很多杂志，语文课还不如给我看小说呢。

在学生和教师的描述中，那些具备了积极的“学习心向”的孩子又有怎样的神情和行为表现呢？

◇ 眼里闪烁着光芒。

◇ 情绪高涨、振奋，小手举得很高，跃跃欲试。

◇ 非常专注地看着题目或黑板，你甚至可以感觉到他的小脑袋在飞速转动。

◇ 他们迫切地想学习更多的新知识，迫切地想解决脑海中的一个个问号，他们被一种激情推动着。

◇ 沉思、专注。

◇ 主动寻求和教师讲的内容相关的材料。

◇ 沉醉其中，而不知道时间的流逝。

◇ 缠着父母追问与学科相关的问题，要买相关的书和资料。

◇ 和伙伴们讨论这一话题，不知疲惫。

◇ 即使一两次考试成绩不好，也不会影响他们对这门学科的热爱。

上面这些孩子，他们具备了充分的学习心向，并在学习的过程中体会到了真正的成功与快乐！而看到这样的学生，教师在上课的时候也会有更积极的情感体验。师生之间的情感体验是相互影响的。

在课堂中，如果仅从快乐的层面来说，学生的快乐很简单，拿到好分数，受到老师表扬，都是快乐。但是，这样的快乐能陪伴学生走多远？怎样才能让学生获得一种长久的精神愉悦和对学习的持续兴趣？根据上述对积极学科情感的界定，结合实践中学生的不同表现，我们试图总结出积极学科情感的要素，供教师参考。

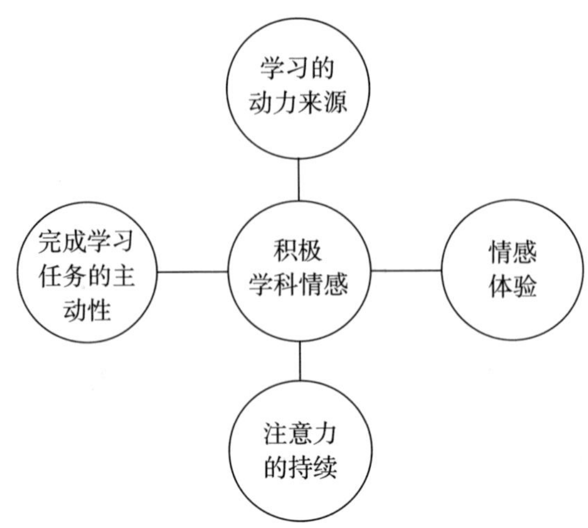

图 10-2 积极学科情感的要素

(一) 学习的动力来源

积极学科情感中一个重要的要素是看驱使学生不断学习的动力来源是什么。学生的学习会同时受到不同驱动力的影响。处在高学科情感水平的学生更易受到认知内驱力的影响，具有主动探索、以知识的获取为取向的特征。他们较少因为外界环境的刺激而改变自己在这门学科上的学习。

在奥苏伯尔的成就动机框架中，内驱力主要分成三种。第一种是认知内驱力，就是指学生渴望认知、理解和掌握知识以及陈述和解决问题的倾向。简言之，是一种求知的需要。这是意义学习中最重要的一种动机。它发端于学生好奇的倾向以及探究、操作、理解和应付环境的心理倾向。

好的教师能让学生对认知本身感兴趣，最好的办法是让新的学习内容与学生认知结构之间有适当的距离，这对引起认知内驱力最为有效。但如果学生还没有出现学习动机，是不是要等待学生有动机后再学习呢？奥苏伯尔认为，只要教师能够使学生有意义地学习，让他们在学习中得到满足，那么，学生也会显示出进一步的强烈的认知动机。

第二种是自我提高的内驱力，这是一种通过自身努力胜任工作、取得成就，从而赢得一定社会地位的需要。它与认知内驱力是不同的。认知内驱力指向知识内容本身，它以获得知识和理解事物为满足；自我提高的内驱力指向一定的社会地位，它以赢得一定的地位为满足。成就的大小决定着他所赢得的地位的高低。课堂学习中，教师对学习成绩有提高的学生给予奖励，对学生给予较高期望，表扬或奖励学习优秀的学生等，都可以培养和激发学生自我提高的内驱力。但是，如果过分强调自我提高内驱力的作用，也会助长学生的功利主义倾向，让学生将学习看成追求功名和利益的手段，而降低对学习任务本身的兴趣。

第三种称为附属内驱力，是个人为了保持长者或权威人物的赞许或认可，而表现出来的一种把学习或工作做好的需要。对于学生来说，附属内驱力表现为学生为了赢得家长或教师的认可或赞许而努力学习，取得好成绩。随着儿童年龄的增长和独立性的增强，附属内驱力不仅在强度上有所减弱，而且在附属对象上也从家长和教师转移到同伴身上。在青少年时期，来自同伴的赞许或认可将成为一个强有力的动机因素。

附属内驱力与自我提高的内驱力是不一样的。两者的区别之处主要在于：（1）追求的目的不同。自我提高的内驱力追求的是赢得一定的社会地位，通过展示自己的能力和才干，得到公众的认可；附属内驱力追求的是长者或权威人物的认可。（2）目标设定者不同。自我提高的内驱力所对应的奋斗目标是在现实社会的影响下内化而成的由个人确立的目标；而附属内驱力的奋斗目标则是由长者或权威人物所确定的。

当然，个体在附属的内驱力的促使下，从长者或权威人物的认可和赞许中也会获得一种派生的地位。但这种地位与自我提高的内驱力所赢得的一定的社会地位不同。这种派生的地位不是由学生本人的能力或成就水平决定的，而是从他追随和依附的长者或权威人物所给予的赞许中引申出来的。

在真实的学习、社会情境中，很多时候我们并不能界线分明地说，这个学生的学习是受到认知内驱力的影响，那个学生的学习是受到自我提高内驱力的影响。在不同的学科、情境、任务中，个体的内驱力会产生复杂的变化。我们只能说，在相对一段时间内，个体身上主要表现出的内驱力是什么。

（二）完成学习任务的主动性

处在高学科情感水平的学生具有行为上的扩张性，他们不仅能够较迅速地完成教师布置的学习任务，而且会主动寻求与这一学科相关的内容或

信息。这种类型的学生能够在学习中发现乐趣，从而让自己的学习兴趣一直维持在比较高的水平，在出现困难的时候，他们能够有策略地去解决问题，克服自己的畏难情绪。处在低学科情感水平上的学生被动地完成教师布置的任务，很少主动寻找相关信息。

（三）注意力的持续

处在高学科情感水平的学生在课堂上能够维持较高水平的注意力，他们总是聚焦于问题的解决和思考，很少会分心。而处在较低学科情感水平的学生会明显地表现出对课堂的抵制或冷漠，他们总是很难集中注意力听讲，很容易因为外界的干扰而分心。

（四）情感体验

从课堂学习结果来看，情感体验也是判断学科情感水平高低的一个重要指标。处在较高学科情感水平的学生在课堂上往往容易产生正向的情感体验，而处在较低学科情感水平的学生容易产生消极的情感体验。

三、不同学科情感水平的课堂观察

根据上述判断标准，我们可以将课堂中的学生学科情感水平分成抵制、完成任务、冲突、投入、入迷 5 个等级。由这 5 个等级出发，我们进一步描绘不同类型的学生在预习、上课、课后作业等不同环节活动中的具体表现。

（一）学科情感水平的划分

我们对这 5 种水平的学生进行一个总的描述，见图 10–3。

具有最高学科情感水平的学生基于对学习的内在驱动力来学习，他们处于入迷水平。这一类学生当然是很少的，可能一个班级甚至一个年级才有一两个。完全抵制这门学科的学生也是很少的。在绝大多数课堂上，还是处于“投入”和“完成任务”水平的学生居多。

处于冲突状态的学生是最矛盾的，他们对这门学科感兴趣，也愿意去追求，但是，由于教师因素或同伴因素导致他们对这一课堂产生负向的情感。

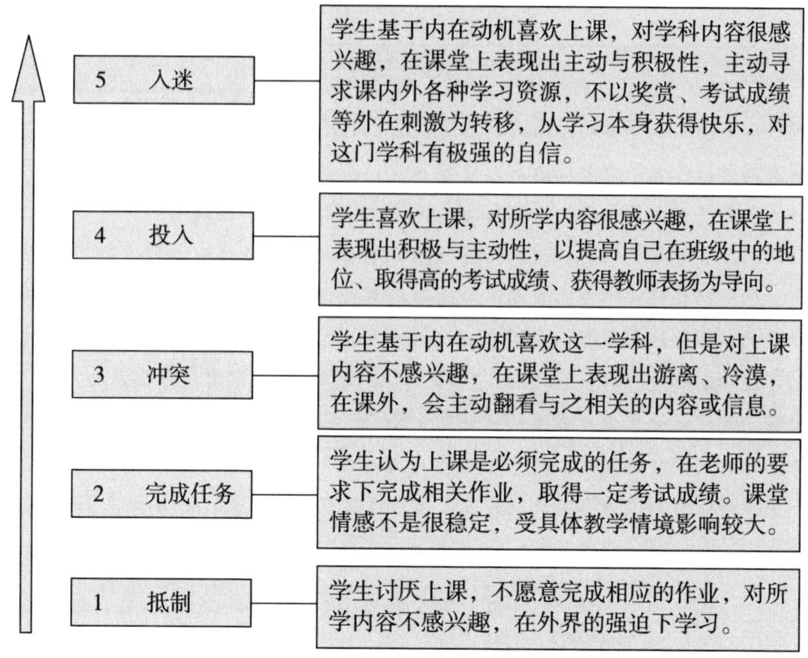

图 10–3　处在不同学科情感水平的学生表现

（二）观察工具

为了更清晰地观察、描述和分析学生的学科情感水平，我们与项目学校教师共同研究归纳出了不同水平的学生在预习、课堂注意力、课堂问答、作业方面的不同表现，供观察者们参考。

观察单 3–1　学生学科情感水平行为参照单

入　迷
◇ 预习：几乎每节课前都会进行精心预习，收集大量课内外相关资料，不仅熟悉所学习的内容，而且对教师没有提到的问题有自己的想法。对学习具有强烈的好奇心和求知欲，带着自己的思考和问题投入学习。 ◇ 课堂注意力：注意力高度集中，在自己感兴趣的问题上全神贯注地聆听教师的讲解和同伴的发言，神情与姿态流露出对教学内容的高度关注。 ◇ 课堂问答：对课堂提问的参与度高，始终积极主动地回答教师的提问，乐于并善于表达自己的想法，回答正确率高。对学习有自己的认识和理解，能从不同角度思考问题，并且不满足于教师教的方法，能质疑问难，提出新的问题。 ◇ 作业：善于主动发现与尽力解答在学习过程中遇到的问题，作业正确率高，并能以演讲、表演、展示等方式向老师和同学们呈现或交流自己的学习成果。

续表

投　　入
◇ 预习：教师要求预习的时候进行预习，预习中会根据教师的问题寻找答案。 ◇ 课堂注意力：大多数时候注意力比较集中，尤其对教师重点提出的内容表现出专注，虽然偶尔会开小差，但也能马上转过神来跟上老师的思路。 ◇ 课堂问答：经常积极主动举手回答问题，能理解问题并用自己的话把问题解答清楚，回答问题的正确率比较高。大多数时候思维活跃，能较快地理解和掌握教师传授的学习方法和内容，能提出自己的见解。交替开展独立学习与合作学习，能够跟随和配合老师的教学过程，理解、记忆知识并自主思考，师生互动良好。 ◇ 作业：能灵活运用教师教授的方法进行解题，正确率比较高，愿意在老师和同学中展示自己的学习成果。对感兴趣的内容有深入学习的欲望，很关注自己的学习结果，经常得到老师和同伴的赞赏，能从成功中体验到学习的快乐。
冲　　突
◇ 预习：没有形成固定预习的习惯，不会根据教师的预习指示进行预习，往往根据自己对学习内容的兴趣进行预习。会知道或主动寻找与这一学科相关的其他信息。 ◇ 课堂注意力：大多数时候注意力不能集中于所学内容，常常有开小差的表现，或者表现出对这个课堂、同伴、教师的冷漠或敌意。 ◇ 课堂问答：在遇到自己感兴趣的问题时，表现出较高的参与度，主动思考，有自己独立的想法，但更愿意自娱自乐或与关系好的同伴分享，而较少在全班同学及教师面前展示。在自己不感兴趣的问题上，经常表现出对问题的不关注，充当旁观者。 ◇ 作业：在一些简单或重复练习的作业上，表现出敷衍的态度。而在自己感兴趣的问题或需要较高思维水平和较少机械书面练习的情况下，表现出浓厚的兴趣并投入很多时间，会为解答出这样的高水平问题而富有成就感。
完成任务
◇ 预习：只有当教师要求时才会进行课前预习，预习的内容比较简单，对即将进行的学习几乎不做深入思考。学习目标不够明确和稳定，大多数情况下学习行为因为受到了教师和家长期望的暗示而改变，虽然希望自己成为大家赏识的对象，但缺乏自信心。 ◇ 课堂注意力：注意力集中时间较短，容易受到外界干扰，思想经常开小差，有时表现出神情疲惫，需要在教师的提醒下才能跟上上课的节奏。上课只顾抄笔记，往往影响到听讲，缺少对所学内容的独立思考。

续表

完成任务
◇ 课堂问答：大多数情况下不主动举手回答问题，只有被教师点名时才回答，回答中有重复、停顿现象，回答问题的正确率不高。思维比较机械，只能生搬硬套课堂中所学的概念来解释问题，对问题的理解有一定的局限性，抓不住问题的本质。 ◇ 作业：作业只是为了达成教师和家长的要求，每天只满足于完成作业。解题方法比较简单和机械，对需要思考和融会贯通的题目没有兴趣，不做深入思考和研究，练习的正确率尚可。
抵　　制
◇ 预习：很少或者根本没有预习的习惯，对所学习内容不感兴趣，在教师或家长的强制下勉强完成预习任务。 ◇ 课堂注意力：大多数时候注意力不能集中于所学内容，时常目光呆滞，处于一种失神状态，或者趴在座位上睡觉，或者在桌面上、书上胡乱涂鸦，或者做与本堂课无关的作业。 ◇ 课堂问答：大多数时候思维停留在机械记忆的低水平状态，经常表现出不知道老师和同伴在讲什么的神态。遇到问题退缩，几乎从不举手回答问题，回答问题的正确率低，经常被动接受教师或同伴提供的现成答案。学习机械化，从不主动思考所学内容，只依靠老师或别人帮助解决困难，在课堂讨论和活动中充当旁观者，从不主动参与。 ◇ 作业：大多数情况下胡乱做一通练习敷衍了事或者干脆抄袭别人的答案，练习的正确率低，即使做错了也不订正。对教师和家长的批评或鼓励没有明显的反应，对学习的成功或失败无所谓，得过且过。将学习看做家长和教师“要我学”，几乎从不对自己学习成绩差的原因进行分析，或者简单地归结为“别人比我聪明，我天生笨没办法”。

上述供观察的内容非常多，我们可以选取其中具体的一个方面进行观察。在观察的时候，可以时间为单位，每 5 分钟记录教师的教学流程，重点记录每个学生的学习表现，然后与上述描述进行比对，分析学生处在哪一个水平上。如果是对全班学生的观察，可以将上表转化成评分单；如果是对个体学生的观察，可以采用白描的方式记录。

（三）观察实例

如下的观察实例就是选取了观察单 3-1 中的“课堂注意力、课堂问答、作业”这 3 个维度进行的观察。观察者对学生在课堂上注意力的不同表现进行赋值。通过将学生的课堂注意力、回答问题情况和作业状况与教师的教学进行对比，我们可以将教师的教学表现和学生的课堂表现建立关联，从而产生有意义的推论。根据课前教师的描述，学生 A 和学生 B 的作文成绩都属于比较好的一类，但是学生 A 的作文水平不是很稳定，而学生 B 的作文水平比较平稳。我们试图通过对学生 A、学生 B 的课堂分析解释这一现象。限于篇幅，在此只呈现第 20—40 分钟的课堂观察片段。

观察单 3-1：实例

T（时间）	教学过程	学生 A	注意力值	学生 B	注意力值
20—25	继续引导学生说出在超市看到了什么，指定学生起来回答；总结第二段应该写的内容；指导学生开始写第二段。	手不时地摸椅子或者其他，腿有时晃动，有时翘椅子上，对老师的提问基本没有举手，关注其他人的回答；趴在桌子上写文章的第二段；老师对个体指导情况进行集体说明时多数情况下会抬头观望；趴在桌子上写作文的第二段；右手边的一个学生问老师问题，张望的时间比较长。	65	多次提问都立即举手；虽然老师没有喊过她，但是仍旧积极地举手；在没有写完的第一段下面空了两行，开始写文章的第二段；会不时地默读、思考、修改。	92

续表

T（时间）	教学过程	学生 A	注意力值	学生 B	注意力值
25—30	继续指导学生写文章的第二段，对学生的提问给予集体或个别指导。	右手边的男生和他右手边的女生讲话，A 伸头看那个女生；教师站在讲台旁边，即 A 的正前方，让学生朗读，A 没有举手；老师共提问了 4 次，A 均没有举手；坐姿端正，基本没有小动作。	85	对教师的每次提问都积极地举手，一只手悄悄放入口袋中，拿出了一个挂件，放入另一只手中，再拿到桌面上，用手做掩护，看了看，老师提问了，立即放入口袋中，并举手回答。	80
30—35	创设超市的情境让学生说出自己的想法；总结可以写的内容；对不同的学生提出了不同的句式要求。	没有举手，老师向她提问，但是没有很流利地回答出来，坐下来之后转过头看了看，坐姿端正，但脚上偶尔有些小动作。	85	老师列举了成绩好的同学用比较难的句式，其中有 B。B 看着老师点头。	89
35—40	指导学生写第二段，不时有学生问字的写法，教师集体指导。	老师在理答其他人的时候，A 不时地张望；和右边的男生讲话，笑了，手脚均有小动作；左边的同学两次问老师字的写法，A 主动地帮助他。	72	坐姿端正，写作文，一会儿默读一会儿修改。	90

续表

T （时间）	教学过程	学生 A	注意力值	学生 B	注意力值
结论及均值		学生 A 上课时注意力的集中和分散有间歇性，课始和老师站在她面前的时候注意力较集中，做作业的过程中注意力分散。	80	学生 B 的注意力在课堂上多数时间非常集中，能够较好地完成教师的教学任务。	90

注意力高度集中（91—100）：紧跟教师的教学步骤，能完成教师布置的任务，没有小动作，积极主动思考问题，积极回答问题。

注意力集中（81—90）：基本能跟从教师的教学步骤，能完成教师布置的任务，偶尔有小动作，对教师的提问基本都能积极思考并回答。

注意力基本集中（60—80）：不能很好地紧跟教师的教学步骤，基本完成教师布置的主要任务，有较多间歇性的小动作，被动地思考教师的提问。

注意力不集中（0—59）：不能跟从教师的教学步骤，不能完成教师布置的主要任务，小动作多且持续的时间长，不思考教师的提问。

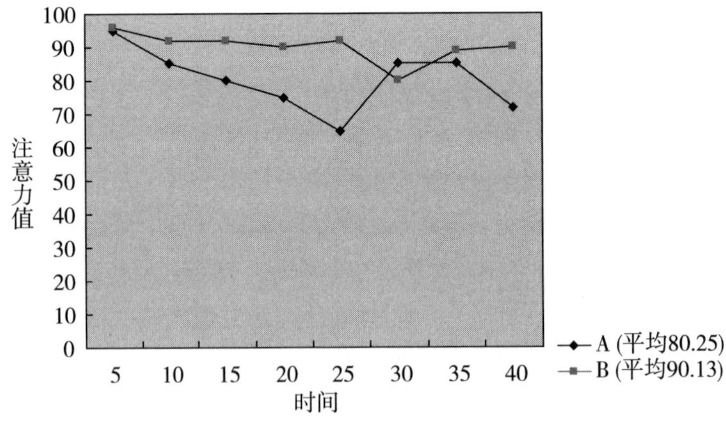

图 10－4　注意力观察曲线图

上述个案研究中的两个学生在课的开始和中间情绪和注意力都发生了

变化。学生 A 在刚开始上课时有较好的表现，但随着时间的推移，渐渐下降。而教师的行动路线和站位对她有重要的影响。在第 28 分钟左右，教师站到她旁边的时候，学生 A 的注意力到了最高点，但是这种注意力并没有集中在学习上，而后在第 35 分钟左右，随着教师的移动，学生 A 的注意力又猛然下降。

学生 B 在第 25 分钟前一直保持相对平稳的状态，在 25—35 分钟，教师讲述的内容比较简单，多是针对作文水平比较低的学生，而学生 B 已经掌握了这些内容。当教师的教学内容不能对学生 B 这样的学生产生挑战性的时候，学生 B 的注意力开始下降。

从课堂表现来看，学生 A 一直要有教师比较持续的关注才能维持比较好的状态，对课堂中的各种打断等非学习活动感兴趣，很容易受到外界的干扰；学生 B 不需要教师的关注也能维持比较好的学习状态，对课堂中的各种非学习活动不感兴趣，不容易受到外界的干扰。相比学生 A，学生 B 更看重任务本身的吸引力，她对作文本身有更强烈的热爱。学生的小卡片也进一步验证了我们的这个观点。在课结束后，我们让学生在小卡片上回答“上完这节作文课，你最想说的话是什么？”

A：我想说：“老师教了我们许多的作文。”长大了我们应该感谢老师。

B：我喜欢写作文，喜欢编织美丽的语句，喜欢上作文课，喜欢改自己的文章。

学生 A 的内驱力更多地表现为附属内驱力，受到教师的行走路线、关注程度的很大影响。而学生 B 的内驱力更多地表现为认知内驱力，她更多地喜欢写作文这一学习内容，并享受写作文的过程。如果运用一些方法，让学生将自己的情感体验告诉我们，也是增进学生更积极的情感体验的方法。比如可以在日记本上让学生有更多的倾诉空间，在作业本上和学生有更多的交流等。

四、教师的自我监控

值得我们思考的是，几乎没有学生一开始就是处于抵制或完成任务的水平，他们总是在学校教育的过程中，渐渐体验到了学习的焦虑、害怕、恐惧、愤怒。这其中当然有很复杂的因素。对于这样的孩子，我们可以怎样做？他们是否还有可能恢复积极的情感状态？我们是否可以追根溯源去

寻求导致他们情感变化的关键事件，解开那个节？

教师们经常会这样对自己说：

还不急，等我有时间了，等我的学生成绩考好了，等我在学校里的地位巩固了，等我过了这一段忙碌的时间，等我……我一定会让我的课堂生动活泼起来。

可是，如果一味等待，这样枯燥的以练习为主要目的的课堂就会形成稳定化的形态，就像林中路一样，再也回不去了。所以，从现在开始，我们应该让积极情感在每个课堂中流动。可能大多数教师认为，让学生“投入”或“入迷”是几乎不可能的事情，但没有尝试，我们怎么知道呢？

（一）观察目的

这一工具是让教师能监控自己在课堂上的言行，促进学生有更积极的情感体验。有人说，我们评价老师的一节课，无论他怎样努力贯彻教学思想，无论讲得多么精彩，如果这一堂课学生们不仅没有大笑，甚至连一个会心的微笑都没有，这堂课就不能算是好课。这有一定的道理。

学生对教师的态度非常敏感，哪怕一次微笑都会给他们留下深刻的印象，成为他们学习的动力；反之，教师的一次不当的言行，也会在他们的内心深处产生抵触的心理。教师的言语和行为只要有一些积极改变，就可以引发学生对于课堂的一些积极感受，尤其是在小学的课堂上。可惜，在我们的课堂上，随处可见这样的片段：

教师：A，你去过超市？

A：去过。

教师：那你怎么不吭声，你说说看？

A：我觉得，嗯，可以问她……

教师：一看就知道，你刚才没有动脑筋，站起来才动脑筋，对吧？现在赶快想，你想问她什么啊？

A：可以问她多少钱，而且……

教师：你傻啊，多少钱上面有的。木头脑袋，坐下。

A满脸通红地坐下，手一直在抓裤袋。

这种对话在教师看来是无心的，但对学生的影响却很大。怎样尽可能地改变这种状况，让我们的课堂变得“温暖而贴心”呢？

（二）观察工具

我们设计了如下的积极课堂情感教师自评表①，提醒教师在课堂教学中可能需要注意的各种言行。

观察单 3-2　积极课堂情感教师自评表

教材版本：＿＿＿＿	第＿＿单元　第＿＿课	课　　题：＿＿＿＿
学　　校：＿＿＿＿	班　　级：＿＿＿＿	学 生 数：＿＿＿＿
任课教师：＿＿＿＿	观 察 者：＿＿＿＿	观察日期：＿＿＿＿

自评指标	典型行为	教师自评		
		1	2	3
沟通	1. 在课前、上课的过程中亲切地称呼学生。			
	2. 课堂气氛轻松活泼，在课堂气氛沉闷或紧张的时候能够用言语、笑声、亲切的语调进行及时的调整，营造安全而轻松的氛围。			
	3. 在学生心情压抑或情绪低落的时候，教师能敏锐地捕捉并适时地用语言给予激励。			
	4. 教师在课堂中适当地用一些肢体语言和学生进行沟通。			
学习激励	1. 在学生思考问题的时候提供足够的等待时间。			
	2. 学生回答问题时总是用期待的眼神看着学生，耐心、认真地倾听，对他表示尊重和鼓励，不随意打断学生的发言。			
	3. 在学生没有理解教师的指令或回答错误或不能回答的时候，采用重述问题、解释问题、转化等策略，没有侮辱性的语言。			
	4. 在学生表现出正确的行为时，教师使用有意义而非评论性的口头表扬，促进学生的继续学习行为。			
	5. 课堂上涉及课堂纪律的话题是正面的表述和期望。			
	6. 在合作学习中，帮助学生发现获得同伴认可的策略，让学生有很强的自信心。			
	7. 在和学生个别谈话的时候，采用积极对话的策略，将学生的成功归因于他们自身的能力或努力，将学生的失败归因于偶然事件或外在条件。			

① 上海市杨浦区平凉路第三小学的郑小燕校长、高凌鹏老师参与了此表的设计。

续表

自评指标	典型行为	教师自评		
		1	2	3
任务设计与反馈	1. 在教学过程中，能够使用学生感兴趣或贴近学生生活的内容来创设教学情境或设计教学活动。			
	2. 在一种非评价性气氛中提供反馈（如学生第一次回答问题时或在有指导的练习开始时，可以让学生不受约束地集体回答或悄悄地回答，教师给予非评价性的反馈）。			
	3. 为可能需要的学生准备个性化学习材料（如纠正性练习或拓展性练习等）。			
	4. 通过不同认知方式的教学环节搭配，维持学生较稳定的注意力；在学生注意力有所下降时，使用休息、操作、练习等方式转移注意力。			
	5. 在学生做课堂作业时，在整个班级巡视，提供必要的指导线索。			
	6. 尽可能给学生提供合作学习或表现成功的机会。			
学生表现	1. 整节课学生都保持较高的投入度，较少出现非学习性的行为。聆听教师的讲解和同伴的发言，神情与姿态流露出对教学内容的高度关注。			
	2. 对课堂提问的参与度高，始终积极主动地回答教师的提问，乐于并善于表达自己的想法。			
	3. 在教学内容结束后，愿意继续学习或主动练习。			
	4. 主动寻求课内外各种学习资源，不以奖赏、考试成绩等外在刺激为转移，从学习本身获得快乐。			
	5. 认为自己的学习成功是由于自己的能力、努力而获得的，是可以掌控的，而学习失败是由于偶然的外在因素产生的，是可以改变的，对这门学科有极强的自信。			

说明：(1) 教师自评中的数值1—3分别表示：该指标内容在课堂实施中基本达成、达成度较好、达成度很高。(2) 对本节课中无法体现的指标内容可以不做评价。

教师可以在自己或他人的课堂上，对照这张表进行主观的评分和反省，也可以运用这张表，进行相对客观的量化。

（三）观察实例

在 2011 年上海市教育科学研究院普通教育研究所主办的“长三角教育论坛”上，我们组织了四所学校的教师从四个维度对同一堂课进行观察和评估，其中一个很重要的维度就是“课堂中的积极学科情感”。除了观察单 3–2 外，我们还通过学生问卷、学生访谈、教师观察等多种工具进行对比检验。结果如下：

表 10–1 课堂中的积极学科情感评估结果

观察指标		课堂观察	教师 自评与访谈	学生 调查问卷和访谈
沟通	均值	2.25	1.75	2.26
	标准差	0.95	0.5	0.47
学习激励	均值	1.6	2	1.96
	标准差	9.54	0.82	0.6
任务设计与反馈	均值	2.43	2.14	2.18
	标准差	0.78	0.69	0.39
学生表现	均值	2.08	1.4	2.33
	标准差	0.43	0.48	0.51

分析显示，就积极课堂情感四项指标总体而言，学生调查问卷和访谈得分都较高，教师自评与访谈得分都较低，课堂观察结果则介于两者中间。

学习激励指标，无论是在课堂观察还是在学生调查问卷和访谈中得分都是最低的。

任务设计与反馈指标，无论是在教师自评与访谈，还是在课堂观察中得分都是最高的。

学生表现指标，学生的赋分明显高于教师的赋分。

我们也观察到 T 老师在学生回答问题时总是耐心、认真地倾听学生发言，不打断学生的发言；当学生回答错误的时候采用重述问题、解释问题等策略帮助学生理解和思考。学生在访谈中也提到在课堂中有足够的思考时间。

对教师而言，观察的核心是通过自我的监控和反省，营造宽松、民主的课堂氛围，激发学生的积极学科情感。在后续的改进中，往往需要教师从精神和技术两个方面共同努力。所谓精神上的努力，包括言语激励、创造尽可能多的成功体验、替代补偿等。所谓技术上的努力，就要尝试改变学生的归因模式，在教学方法和策略上寻求改进，比如改进学生作业设计，改变评分规则，帮助学生改变学习习惯、学会学习方法。相比于前者，技术上的努力更为艰难，但效果却可能更为持久。

有鉴于此，教师在进行归因的时候，要把握一些原则：如果学生成功了，归因就要放在能力或者兴趣上；如果学生失败了，归因就要放在努力或者学习方法上，让学生感到通过提升努力程度、改变学习方式是可以学好的。教师要激发的是学生自己可控的因素。

第十一章 课堂社会关系的观察

课堂是一种群体生活。它并非简单的教师—学生关系，而是教师—学生群体、多个学生—多个学生、一个学生—多个学生的复杂的群体关系。不管是师生间的关系，还是同伴间的社会关系，都会对学生的学习结果和过程产生重要的影响。罗杰斯强调社会关系在教学活动中的重要性，认为课程内容、教学方法、教学手段都维系于课堂人际关系的形成和发展。

一、课堂中师生间的微观政治关系

在研究社会关系时，微观政治（micro-politics）是一个很好的透镜。微观政治与宏观政治不同。后者是系统的、中心的、一元的。福柯并不赞同这种一元的权力体系，他认为，“权力不仅仅存在于国家宏观的领域，而且伸向了社会的各个角落以至于人们的日常生活之中”。相比于前者，后者“更复杂、更稠密、更具渗透性”（李素艳，2009）。

总的来说，微观政治是组织中的个人和团体运用策略影响他人、保护自己的活动。我们也可以将它理解为，组织中的不同群体为了获得想要的东西，彼此或竞争与冲突，或支持与合作的活动。在组织中，个人与组织、个人与个人之间的利益和权力关系是客观存在的，每个人或群体都试图最大化地影响他人，扩展自己的利益。

（一）学校中的微观政治

学校中的微观政治是客观存在的。学校研究中，鲍尔（Ball）最早引入了“权力”的概念，形成了著名的学校微观政治学理论。他在《学校的微观政治学：学校组织理论探索》（*The Micro-Politics of the School: Towards a Theory of School Organization*）一书中通过群体层级分析（group-level analysis）和冲突的动力学（conflict dynamic）对英国学校进行了研究。他很坦率地说："事实上，我认为学校和所有的社会组织一样，都是竞技场（arenas of struggle），都要在成员的实际和潜在的冲突中遭受撕扯，在意识形态上都是多元化的。我认为，如果我们要理解学校作为组织的本质，就必须理解这些冲突。"（Ball，1987）[19]

自鲍尔以后，权力、联盟、竞争场所、协商、谈判、利益和模糊性等就成为微观政治领域的学校研究中经常提到的主题。微观政治学者主要考查学校组织运作的以下四个方面：

◇ 学校中的行政人员和教师之间的互动；

◇ 教师之间的互动；

◇ 教师和学生之间的互动；

◇ 教师和家长之间的互动。

从他们的研究重心可以看出，这一类研究的注意力并不在整体的组织结构，而是集中在不同群体间的活动，尤其是不同的利益群体为了争夺利益而进行的活动。例如，在鲍尔看来，学校领导采用的是一种"男爵政治"（baronial politics），关心的只有两件事，财富和权力，即学校的预算经费的分配以及学校的政策。通过对利益群体互动的分析，这一模型重点描绘了学校中的权力以及人们如何利用权力去影响他人和保护自己，描绘了组织间的冲突、合作以及人们怎样达到目的，同时还描绘了人们在这些社会场景中的所思、所想、所感。

微观政治的研究中还区分了专业利益和个人利益。专业利益集中在专门的课程、大纲、学生的组织方式、教学方法等方面，追求专业利益往往成为微观政治过程的一部分，而个人利益集中在诸如地位、晋升和工作条件等问题上（布什，1998）。有时候组织中的个体会为了专业、个人利益而短暂地结合，而组织中的部门、学科会组成更稳定的利益群体，但在它们内部也存在多种多样的冲突，所以冲突是普遍存在的，不同的价值观和利益是冲突的来源。而在解决冲突、分配利益的过程中，权力扮演了重要的角色，决策的结果就取决于参与决策的个体所拥有的权力。

在分析学校组织如何应对外界变革时，鲍尔批判了科层制的观点。他认为，在这样的观点下，变革和变革的过程就被看做技术性的而非政治性的，实用的而非道德的，个体的而非集体的。事实上，"政策的意义对不同的学校来说是不一样的。学校对这些变革的回应取决于他们对政策的多样理解和他们对政策效果的预期"（Ball，1987）[23]。因此，"由外界引发的变革的实施将受到组织既定的文化和历史的调停，而它们的接受和实施将成为组织内部纷争的赌注”（Blasé，1991）[3-10]。

管理学家罗宾斯（Robbins）描述了一个从组织范围看问题的三段式模式。首先，要看微观政治行为是不是符合组织目标，如果符合，就是道德的；其次，要分析所采取的政治行为是否尊重所要影响人的个人权利，比如，有没有侵犯个人的隐私权，如果尊重了个人的权利，就是道德的；最后，要看政治行为是否公正和公平，比如是否对所有人都一视同仁，是否客观反映实际情况。这种思路遵循社会公认的准则，提供了一个微观政治行为的价值判断基础。当然，罗宾斯也承认，实践比这个理想的框架要复杂得多（高鸿源，2003）。

政治是人类的活动，没有任何地方可以避免，学校生活也是如此。有些微观政治的研究确实汲汲于组织内部的“阴暗面”和“你争我斗”，但是，更多的研究者看到，在现代生活中，主体对他人或自然不是单一的控制关系，而是在矛盾、冲突、沟通中达到理解和妥协。有研究者指出，要研究积极的微观政治策略，帮助教师发展微观政治意识，提高教师开展合作的能力。

（二）师生间的微观政治

不可否认，师生之间的关系是一种微观政治活动，微观政治性是师生交往的属性之一，是客观存在的。学校组织层面的微观政治研究一直占据统治地位，直到最近，教师和学生间的微观政治才得到关注。

国内以“微观政治”观点著称的教师如万炜，他的《班主任兵法》就是从微观政治的角度对教师、学生之间的关系进行了诠释。在他看来，教师与学生永远不是处在一个阵营之中，是“两强相遇勇者胜”的关系，是“出击与反出击、斗争与反斗争”的关系。

新教师接一个新班的时候，由于大家都不熟悉，所以最初的一段时间基本是相安无事的。通常情况下，双方都会相互地试探一下。学生有时会两三个人率先发难，出一些难题让教师解决，如果教师显示出强大实力的话，学生们自然收敛起虚浮，认真对待教师；若是教师被试探出来“营寨空虚”，那么学生不久便会大举进攻，教师很可能一时抵挡不住，迅速败下阵来。

有些教师会选择先下手为强。所谓“两强相遇勇者胜”，如果接手的

新班调皮捣蛋的学生比较多，他们会在遭遇战中，振作精神，给学生一个下马威。一些临时代课的教师，通常会做这种选择。不管三七二十一，先劈上三板斧再说，等到学生探明虚实，早已得胜回营，圆满完成代课任务了。

还有一些教师则根本不给学生接近的机会，冷若冰霜，从不跟学生拉家常，上完课就走。若有学生溺战，高悬免战牌，不与学生正面接触，不找学生谈心，不暴露自己真实想法，总之，不跟你战斗。你若不守纪律，我不与你交锋，回马便走；你若追上来，旁边自有班主任出来接招与你厮杀。对于一些副科教师来说，这是一种常用策略。（万炜，2009）[1-2]

万炜的观点和做法体现了典型的微观政治的观点，双方为了争取自己的最大权益不断相互试探与过招。在一个课堂中，一个教师要同时面对几十个学生，每一个学生都在揣摩教师，都在用各自的方法引起教师的注意，甚至悄悄地与教师“斗智斗勇”。

如果不擅长运用谋略，一味采用高压策略，导致的直接后果是：整个班级用默契的一致对“外”的行为来共同对付教师视之为“法定”权力的行为。譬如，只要有一人看见教师朝教室走来，就会立刻发出声响，以形成对教师的反监视。教师被学生孤立在教室的场域之外，教师成了他者，成了外人。师生间的对话、交往在监视中丧失了平等的基础，不平等的关系暗暗滋生（冯建军 等，2007）[92]。而作为一个洞悉师生之间微观政治的教师，会在师生之间运用战略战术和各种计策来“收服”学生。

但是，如果教师的谋略是“挑起学生斗学生”，让学生通过贬低、伤害他人而获得教师的额外关注，那么，教师的微观政治策略就是失败的。

（三）师生间的微观政治观察

课堂上师生间的微观政治是客观存在的。对师生间的微观政治关系进行观察和分析就是要正视这种客观存在。

1. 观察目的

我们需要清楚的是，师生间的矛盾与差异并不是如警察与罪犯一样的“魔高一尺道高一丈”。如果将教师和学生定位在“管”与“被管”上，就会忽视教师和学生之间的共同进步的伙伴关系。课堂中的谋略应该建立在真诚、公正的基础上，要唤醒学生的内心，使其从心里产生一种对真善美的向往和追求。

不能把运用谋略战胜学生当做目的。微观政治的观察不是渲染师生间的冲突和政治策略，而是分析各个利益主体如何在维护自己利益的同时理解他人的合理要求；不是教授制约对手的权术，而是强调冲突背后的反思，强调如何进行教学策略调整，进而实现各种目标的融合。

2. 观察与分析工具

下表是对课堂中师生之间微观政治的观察和分析。其中的学生策略根据美国斯波尔丁（Spaulding，2000）教授的研究成果所列，她探讨了学生在课堂上对抗教师的动机和策略。

观察单3-3　师生课堂互动的微观政治分析

教材版本：________	学　　科：________	课　　题：________
学　　校：________	班　　级：________	学 生 数：________
任课教师：________	观 察 者：________	观察日期：________
事件描述	**学生策略**	**教师策略**
对课堂中发生的微观政治事件进行白描。 在白描中标注教师和学生所使用的策略。	重复 (a)	合理化 (1)
	打断 (b)	奖惩 (2)
	转移话题 (c)	情感笼络 (3)
	不予理睬 (d)	训斥 (4)
	部分遵从 (e)	谈判 (5)
	抗议 (f)	强制要求 (6)
	寻找仲裁者 (g)	借助外力 (7)
教师与学生策略分析		

斯波尔丁发现，小学生反抗教师要求的行为分为消极反抗和进攻性反抗两个亚类。在消极反抗这一类中，学生一般使用的策略包括：

◇ 重复。许多学生重复提出同一个问题（在措辞、用语上有些变化），以此拖延时间和转移话题，阻止教师继续讲授他们所不喜欢的内容。

◇ 打断。学生提出和教师教学内容完全不相干的提问或要求，干扰教师的教学。这在小学低年级的学生中比较常见。

◇ 转移话题。在教师提出一个问题后，学生顾左右而言他，用其他方面的话题吸引教师的注意力。有的学生在这方面表现得非常巧妙。

◇ 不予理睬。学生沉默回应教师的提问，或在教师提问一个学生的时候其他学生心不在焉地随便说笑。这是对教师权威的挑战，在一个高度教师中心的课堂环境中，学生用这种策略常常会让教师难堪。

◇ 部分遵从。学生在执行教师的课堂要求时故意打折扣，这是学生在教师的压力下既回避自己不愿做的事情又保护自己的手段。

这些策略相对而言还比较温和，但在中国式的课堂中这已足以构成极大的“挑衅”，往往会被教师解读为是对其权威的公开蔑视。一般情况下，一旦学生较为公开或明显地采用上述手段，就证明师生之间出现了较为严重的问题。相比较而言，进攻性反抗是学生与教师发生冲突时表现出来的大胆的、直接的对立行为。在我们的课堂情境中，好像只有在“忍无可忍”的情况下，面对没有什么威信的年轻教师，“刺头”学生才会采用这种较为极端的方式。

◇ 抗议。学生用争论和辩解的形式公开表明不喜欢教师提出的要求，以便影响教师收回要求。

◇ 寻找仲裁者。当学生感到在冲突中自己无力独立面对与教师的冲突时，会求助于校长或家长这些影响更大的人来帮助自己解决问题。这种情况通常发生在冲突长期得不到解决或者学生感到教师处理问题严重不公的情况下。

根据斯波尔丁的观察，学生更喜欢用消极反抗的形式，因为它更有效，而且与人们对学生的期望和要求更为接近。斯波尔丁分析，学生微观政治行为的直接动机就是拖延、修正乃至阻止教师继续讲授他们所不喜欢的教学内容，而这种不喜欢大致缘于教师教授的内容不好理解、学生害怕回答问题失败、沉闷的课堂氛围、教师严厉的批评和惩戒等。

微观政治中强调行为主体对他人影响的方法，拥有不同权力的个体在运用方法时会有很大的差异。教师在师生关系中具有强势地位，而在课堂上又追求及时的效果，所以，教师在处理课堂关系时会首先考虑与当前行动有关的技能。

◇ 合理化。教师用价值判断、事实或数据论证自己的主张是合理的，将学生的行为不合理化，以此表明自己的行为是正确的。

◇ 奖惩。教师运用表扬、贴五角星等奖励措施激发学生的行为，用惩罚、扣分等方式抑制学生的行为。

◇ 情感笼络。先以友好的行为与学生建立情感，进而提出自己的请求。教师向学生表明自己与他们站在同一立场上，或与部分同学结成同盟，以反对另一部分学生的行为。

◇ 训斥。直接斥责、责骂学生的某些行为。

◇ 谈判。教师没有直接给出命令，而是采用讨价还价的方式，软性地使对方考虑自己的利益；与学生协商，提出过高的要求，在协商再后降低要求。

◇ 强制要求。教师使用强硬的命令，借助教师权威和反复坚持的要求使学生服从或满足自己的愿望。

◇ 借助外力。借用家长、校长等支持强化自己的要求。这种情况往往发生在权威不足的新教师身上。

当然，这些策略还不能涵盖所有的课堂政治方面的内容，比如，有时候，教师也会采用打断、不予理睬的策略。在观察的时候，先如实地记录下事件的过程，然后进行分析，有可能会发现更多的策略。

3. 观察实例

下面是对一节科学课上发生的微观政治片段进行的观察。小新是一个三年级的学业不良的学生，在很多课堂上都是个让教师头疼的问题学生。在他身上，体现了学生对教师的典型的微观政治策略。

观察单 3-3：实例

<table>
<tr><td colspan="3">教材版本：沪教版　　学　科：科　学　　课　题：物体的形态
学　校：M　　班　级：三（3）　　学生数：31
观察者：XM　　任课教师：LJ　　观察日期：2010. 3</td></tr>
<tr><td>事件描述</td><td>学生策略</td><td>教师策略</td></tr>
<tr><td rowspan="4">科学课是在专用教室上的。
课前，在教室门口排队准备进教室的时候，小新拿着课本挥舞，碰到了 X 的手指，被 A 老师训了一句（4）。小新笑着看了看 A 老师，并不在意。(d)
开始上课，小新东张西望，还推了推同桌的椅子（c），被老师点名批评（4）。
这一节课讲的是物体的形态——固态、液态、气态。
又一次开小差时，小新被 A 老师叫起来回答问题：“玻璃是什么形态的?”(1)
他站起来立即答道：“玻璃是玻璃形态的……病态的!”(c)</td><td>重复
(a)</td><td>合理化
(1)</td></tr>
<tr><td>打断
(b)</td><td>奖惩
(2)</td></tr>
<tr><td>转移话题
(c)</td><td>情感笼络
(3)</td></tr>
<tr><td>不予理睬
(d)</td><td>训斥
(4)</td></tr>
<tr><td rowspan="3">全班哄笑。
A 老师纠正了他的说法（1），然后继续讲解。小新又把腿蜷起来，塞进外套里，反复摸鼓出来的膝盖，模仿孕妇，接着又把两只胳膊从一个袖子里伸出来，逗旁边的女同学笑。(c)
终于，A 老师忍不住了，罚他到教室门口站着听课。(2)</td><td>部分遵从
(e)</td><td>谈判
(5)</td></tr>
<tr><td>抗议
(f)</td><td>强制要求
(6)</td></tr>
<tr><td>寻找仲裁者
(g)</td><td>借助外力
(7)</td></tr>
<tr><td colspan="3">教师与学生策略分析
从上述课堂观察来看，在这次课堂上，小新和 A 教师之间一共发生了 5 次微观政治行动。每次行动都是小新主动发起，然后教师应对。小新主要采用的策略是不予理睬和转移话题，教师主要采用的策略是奖惩和训斥。教师的策略强度逐渐升级，但对小新却缺少明显的作用。</td></tr>
</table>

每一位教师都曾经或将要遇到类似小新这样的学生。这让我们不得不承认课堂上的微观政治是无处不在的。作为教师，应当为微观政治性的课

堂教学做好思想和技术上的准备。这种准备包括教师知道学生在课堂上会采用什么策略，并学会对这些策略做出积极反应；还包括教师应当掌握主动影响学生的技术，并了解学生会对这些影响产生什么反响。上述A老师的策略无疑是单一且失败的。在观察中我们发现，任教同一班级的英语老师L的策略相对比较丰富，她认为要从细微处着手。英语课上，凡是小新回答问题——不管他断续多长时间，L老师都会耐心等他答完；他每吐一个音节，L老师都会示以鼓励的目光，并点头或以“嗯”来表示肯定。

L老师认为小新的课堂行为更多的是想表现自己，吸引同伴和教师的注意力。

一次上课，老师刚讲到“go out”这个词组，小新马上在底下“翻译”：“滚出去!”L老师并没有因此责怪他，她知道小新“有意无意表现自己，只是想吸引老师的注意”。还有一次测验，L老师批改好考卷，发给学生自己算分。小新将自己的考卷送到老师面前，让再算一遍是不是60分。L老师说，他其实就是让老师知道，他这次考及格了。

教师要学会从学生的微观政治行为中理解学生的需要，也要反思自己的行为如何激发和强化了学生的微观政治行为。如果教师一味强调学生在课堂上的反抗行为是“病症”，那么，在这些行为背后的学生需求和教师自身的问题就不可能被发现，双方的目标就难以融合，反而会加剧学生的对抗行为。

对一些学生来说，他们还缺少对自己生活的控制能力，这会引发他们产生一种沮丧的情绪，学校、课堂便成为他们攫取权力的地方；而对另一些学生来说，他们内心总是缺少安全感、被关爱和尊重，这让他们不自觉地从教师和同学身上攫取温暖，为了获得更多教师和同学的关注与赞赏，他们会改变自己的行为、话语，甚至为此伤害教师和同学。

对小新这样的学生，他们在课堂中很少体会到对别人的“影响力”以及别人对自己的真正认同。因为家庭教育或学校教育的缘故，这些学生很少系统地习得影响他人的技能。他们对于“合作”、“协商”、“拒绝”、“亲密关系”缺少成功的体验，因而采用了一种错误的做法。斯波尔丁等人提出，对待如小新这样的学生，教师要引导他们学会采用正确的方法影响别人，这是一种道德伦理的教育，也是一种人际关系技能的教育。

二、同伴社会关系的观察

20世纪90年代中期以后，学者们越来越多地注意到学校微观政治领域研究的缺陷：把微观政治仅仅看做成人活动的属地，大多研究成人活动的状况，忽视了学生间的对抗与合作，而这些问题确实存在，并大大影响了课堂的生态。拥有朋友的学生与没有朋友的学生相比，在学业成绩、亲社会行为和情感抑郁上存在显著差异。比如沃森等人（Watson et al，1999）的研究发现，儿童与同伴间的积极交往与其心理能力呈正相关，即儿童与同伴间积极交往的频次越高、时间越多，就越有利于儿童心理能力的进一步发展。

（一）同伴的意义

儿童的课堂生活可以分成两个世界：一个是成人（教师）和儿童相互作用的世界，一个是同伴世界。在儿童的眼中，这两个世界有很大的不同。皮亚杰、班杜拉等人认为，同伴对儿童和青少年的发展起到了与父母同样重要、甚至更重要的作用。有研究者甚至认为，生生间的社会关系对学生在校学习的影响要超过师生关系。心理学中对同伴关系的研究指出：

第一，同伴可以满足儿童归属和爱的需要以及尊重的需要。儿童在同伴集体中被同伴接纳并建立友谊，同时在集体中占有一定地位，受到同伴的尊重、赞许，将会获得依恋感、亲密感和归属感等。

第二，儿童在与同伴的交往过程中建构自己的个人概念，获得他人对自己的多样性评价，丰富对自己的认识。

第三，同伴交往为儿童提供学习他人的机会。儿童在与同伴交往的过程中习得如何与他人建立良好关系、保持友谊和解决冲突。他们也接触到怎样予以和接受帮助，如何保持友谊和解决冲突，如何面对竞争与合作、敌意与专横。

第四，儿童还从同伴那里获得信息和参考架构。他们会获得从成人那里无法获得的信息或知识，了解与自己不同的信念、价值观，丰富自己对人、社会的认识。

（二）同伴间的微观政治

在同伴的课堂微观政治世界中，首先值得我们警惕的是一种言语和行为上的冷暴力。

又是一节作文课。快下课时，ZXY 掉头找 LY，被 H 老师制止。等 H 老师转移目光，他又先后喊自己座位附近的三个同学，但三人都未搭理他。他右后方的 LS 还瞪了他一眼。

H 老师走过去问 ZXY 为什么讲话。他说橡皮没了，想向同学借用一下。

H 老师转而问 ZXY 右边的 HX，为什么不借给他。HX 说："我就是不想借，因为他很让人讨厌！"

有人压低了声音笑。

H 老师直起身来，面向全班说："要借到东西就要受人欢迎，怎样才能受人欢迎？——他对你好一次，你也要对他好一次……" H 老师顿了顿，把手中的书放了下来，又问道："你们都不愿意借橡皮给 ZXY?"

ZXY 周围的人边点头边答"嗯"。

"方圆这么多？9 个人都是（不想借）?" H 老师的声音很高。

除了 ZXY 前后左右的几个人，座位离他很远的同学当中，也有人点头。

H 老师继续问："周围的人为什么讨厌他?"

先后有 6 人回答——

CZ："我跟同学玩，他老来打扰。"

LY："不知道知恩图报。"

LA："我借他东西，他不借给我！"

LS："他会打扰别人写作业。"

LC："向他借东西他不借，昨天借了我的东西还不知道还。"

CJ："娘娘腔！有时候不小心碰到他，他就喊：'你干嘛呀！'"

"你干嘛呀"，CJ 细着嗓子吐出这四个字，极像女生的声音。全班笑起来。

6 个人发言的间隙，ZXY 不时想辩解，但最终被 H 老师制止："现在你只有听的份！"

他低下头，又忍不住抬起来，谁说话就看着谁，嘴唇嚅动，但没有再说出什么。

上文中的 ZXY 和同伴之间的关系很不好，而 ZXY 始终处于被动的地位，他被同学所排斥。H 老师的做法看似是在寻求原因，其实是借用其他

同学的冷暴力对 ZXY 旁敲侧击，甚至是对这种冷暴力的一种“怂恿”和“鼓励”。学生清楚地知道 H 老师对 ZXY 的不认可，而在索然无味的课堂中增加这么一段，也让其他同学获得了可以逃离他们不喜欢听的讲解作文技巧的机会。从这个角度看，H 老师也被学生们利用了。在课堂中，我们也经常会发现类似 ZXY 这样的学生，他们因为某种原因被隔离在同伴之外，没有朋友，缺少关爱，而教师或者不知情，或者成为助长这种孤立与隔离的推手。这种被同伴排斥的感受会成为这个孩子一生的伤痛。

同伴之间微观政治的另一种冲突形态体现为告密与报复。教师们需要警惕的是，在一个不公平或教师关注资源紧缺的课堂中，为了获得教师的资源，或者为了获得成绩资源，学生有可能都会想拥有一些小小的权力，制约他人，或提高自己在教师、同学心目中的地位。一些学生有可能成为这些权力拥有者的“试刀者”。在丁丁的《小牲口》中，有很多类似的片段描述了这种令人痛心的状态：

……

她胸前的小火炬终于又开始发热了，她感到自己胸口被燃烧着。她是团员，她是好学生，她是老师的宠儿，她怕什么？有老师给她撑腰呢，刘福老师喜欢她，还有什么可怕的？她想起陈静、白雪今天早上给她出的招，她们让她告状。

耿穗穗羞怯地说：“他们老是捣乱，我没法听写。我听写的时候他们不停地说话，不是我不想给同学听写单词，但是谁也听不见，他们不停地说话。”

“谁？谁不停地说话？”

“李大伟，张扬，还有赵博。”

耿穗穗热情地招了供。

……

刘福老师的关心让她感到安慰和踏实，她觉得自己真傻，怎么不早点告诉老师呢。她小学的时候就是因为告状少了而被老师排挤，吃别的小朋友的亏。听刘福老师的口气，他一定会想办法管理他们，他这么有经验，肯定有办法让他们再也不敢说她坏话，再也不敢嘲笑她。耿穗穗完全相信刘福老师的能力。

她不知道，到了刘福老师这个年纪，到了初一（2）班学生的这个年纪，任何这个年纪的老师都不再能保护这个年纪的学生了。她怎么能像个小学生一样去指望一个快退休的老师呢?

以李大伟为首的男生们根本就不把刘福老师的话当回事……他们在学校楼道里看见她，不管旁边有多少认识或不认识的学生、老师，不管离她有多远，只要一看见她，他们就远远地冲着她喊:“嘿，耿鸡!”等走近她，他们就集体朝地上吐痰。她狼狈地逃进自己班里，初一(2)班——初一(2)班，那里能算躲避的地方吗?他们迟早也会跟着进来，那也是他们的班级。她不该逃，他们看见她害怕，骂得更凶，更加有恃无恐了。(丁丁，2008)

同伴世界中的微观政治还有很多方面，有时候会以更细微和隐蔽的方式呈现。很多时候，学生的行为问题或成绩问题并不是由于知识或个人品格引起的，而源于同伴之间的微妙矛盾。这些方面看似细小，却可能会对学生的当下和未来生活造成巨大影响。同伴世界中的微观政治对课堂的影响往往是在教师看不见的地方，迅速、长期地对学生造成了影响，有时候甚至是残酷的。而教师往往意识不到这一点，或者说，懒得去管。忽视课堂中的同伴世界的微观政治，我们很有可能就失去了重要的教育契机，并将课堂简单化。期待我们的教师更多地关注课堂中的同伴关系，创建更公正的课堂。

(三) 同伴社会关系的观察工具

在同伴关系中，我们如何了解某一团体内部的社会关系、某一个体的社会关系呢?我们又如何确定焦点学生，对那些处于不同社会关系的个体进行深入细致的观察与分析呢?

1. 观察目的

借助社会关系的测量技术，对不同类型的学生进行有针对性的观察与分析，这是很有必要的。运用社会关系量表可以考查一个班级的社会关系，分析班级内的团体状况、团体间的人际关系，也可以评量某一个体的同学关系和人际间的支持力量。

2. 观察与分析工具

社交关系的量表做起来比较简单，但是获得的数据如何分析，如何依据数据对个体进行分类却是难点。我们选择美国学者科伊和道奇(Coie & Dodge，1988)的一套统计分析方法作为学生社交地位分类的标准，并把学生分成受欢迎、被忽视、被拒绝、受争议、普通5组。

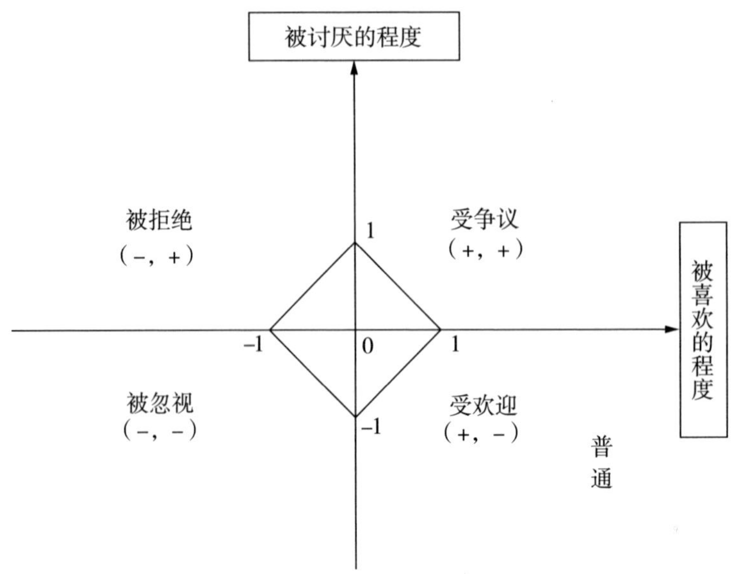

图 11-1　科伊和道奇的社会关系分析框架

在计算时，遵循如下计算步骤：(1) 统计每位受测者被全班同学正向提名的总次数；(2) 统计每位受测者被全班同学负向提名的总次数；(3) 将被正向提名的总次数加以标准化（被喜 Z 值）（以 LM 为代号）；(4) 将被负向提名的总次数，加以标准化（被拒 Z 值）（以 LL 为代号）；(5) 将被正向提名 Z 分数加被负向提名 Z 分数，得到社会影响分数（SI），SI = LM + LL；(6) 将被正向提名 Z 分数减被负向提名 Z 分数，得到社会喜好分数（SP），SP = LM − LL。

观察单 3-4　社会关系量表

年级：________　　性别：________　　姓名：________
1. 写出本班你最喜欢和他一起玩的三个人的名字。
2. 写出本班你最不喜欢和他一起玩的三个人的名字。

续表

你喜欢他们是因为＿＿＿＿＿＿＿＿＿＿＿＿＿＿＿＿＿＿＿＿＿＿＿＿＿＿＿＿
你不喜欢他们是因为＿＿＿＿＿＿＿＿＿＿＿＿＿＿＿＿＿＿＿＿＿＿＿＿＿＿＿

科伊和道奇进一步提出了社会关系的分类标准。

受欢迎组：$LM-LL \geqslant 1.0$ 并且 $LM>0$，$LL<0$。这样的学生得到的正向提名数较高，往往是班级里的明星学生，受到欢迎的比率比较高，而被拒绝的比例较低。

被拒绝组：$LM-LL \leqslant -1.0$ 并且 $LM<0$，$LL>0$。这类学生在班级中并不占据多数，他们被负向提名的频率非常高。可以说，这些学生的社会关系非常糟糕。导致这类学生被拒绝的原因是多方面的，我们发现，低学业成绩并不是导致他们被拒绝的主要因素，而是与人交往中的言辞、生活习惯、卫生等，一些典型的标签为“爱说脏话、啰唆、骄傲自大”等。被拒绝的学生在学习上会受到很大的干扰，需要教师的指导和干预。

被忽视组：$LM+LL \leqslant -1.0$ 并且 $LM \leqslant 0$，$LL \leqslant 0$。这类学生在班级生活和课堂学习中往往很少得到关注，既不讨人喜欢，也不讨人厌。他们的存在与否，不太会影响到其他同学做喜欢或排斥的考虑。

受争议组：$LM+LL \geqslant 1.0$ 并且 $LM \geqslant 0$，$LL \geqslant 0$。这类学生很特殊，他们同时被很多人喜欢，也被很多人讨厌。这种学生，我们无法说他们是受欢迎的，也不能说他们是被拒绝的，因为他们的行事作风很“受争议”。

普通组：$LM-LL>-1$ 并且 $LM-LL<1$，$LM+LL>-1$，$LM+LL<1$。这一类学生在班级中占据了绝大多数。

3. 观察与分析实例

我们选择了一所小学，对该校的四（2）班做了一个调查问卷，请 29 名学生写出“你最喜欢交的一个朋友”和“你最不喜欢找谁做朋友”。为了更客观、准确地了解学生社会关系和数学学习间的联系，我们还从“学生自我认定”和“教师视角”两方面了解他们数学成绩的优劣。运用测量工具得到的社会关系数据如表 11-1 所示。

表 11-1 四（2）班的社会关系数据

正向提名	负向提名	LM	LI	SI	SP
9	0	2. 84032	-0. 47354	2. 37	3. 31
7	0	1. 94011	-0. 47354	1. 47	2. 41
5	2	1. 0399	-0. 06964	0. 97	1. 11
5	0	1. 0399	-0. 47354	0. 57	1. 51
5	0	1. 0399	-0. 47354	0. 57	1. 51
5	1	1. 0399	-0. 27159	0. 77	1. 31
4	1	0. 58979	-0. 27159	0. 32	0. 86
4	0	0. 58979	-0. 47354	0. 12	1. 06
4	0	0. 58979	-0. 47354	0. 12	1. 06
4	2	0. 58979	-0. 06964	0. 52	0. 66
3	0	0. 13969	-0. 47354	-0. 33	0. 61
3	0	0. 13969	-0. 47354	-0. 33	0. 61
3	0	0. 13969	-0. 47354	-0. 33	0. 61
2	3	-0. 31042	0. 13231	-0. 18	-0. 44
2	2	-0. 31042	-0. 06964	-0. 38	-0. 24
2	0	-0. 31042	-0. 47354	-0. 78	0. 16
2	1	-0. 31042	-0. 27159	-0. 58	-0. 04
1	0	-0. 76052	-0. 47354	-1. 23	-0. 29
1	0	-0. 76052	-0. 47354	-1. 23	-0. 29
1	0	-0. 76052	-0. 47354	-1. 23	-0. 29
1	0	-0. 76052	-0. 47354	-1. 23	-0. 29
1	2	-0. 76052	-0. 06964	-0. 83	-0. 69
0	4	-1. 21063	0. 33426	-0. 88	-1. 54
0	1	-1. 21063	-0. 27159	-1. 48	-0. 94
0	0	-1. 21063	-0. 47354	-1. 68	-0. 74
0	0	-1. 21063	-0. 47354	-1. 68	-0. 74
2	16	-0. 31042	2. 75765	2. 45	-3. 07
1	17	-0. 76052	2. 9596	2. 2	-3. 72
1	16	-0. 76052	2. 75765	2	-3. 52

根据上述数据和社会地位的分类标准，我们可以将四（2）班的社会关系分解如图 11–2 所示。在 29 位学生中，一共有四类学生，不存在“受争议”的学生。“普通”类的学生占据了绝大多数。“受欢迎”的只有 2 人，他们都是教师眼中数学成绩优秀的学生。“被忽视”的有 7 人；“被拒绝”的有 4 人，值得注意的是，其中有 3 位都是男生，学业成绩中等，从标签上看，主要是由于他们“动作粗鲁、喜欢骂人、惹是生非、行为习惯不好”等。

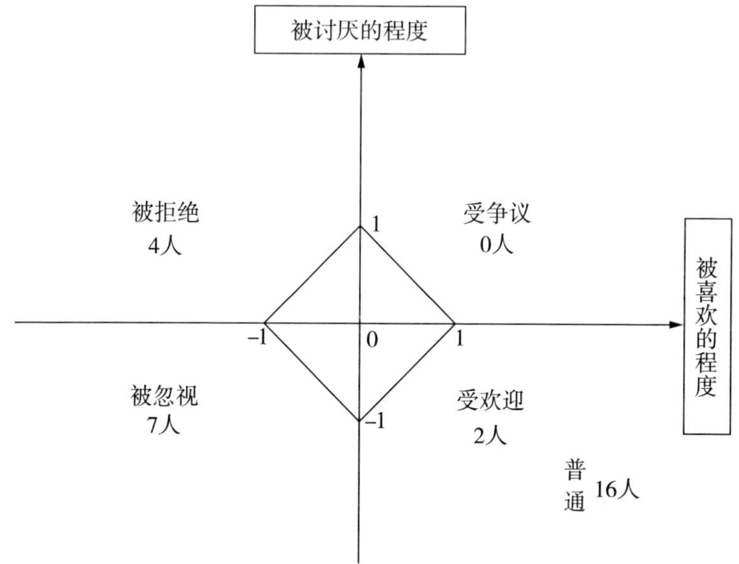

图 11–2　四（2）班的社会关系分类

根据上述测量结果，我们可以在人际关系与学业成绩的关系、班级次团体的构成、班级的结构形态、男女生互动情况等多方面得出一些有意义的推论。

人际关系与学业成绩的关系

人际关系与学业成绩之间并不存在必然的联系。虽然受欢迎的两位学生成绩都很好，但是另外两位数学成绩较好的学生童天、鲍志①，愿意与他们成为朋友的人很少。尤其是郑方，自我认定学习成绩较好，但愿意与她成为朋友的一个都没有，即使是她自己认定的一个朋友，也没有将她选

① 文中出现的所有学生名字都是化名。

为朋友。再看班上的几个“边缘人物”，班中大部分同学都不愿意与他们交朋友。可是他们的数学成绩却并不是最落后的，教学成绩属于中等。从以上数据中，我们可以了解，学生心目中愿意结交的朋友与对方的学习成绩无必然联系。学生择友的心态与对方一贯的行为、与人交往的态度以及教师给予的评价有关，与其学习成绩关联不大。

班级次团体的构成

班中比较明显的次团体只有 2 个。男生群体中，王杰、童皓、刘辰和陆帆是相互认可的次团体，其中 2 位成绩优异，1 位成绩中等。女生群体中，张琦、曹桐、任俐、赵懿是相互认可的次团体，其中 3 位成绩优异，1 位成绩中等。这两个团体之间并无关联。其余学生的社会关系都比较分散。

班级的结构形态

班级形态通常分为以下四种：统一结合型、分团结合型、部分集中型、分团分离型、多数分离型。从 29 份学生调查问卷中，我们了解到四（2）班学生心目中最要好的朋友除了任俐同学相对集中，其余都是呈分散型的，并不集中。次团体分类明显，次团体间缺乏互动。该班级属于分团分离型。

男女生互动情况

班中有 14 名女生、15 名男生，有的学生愿意与异性交朋友，但是没有呈现互动现象。从教师的描述中了解到，班中女生行为习惯较好、乖巧懂事，而有些男生行为怪异、习惯较差，没有得到女生的认同，女生不爱和男生做朋友。

三、不同社会关系的学生学习的观察

社会关系与学生的学习并不是割裂的。研究表明，处在不良社会关系上的学生在学业上更容易遇到困难，他们在学习中积极交往的机会受到限制。那么，在实际的课堂情境中，不同社会关系的学生将会有哪些表现？我们又应该对不同社会关系的学生予以怎样的支撑？

（一）观察目的

在运用社会关系量表确定了不同学生的社会关系类型后，我们在一堂数学课上对不同类型学生的学习活动进行了观察。我们标出学生的社会关系，教师们选择与其相应的1位学生进行观察。根据以往的经验和前期的分析，对这几类学生课堂上的表现，我们产生了以下预估。

◇ 成绩优秀的学生不一定是受欢迎的学生，但是受欢迎的学生的学习成绩总是比较好的。从先前的调查问卷中了解到，两个受欢迎的学生的成绩都是很出色的。不论是教师、同伴，还是学生的自我判定，都认为成绩优秀是其受欢迎的主要原因，这两个个体的独立学习、思维理解能力都较强。

◇ 受欢迎的学生在课堂中往往善于沟通交往，能够起到领导作用。由于学业成绩优异、知识掌握牢固，受欢迎学生在课堂学习中会有较出色的表现。他们一般在班中担任班干部，有一定的领导核心作用。在小组合作中，由于有较强的领导能力，能够成为学习小组中的核心人物。

◇ 被拒绝的学生知识掌握得不扎实，理解、表达能力有所欠缺，在课堂上要么调皮捣蛋或心不在焉，要么默默无闻或窘态百出，是学习、行为习惯偏差的孩子。这是造成他们在群体中被拒绝的主要原因。

◇ 被忽视的学生在课堂上是默默无闻的，他们得不到教师、学生更多的关注，总是游离在课堂之外。他们在课堂上的学习处于较低的水平。

（二）观察工具

在对不同类型社会关系的学生的观察中，需要将重点集中在个体学生与其他周围的学生及教师的互动上，观察点主要集中在如下几个方面：

（1）为什么受欢迎的学生会有好的人际关系？他在课堂上是如何与周围的同学互动的？

（2）被忽视的学生在课堂上是如何表现的，他是如何与同学、教师互动的？

（3）被拒绝的学生在课堂上的表现怎样？我们需要给他们提供什么帮助？

（4）教师在课堂上是如何对待这些处于不同社会地位的孩子，他的教学语言、行为、策略对学生的学习及其在班级中的社会地位有怎样的影响？

根据上述观察点和学生的表现，我们制定如下观察单。

观察单3-5 不同社会关系的学生学习白描单

教材版本：______ 第__单元 第__课 课 题：______ 学 校：______ 班 级：______ 学生数：______ 任课教师：______ 观察者：______ 观察日期：______	
焦点学生的社会关系	受欢迎（ ） 被忽视（ ） 被拒绝（ ） 受争议（ ） 普 通（ ）
被观察的小组中的社会关系分布	A 受欢迎（ ） B 被忽视（ ） C 被拒绝（ ） D 受争议（ ） E 普 通（ ）
焦点学生关键点 1 的互动白描	
焦点学生关键点 2 的互动白描	
焦点学生关键点 3 的互动白描	

（三）观察实例

下面我们将对上述四（2）班处于三种社会关系中的学生——“受欢迎”的、“被拒绝”的、“被忽视”的——结合具体的数学学习活动进行观察与分析。为了更清晰地呈现，我们不采用表格的形式而是分类描述。

1. 受欢迎的学生

在前期的分析中，我们发现班上两个受欢迎的学生与另一个普通学生结成了牢固的铁三角关系。在这个关系中，以任俐为中心，都是两两对应的，也就是说，呈现出“我喜欢你，你也喜欢我”这种双向的关系。而这个团体与其他学生之间没有太多关联，他们的喜欢只在团体内部发生，而不涉及外部。这在课堂学习中意味着什么呢？我们需要进行深入的观察。这一组任俐是组长，认可她的江君也是组员之一，还有两位男生成绩中等偏下，社会关系普通。照理说，这个小组是异质搭配，能够产生认知上的互补作用，社会关系也不处于冲突状态，合作得应该不错。任俐作为最受学生欢迎的学生，应该承担起团队领导的角色。事实情况如何？请看我们的观察结果。

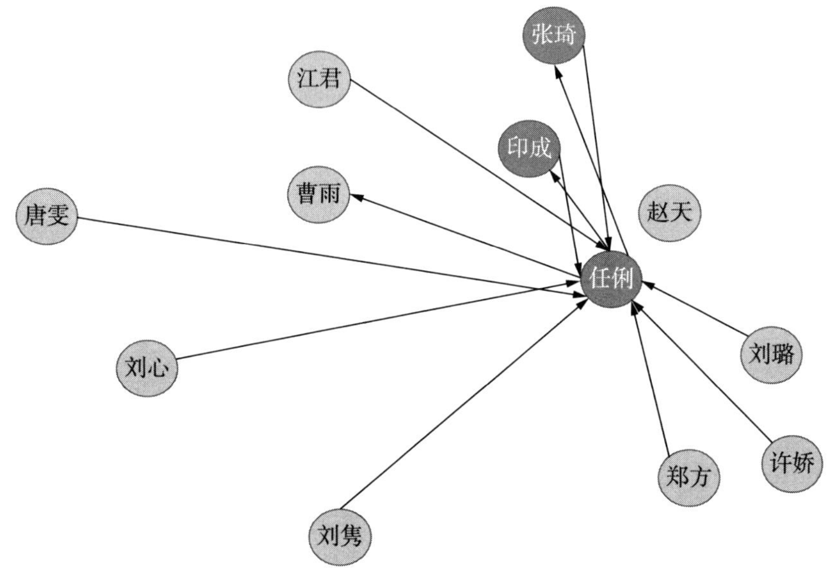

图 11–3　受欢迎的学生的社会关系图①

（1）她完成得很快，却没有伸出援助之手

Z 教师："红色纸片是这个圆的 1/3，老师将 2 个红色的纸片拼在一起，马上就得到了一个新的分数，我用 2 个 1/3 拼成了一个 2/3，你能将以上任意两个纸片拼在一起，并能马上得到一个新的分数吗？请你们自己摆一摆，并在小组里交流。"

老师话音刚落，这一组学生就开始摆放学具。

任俐动作麻利地拿出学具，很快得出了结果。她悄悄打量了一边的同学。两位男生相对动作较慢。H 摆放学具时，发现少了两块，自言自语地嘟囔。任俐看了他一眼，没有任何反应。江君也没有理睬他，只顾自己继

① 本书中所有的社会关系图都是根据社会关系测量结果所画。线表示两者之间的喜好或拒绝关系，箭头从哪方发出，表示哪方主动提出；若是双箭头，表示两者间相互喜欢或拒绝。

续摆放学具。H 用求救的眼神看了看任俐，任俐还是没有反应。恰巧 Z 老师经过该小组，H 赶紧向她求救。Z 老师好像很了解他，直接提醒他看看学具袋，H 果然从里面找到了遗漏的两块学具。

任俐作为教师眼中成绩优异和同学心目中受欢迎的学生，在独立学习和动手能力方面表现较强，但是身为组长，对于组内其他成员，特别是像 H 这类学习需要帮助、督促的组员不闻不问，表现冷漠。尤其是当 H 遇到困难时，她也没有予以关注和施以援手。作为组长，她没有起到任何组织和引领的作用。

（2）她隐藏了自己的实力

Z 教师："你认为 4/9 + 1/9 等于多少？请同学们用自己喜欢的方法来证明自己的想法，在小组内说服自己的伙伴。"

老师说完后，小组中邻座的两人开始交流了。任俐在小组学习中没有说一句话，她只是倾听，不发表自己的看法。江君边摆学具边说，声音很轻，语言表达不是很流畅。而 B 显出不耐烦的神情，急于表达自己的看法，几次打断江君，江君只能停止。

没过多久，教师宣布讨论时间到了，让学生站起来说，任俐站起来侃侃而谈。

任俐的表现是一种典型的社会漂浮现象。很显然，她隐藏了自己的实力，不想在小组内教会其他学生，即使是认可她的江君也被排除在外，她想通过公开的交流场合表达自己对这一问题的理解，获取教师的表扬。任俐的表现有其个体"独善其身"的原因，表现为不愿意去帮助其他人，认为成绩是自己奋斗的结果，不想和别人进行分享，也不想获得别人的帮助。也有一部分原因与教师的合作指导策略、评价策略等有关。教师可以有意识地通过在合作学习中优化指导策略、改变评价方法等措施来加以改进。

2. 被拒绝的学生

班中被拒绝的学生有 4 位，班中没有人愿意与他们交朋友，其中有 2 位学生居然被 17 位学生在最不喜欢做朋友的人群中写上名字。其中，A、B、C 都是成绩中等的学生，D 是学困生。从教师的描述和学生的访谈中，我们了解到他们行为习惯较差，喜欢惹是生非，所以成为公认的被拒绝人物。我们对 B 进行了重点观察。B 的举手次数远远超过 A 和 C，练习时无论是速度还是正确率也表现不差。为什么他也是被同伴拒绝的对象呢？

（1）“没有讨论完”

Z 老师请同学们交流“5/9 还可以分成几个 1/9”的讨论结果，也许是举手的同学太少，Z 老师就问大家是不是没有讨论完？其他同学没有反应，B 接口说：“对！没有讨论完。”邱杰低声说：“你真过分。”

（2）“你们做得太慢了”

在做书上练习时 B 很快完成了，但是他不断地询问另外 2 位同学：“你们好了吗？你们做得太慢了吧。”另一同学说他烦死了。在核对答案时，Z 老师似乎没有看到 B 高举的手，请了一个大家公认学习成绩较好的学生回答。最后，Z 老师要求同学们完成独立练习，并比一比谁是计算小能手。为了抢得先机，B 没等老师说完就拿起笔刷刷地写了起来，果然这次他第一个完成，Z 老师也看到了，说：“B 的速度是最快的，但不知正确率怎么样。”最后，等所有学生都完成了，Z 老师补充说：“哪位同学做得快老师都看在眼里，但是谁是计算小能手还要等批改以后才知道。”B 有点垂头丧气，有一位同学对他笑了两声。

（3）组内没有发言权

B 在组内很想发表自己的看法和想法。在第一次两人一组讨论时，当老师提出问题后，B 用眼睛瞥瞥两边的同学不知与谁讨论，这时 Z 老师走上前来，告知他讨论的对象，接着 Z 老师就走到讲台前拍了拍手，示意同学们停止讨论，于是 B 就没有讨论，他脸上显出一丝不满。接着，当老师要求用学具造分数时，B 虽然很快就拼好了，但接着老师让同学们说说自己造的分数时，组内其他同学都积极发言，B 只是用手抓抓脸没有发言。

（4）控制不了的行为问题

上课一开始，B 身体向前、嘴微微张开听得特别专心，而后随着课堂的深入他开始渐渐坐不住了，身体左摇右摆，手也不知放在哪里，一会儿挠挠头、一会儿抓抓脸。经观察统计，在一堂课中，他的非学习性行为出现了 38 次，其中，用手碰同桌、主动发起谈话 18 次，但是很少得到回应，同桌只是往旁边挪一挪或是瞪他一眼。

B 这一类学生的课堂表现并非不积极，但在课堂中与他人较少合作，坚持性差，怪异行为多。他们渴望得到重视，但由于一些无效的、不成熟的行为不被群体认同。而且他们对同伴群体的期望反应迟钝，于是有些同学期望通过一些特立独行的行为引起老师或是同伴的关注，进而加剧了同伴和老师对他们的“拒绝”。

3. 被忽视的学生

被忽视的学生似乎已游离于教师和同伴的视线之外，他们虽然有较多的时间和群体在一起，但他们往往逃避双向交往，很少会努力加入群体活动，也极少引起他人的注意。这些被忽视的沉默者在课堂中的表现如何？他们到底在课堂中做了些什么，教师注意到他们了吗？这些学生的心理状态又是怎样的？在一节数学课上，项目组的一位老师对其中的两位学生娇娇和小帆进行了观察。①

根据调查这两位学生的学业成绩在老师眼中都为一般，可以说是不折不扣的中游分子。他们自评的学业成绩也属于一般。

（1）小心翼翼地举手

娇娇、小帆举手次数不到老师提问的一半，即使举手往往也不是老师提问后第一时间，常常是老师都开始点名，他们才小心翼翼地举起手。有几次小帆把手只举到了脖子边，根本没有举过头，Z 老师自然是不可能看见的。只有一次他可能感觉到自己能正确回答老师的问题，于是就高举起手，嘴中还发出"嗯嗯"的声音，可惜 Z 老师没有请他回答。在观察的整节课中他们一次都没被老师点名回答。

（2）左顾右盼做练习

这两位同学完成课堂练习的速度明显比大家慢，特别是起初的几次练习，他们常常左顾右盼生怕自己的答案错误。的确，在几次独立练习中他们出现了错误。到了课的最后，Z 老师就"5/6–5/6 等于 0 比等于 0/6 哪一个答案更好"提问时，娇娇竟然打起了哈欠，但是老师发现，她嘴一张开就闭了起来，强忍住倦意。

（3）尾随他人，没有自己的判断

娇娇和小帆在小组合作中表现得不积极，他们从不主动和组内其他同学进行交流。老师要求小组合作运用学具造分数时，娇娇和小帆自顾自地摆弄学具。当娇娇摆好后，她突然发现自己的摆放与旁边的同学不同，于是显得有些紧张，而后将自己摆好的学具按旁边同学的样子重摆（其实，此题有多种摆放方法，娇娇摆得也是正确的）。在讨论中，组长不要求他们发表自己的意见，也不组织小组讨论，组长只是自己同旁边一个同学交流。在两次的小组合作中，娇娇和小帆一个字也没有说，在组内充当的只

① 源自上海市普陀区平利一小赵艳斐老师的观察结果，有修改。

是听众的角色。

（4）特别遵守纪律

娇娇和小帆可以说是班中特别遵守课堂纪律的同学，他们在听老师的讲解时始终把手放在膝盖上，身体坐正，目不斜视。无论是学具还是遥控器使用后的摆放都按老师或是组长的要求，一丝不苟。娇娇和小帆在上课时普遍表现出不够自信，反应也比其他同学慢，组内活动中他们是胆小的听话者。

4. 让我们深思的

在课堂观察中，我们发现，原先的预估有些在观察中得到了验证，而有些则被调整。

受欢迎的学生并不等同于优等生

从上课的积极投入、合作学习、练习反馈来看，案例中受欢迎的任俐同学的表现与我们的预设有较大的差异。整堂课，她举手的次数不多，只有一次回答时语言表述较为完整，但并没有表现出思维的亮点，尤其是在反应的灵敏度及思维的广度上，没有任何优势。虽然她的成绩很好，但是这种好似乎只是体现在一些常规性的简单的操作上。

受欢迎的学生或成绩优秀的学生并非“领袖人物”

受欢迎的学生未必有很好的人际交往能力，之所以受欢迎可能较多地受老师的影响。他们在班集体中也许并不能起到领导核心作用，未必能充分发挥组长的组织、引领、指导、互补作用，可能还会导致小组合作学习流于形式，难以真正体现自主、合作的作用。

在几组合作学习中，组长都是旁观者，既没有很好地组织引领，也没有指导帮助其他同学。可见，组长们的人际交往及组织协调能力也有待提高。

行为习惯和个性是导致被拒绝的重要原因

案例中 4 位被拒绝的学生中有 3 位在老师眼里数学成绩都是中等偏上的，他们在课堂中学习主动、思维活跃、发言积极，且有一定质量，能在课堂上占有一席之地。可见，学生心目中愿意结交的朋友与对方的学习成绩无必然联系，学习成绩并不是导致他们被拒绝的主要原因，而行为习惯、与人交往的态度以及老师给予的评价都有可能导致这一类学生被

拒绝。[①]

被忽视的学生同样如此。他们往往成绩平平，但不是班中的“差生”，他们通常自信不足，常常得不到老师的关注，也就自然在群体中被忽略了。他们内向、好静、慢性、脾气小、不易兴奋与冲动、胆子较小、比较消极、害羞、不善交谈。他们在课堂中缺乏安全感，不敢在同学和老师面前发言或是表达自己的想法，害怕因为出错而被同学笑话或被老师批评，因而常常表现得小心翼翼、犹豫不决，而在合作中更是显得十分被动。

四、教师如何处理学生的同伴社会关系

在同伴世界中，教师起到很重要的作用。作为同伴社会关系中的“成人代表”，教师总是被学生期望来“主持公道”。教师对每一位学生的公正对待将极大影响同伴世界中的秩序。如果教师对某一类学生“偏心”或“讨厌”，这一类学生往往会成为同伴“羡慕妒忌”或“厌恶”的对象。

（一）首要原则：对所有学生公平公正

孔子很早就说过：“其身正，不令而行；其身不正，虽令不从。”这句话虽然是对从政者说的，但对教师也是如此。在处理微妙的同伴关系时，教师的首要原则就是保持对不同群体学生的公平公正。正如亚里士多德所说，“公正自身就是一种完满的德行，它不是笼统一般，而是相关他人的。正因为如此，在各种德行中，人们认为公正是最主要的”。但是，公正是一个非常复杂的问题（桑德尔，2011）。有时候教师认为自己做到了公正，但学生并不这样认为。

在日常的学校和课堂生活中，学生对“不公正”有自己的领悟和感受，他们不能清晰地说明什么是公正，但却能时时刻刻在与教师、同伴的点滴相处中感受什么是公正。设想这样的情境，一位学生在课堂上不停地说话，以至于干扰了其他同学的学习，作为教师，我们是容忍他在课堂中喋喋不休，还是让他站起来，站到教室的角落甚至课堂外面去？我们是否应该为了全班同学的福祉而剥夺这一学生的学习机会？如果这位学生是一个成绩很差、品行又不好的学生，你会怎样做？而如果这位学生是一个成

① 源自上海市普陀区平利一小沈文老师的观察结果，有修改。

绩非常好的学生，你的做法是否又会有所不同？

即使是教师日常一些不经心的某种行为，如调座位，向学生借红笔批改作业，赞扬一方、打压另一方，甚至一颦一笑等，都可能使学生产生一种不公正的心理反应。当然，这与学生的个人价值倾向和情感体验也是相关联的。

对不同的学生群体保持同样的公平正义是很难的，却是至关重要的，诸多的愤怒、惊恐、厌恶、阴暗的谋略都是在不公正的环境中滋生出来的。公正是最有效的遏制师生之间、生生之间消极的微观政治影响、消极情感的有效利器。

（二）采取适宜的、有针对性的课堂策略：来自案例观察的启示

我们尝试以一个五年级学生 P 为焦点，考查他的两位教师——英语教师和数学教师在处理同伴问题上的策略有何不同。之所以会选择 P 和他的这两位教师，主要是由于这样一个现象。P 学生的数学成绩很好，但是英语成绩很差。在三年级，他们换主科教师的时候，P 的英语和数学成绩都差不多，都是中等偏下的水平。而到了五年级，P 发生了很大的变化，数学成绩突飞猛进，达到了中上水平，而英语成绩一路下滑，成为教师眼里的“差生”。在这样一个转变过程中，P 的英语和数学教师产生了怎样的影响？我们通过学生访谈、教师访谈、对两节英语和两节数学课堂的观察来探讨现象背后的原因。

最喜欢的课和最不喜欢的课

据 P 的班主任 L 老师说，P 三年级刚进来时，数学只考了 64 分。这几年 P 的数学成绩越来越好，在五年级的这次期中考试中，P 数学考得特别好，得了 94 分。P 刚进来时，英语成绩也不好，考了 68 分。到现在，英语成绩越来越差，一直就没有及格过。

在对 P 的访谈中，P 说，他最喜欢上的课是数学课，最先做的作业也是数学，作业做得最快的也是数学。从 P 的作业本上我们发现他的数学作业本正确率最高，甚至还有全对。P 说，他最不喜欢英语，做英语作业是最慢的，都是放到最后才去做。翻看了 P 的英语作业本，错误率远比数学和语文高得多，而且很明显，英语作业有时候都是瞎写。

进一步问 P，为什么喜欢上数学课。P 脱口而出：“W 老师对我很好，在他的课上，说错了也不要紧，W 老师也不会骂人，他不偏心。”当问他

为什么不喜欢上英语课时，他想了想说：“G 老师不喜欢我，自己一上英语课就紧张、就有压力。因为 G 老师对我不怎么好，她最偏心。”

“他的英语成绩比我好，老师很喜欢他”

P 特别提到了课堂上同伴关系的两件事情。

有一次上英语课，C 拿大橡皮扔我，我告诉了 G 老师，但 G 老师不管，因为 C 英语成绩比我好，所以她就不管了。我很生气，下课后就告诉 L 老师，还是 L 老师管的……

还有一次订正英语作业，体育老师叫我们几个人去游泳，没有叫 F，但是 F 也想去，然后 G 老师就说“P，不许去！F 去”。我游得比他好，他的英语成绩比我好，老师很喜欢他。最后他去了，我没有去成。当时大家都笑起来了，我觉得很难过。最后还是 L 老师跟 G 老师说才让我去的。后来每次去游泳 F 他们都用这件事来笑话我……”

数学老师的课堂

P 的数学老师是 W 老师。我们观察了 W 老师的一节新授课和一节拓展课。上课前，W 老师带领学生把上节课的内容复习一遍，然后告诉学生今天要学的知识。W 老师上课时课堂很热闹，学生可以比较自由地发表看法，而 W 教师及时引发学生间的相互讨论，并予以反馈。

W 老师将课堂上做的习题由两个学生相互念出答案，其他学生则互相交换作业本批改，对完答案后再让班上全对的学生举手以了解该小节学生的学习情况。对于学得好的学生，W 老师给予了及时鼓励。

放学后，W 老师对作业做错的学生进行补差，P 原来是 W 老师重点补差对象之一。W 老师说，她有时会帮 P 订正作业到 7 点（他们 4 点就下班了），以致 P 的奶奶不满地跑到学校找校长，说他们家因为 W 老师的补习，晚饭经常要叫外卖。可是 W 老师依然给 P 补习到他全订正好了为止。后来 P 的数学成绩上升后，P 的奶奶这才同意并感谢了 W 老师的做法。

在访谈中，W 老师认为，这个班的基础比较差，学生现在需要的是鼓励、体验成功，尤其是像 P 这样的小孩。W 说：“在上次期末考试之前我跟大家说，好好考，90 分以上的给买巧克力吃，带你们出去玩。P 最后考得很好。我也忍痛停了一次课带他们出去玩了。”

英语老师的课堂

听了 G 老师的两节课，第一节课听下来没有弄清楚当堂课的教学目标是什么：前半部分是练习“What’s the weather like?”后半部分又训练学生练习“be going to”的句型，二者之间没有任何关联。第二节课是由一首“Ten fat sausages”的英文歌导入，主要是练习“What do you want to eat?”“I want to eat...”这两个句型。在实际的教学过程中，发现很多学生对G老师提供的食品和使用工具不是很熟悉，很多是第一次遇到，如“Spaghetti（意大利面）”，这是个多音节的单词，学生第一次接触，G老师只是在简单教读后就让学生操练句型，很多学生回答的时候不能很好地拼读出这个单词。

当问及有关P为什么英语学不好的问题时，G老师说是因为他上课不听讲，学习没有兴趣，还有家庭的原因。当继续问她是否了解P的家庭时，G老师说她只知道P跟着奶奶生活，具体的让我问P的班主任。

通过以上的对比观察和访谈，我们可以推论，这两年，P之所以在数学和英语学习上产生了巨大反差，除了自身因素，两位教师所采用的不同的课堂策略和师生、同伴关系策略也是重要的影响因素。联系第十章的积极学科情感，P在数学课上可能达到了“投入”的水平，而在英语课上则呈现为“抵制”水平。而之所以会产生如此大的反差，P所说的“偏心”是重要原因。在P的心里，W老师的不偏心和G老师的偏心形成了强烈的对比，由此P对G老师产生怨恨，进而迁移到课堂学习上。

（三）对处于不同社会关系的学生给予有针对性的支持

不管成绩好坏，学生都有可能受到社会关系的困扰，从严重度上来说，一般是被拒绝的 > 受争议的 > 被忽视的 > 普通的 > 受欢迎的。我们需要有重点地给予这些学生支撑和帮助。而从更好地促进同伴文化的角度，了解不同社会关系的学生需要怎样的人际帮助或许更加重要。

1. 被拒绝的学生需要得到更多的指导

被拒绝的学生需要得到关于行为习惯、生活习惯，如何与人表达自己的愿望，如何克制自己的情绪等方面的指导。根据观察分析，被拒绝的学生都存在着不同程度的冲动行为，遇到一点困难和挫折，他们就难以控制内心的焦急、紧张和愤怒，无辜的同学往往成为他们发泄的对象；而获得一点成绩，他们就沾沾自喜，到处炫耀。这些行为让其他同学厌恶，而他们自己还不知觉。同时，被拒绝的学生所处的家庭往往也存在一些问题，他们或来自单亲家庭，或在家庭内得不到关爱。面对这样的学生，只靠教师的单兵作战很难起作用，需要家长和教师、学校一起制订个别化的教育

计划，从日常交往的基本技能上逐步予以改进。

2. 帮助受争议的学生找到受争议的原因

受争议的学生接收到的集体信息通常是矛盾的，有些人接受他们，有些人拒绝他们。随着年级的增长，这一部分学生的比例会逐渐增加。他们通常被认为是“有个性”的孩子，他们往往因为某一方面的特长，如学习成绩、电脑技能、人际关系、阅读面等受到一部分同伴的喜爱与追捧，但却也可能因为个性因素受到另一部分学生的排斥。面对这样的学生，首先要弄清楚，引发他们受到争议的原因是什么。在交流的时候，要让他们放松，产生充分的情感表露。找到原因后，可以增加学生之间交流的机会。此外，受争议的学生通常不愿意隐藏自己的看法，而是直接表露自己的不满或赞扬情绪。教师可以采用移情、角色扮演等方法，让这一部分学生在表达自己观点的时候考虑措辞，顾及他人的感受。

3. 被忽视的学生需要得到增强自信的机会

经常遭到同伴忽视的儿童会感到焦虑和紧张。在课堂学习和与同伴日常交往中，他们总是会产生“我不如他”的心理，缺乏主动交往的勇气。对此，教师可以通过“找优点”等活动，让学生明白自己在同伴心目中原来也是很优秀的，提高他们人际交往的主动性。如果教师能给学生营造一种民主的、支持性的环境和氛围，在很大程度上能缓解和转化学生因为遭到同伴忽视而产生的不心良态。课堂上教师特别要注意对待这类学生的态度，要亲切、和蔼、耐心、细腻。他们需要更多的鼓励、支持，需要得到更多的关注机会来获得同伴的接纳与认可。在小组活动中教师也要指导学生进行组内分工，让每个学生都有表现的机会。让被忽视的学生感受到更多的安全感，并体验正确的交往方式。学生一旦认识到教师、同伴是愿意听取自己意见的，组内学习是放松、快乐的，并形成正确、向上的交往习惯后，他们就会愿意和同伴进行交往，积极参与小组合作。

4. 普通学生需要更多地融入班集体

普通学生构成了班级的大多数，他们在班级内可能有一个固定朋友，他们独立形成一个小团体。这些学生需要和班级有更多的交融。教育这类学生时要多关注他们的内心变化，要动之以情、晓之以理，切不可简单粗暴。日常的课堂教学中，教师在评价学生的时候，不仅要表扬表现出色的学生，也要表扬有一些进步的学生，这样就会让每个学生都感觉到自己受到了关注，感受到自己的价值所在。

5. 要让“受欢迎”的学生真正受欢迎

“受欢迎”的学生就没有人际困扰吗？在观察中发现，有些“受欢迎”的学生之所以受欢迎并非是由于自己的社交技能，而仅仅是由于成绩好、经常受到教师的夸奖，如案例中的任俐。他们认为，自己的成绩好是由于自己努力而得来的，不想与其他同学分享自己的学习经验，对成绩不好的学生“不以为然”，甚至产生歧视心理。对于这样的学生，在班会或课堂教学中教师需要创设情境，让学生进行角色互换的表演，让学生学会换位思考，理解那些处于弱势地位的伙伴。而对另一些“受欢迎”的学生来说，为了获取他人的“欢心”和认可，他们有时候会“委曲求全”，不会说“不”。对于这一类学生，教师要让他们学会委婉地拒绝，避免不必要的人际压力。

第五部分

课堂数据的多元分析

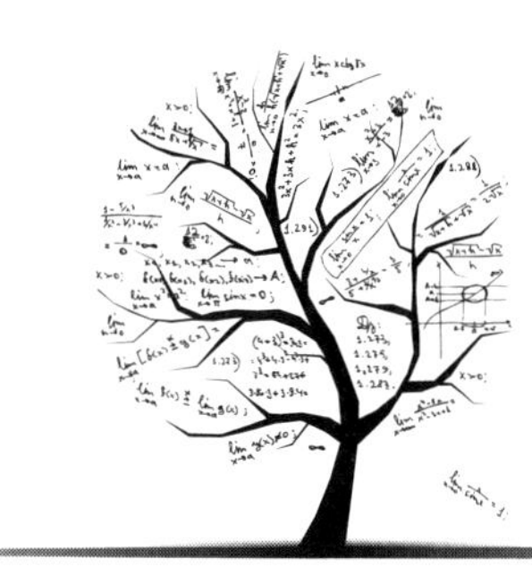

Di Wu Bu Fen

ketang shuju de duanyuan fenxi

第五部分 课堂数据的多元分析

曾经有老师对我说，在做课堂观察的过程中，最苦恼的是，收集了数据，但不知道怎样去用它们，也不知道怎样用它们来改进自己的课堂，觉得收集的数据好像没什么用，感觉不到自己的进步与变化。之所以如此，症结在于没有对数据进行充分的处理。数据处理充分与否，关键是看数据背后的深层问题有没有被揭示出来，有没有在问题解决上找寻到可能的路径。课堂观察如果不伴随多元的、深入的分析，没有观点的激荡与课堂的重构，那么无异于数据汇报，对教师的促进意义是有限的。

第十二章 同一课堂数据的多元解读

曾经有老师问我，为什么设计了观察方案，开展了观察活动，组织了观察后的讨论，但却没有明显的进步？其实，课堂观察只是做了数据收集的工作，更重要的在于对数据的处理与分析，分析是否到位、是否有深度，是影响后续的课堂改进和教师专业发展的重要因素。现在，很多学校花很多时间在工具设计上，却吝啬于课后分析的时间，这实际上是将课后分析简单化为“数据汇报”。对教师的课堂改进而言，数据汇报只能起到“警示”作用，却很难表明改进的方向，这就导致课堂观察“有观察没记录”、“有数据没分析”。那么，怎样进行分析呢？

即使面对同一课堂中的数据，也有多种解读的可能。同样的记录和数据，有的教师什么都看不出来，有的教师能从中看出别人看不到的东西。这些都取决于教师独特的分析视角、实践智慧和对这一主题的认识程度。有差异和对比的解读，构成了认知上的矛盾和冲突，有助于丰富我们对课堂复杂性的认识，促进教师相互学习，形成智慧的积累。

一、评课的“反反思”困局

评课的过程是教师处理、分析课堂信息的过程。评课主要依赖于教师的个体素养。对于学养深厚、经验丰富的教师来说，评课中往往能够产生精辟和富有洞见的课堂评论或建议。这样的评课效果并不比课堂观察差。目前学校层面的听评课为人所诟病的方面，主要是其中的研究成分比较少，随意性较大，太过于依赖个体的主观感受。为了更深入地分析评课中的信息处理过程和课堂观察的差异，我们倾听了一部分教师对评课的看法，收集了部分评课稿，并录制了一些学校开展教研活动的过程，以此来分析评课中的话语和互动方式。

（一）评课中的教师叙事结构

每一种评课方式都代表了一种叙事的结构。评课集中地体现了教师对课堂、学习、学科本质的个人观点，理应带有比较浓厚的个人色彩。但是，在评课的话语分析中，我们却发现了一些具有普遍意义的叙事结构。在评课中，教师们总会自觉不自觉地遵循这样的叙事结构进行评课。

1. 套公式的叙事结构

有教师评课是带着公式和程序的。他一定要从教学目标开始，将上课教师的教学目标叙述一遍，然后谈到教材的处理、教学流程、教学方法、教学基本功、学生参与度、课堂教学效果和课堂氛围等，娓娓道来，面面俱到。这样一套公式化的流程下来，听的人已经非常疲倦，不知道他到底要表达什么观点。

2. 以观念为中心的叙事结构

有教师评课只是谈观念，很少涉及实际的课堂教学内容。他们在评课中大量借助普适性的观念来解读课堂，而在观念与实际的课堂之间没有清晰的联结轨迹。下面的一个语文教研组长对《深刻与伟大的另一面是平和》这堂课的评课，就是一个典型的例子。

语文课程标准中明确指出：语文是人类文化的重要组成部分。语文课程的基本特点是工具性与人文性的统一。

黄老师通过拆解传主（鲁迅）的社会身份，让学生初步体会回忆录性质的传记的特点，目标明确，结构清晰。通过东亚鲁迅、盲人摸象等资料的导入，让学生在多种阅读中了解作为父亲、师长和丈夫的鲁迅，凸显了语文选修课教学的自主探索味。

黄老师的课堂凸显了自主、合作、探究等学习方式，创设出了一种平等、和谐的对话环境，体现了师生、生生互动的多维性，体现了新课程的理念。

在上述评课稿中出现了“工具性与人文性的统一”、“自主探索”、“情境创设”、“自主、合作、探究”、“平等”、“和谐”等多个观念，但是这些观念又缺少课堂细节的支撑，从而使得整个的评课都是从观念到观念。

3. 复述教学流程的叙事结构

有教师评课就是在复述课堂教学，尤其是复述课堂的教学流程，包括教师做了什么、具体的教学环节是什么、环节的价值和意义体现在哪里等。比如，有人这样评课：

一开始，教师就紧扣中心，提出问题：你们知道电灯、电影、留声机是谁发明的吗？爱迪生是怎样成为世界闻名的发明家的？让学生带着问题自学课文，然后再回答课后作业第1题。这样提出问题，目的是激发学生的阅读兴趣，调动学生的学习积极性。

然后，教师揭示第一、二段爱迪生"家里穷"与"热爱科学"、"做各种有趣的实验"之间的内在联系。要求学生画出前后有联系的词句，让学生体会到兴趣是激发发明创造的动力因素。……

接着，揭示第三段爱迪生在做科学实验中受到沉重打击，"他的一只耳朵打聋了"与第四段爱迪生"还是顽强地做实验"之间的内在联系。

这样一种复述教学流程的叙事结构非常保险，不会涉及对教师上课质量的评点。但是，这样评课的目的和价值体现在哪里呢？就流程讲流程，没有学生的参与，也没有学生在此过程中的习得，这样的评课对上课教师和参与教研活动的其他教师来说意义不大。

4. 提炼教学价值的叙事结构

还有一种典型的叙事结构是提炼教师的教学价值。评课的人往往从这样一些方面总结一堂课的教学价值：教学热情高涨，充分调动课堂氛围，学生兴趣被激发，导入新颖自然，教学思路清晰，活动形式多样等，以这些词作为串联整个评课过程的关键词。

以上几种叙事结构几乎可以用在任何的听评课中，而与具体的听课内容无关，这样的评课很难引发参与者的共鸣，也很难起到诊断、分析、改进课堂教学的目的。上述评课中的叙事结构不仅"学生学习"缺位，而且忽视了课堂中的生成、课堂细节，将复杂的课堂教学简单化，没有充分体现出学生在课堂上的主体地位和课堂教学本身的不可预测性，从而造成叙事结构的单一倾向。长此以往，将会让评课变得枯燥乏味。

（二）评课中的互动结构

评课的过程是一个互动的过程。通过互动，人与人之间的态度、感情与行动相互影响，进而改变彼此的行为模式。在评课的录制中，我们发现评课中的互动存在一定的结构性，它在一定程度上反映了学校内外不同群体的社会和权力结构。

学校教研组层面上的评课反映了教研组这一团体的结构，区、片级层

面上的评课反映的是教研员、学校行政人员与教师群体之间的结构，而学校若是邀请学科专家作为主要评审者，则反映了专家与教师群体之间的结构关系。

1. 上课者的单向发起与终结

每次上完课后，评课一般都是先由上课教师发起。上课教师往往会首先提出自己的教学目标、教学设计，然后谈到自己在这堂课上的表现，最后展开自我批评，提出自己在上课过程中的不明白的地方。几乎所有的上课教师都被安排在第一个发言。评课的过程应该是上课者和评课者平等对话的过程。第一个发言，也是为了保障上课教师的话语权，阐明课堂设计和实施的目的。但是，上课者的发起形式大于实际意义，评课者很少会针对上课者的发言进行回应，上课者所提的问题和困惑也很少在后续的评课中被提及。上课者的发起就意味着他的话语权的终结。他很难在后面的评课中对自己进行辩驳，或者对某一观点发表自己的意见。

2. 微观学术权力的拥有者决定评课的主导方向

在不同类型的评课团体中都有一些微观学术权力的拥有者。他们或者是特级教师，或者是教研员，或者是大学教授，或者是教研组长，或者是校长。他们的地位和身份意味着其在这一评课团体中的言说分量更具有权威性，他们的观点决定了评课的主导方向。如果他们说一位教师上的课“没有语文味”，其他评课者往往就会顺着这一思路寻找或论证这一观点的合理性，而很少表达相反的观点。上课教师如果此时表示不同意见，就会被视为挑战权威，挑战评课的应有规范。评课沿着权力拥有者的轨迹前进是微观学术权力与地位的象征。

即使是在校内教研组层面中的听课，也存在这样的现象，主要体现在每次听评课的时候基本上都只有一两个人在发言，而当教研组长或资深教师提出一个带有倾向性的观点后，其他教师随后的意见主要是附和、论证这一观点，而很少有不同的观点。正如一位教师这样写道：

每次评课都是说一样的话，在一堂课中，我不知道还可以衍生到其他课中，不知道还有另外的解释方法。在学校里很少有观念的碰撞，老教师说了，我们这些年轻的教师总不好和他唱反调，而且有时候虽然觉得他说得不对，但至于怎样是对的，自己也把握不住，想想就算了，不要献丑拿出来讨论了。

在这样的互动结构中，毫无疑问，教师群体是属于比较弱势的，上课者更是弱势中的弱势。上课者往往处于被动应答的状态，其余的听课教师则处于“陪听”状态。“评者”高高在上，“被评者”俯首帖耳；“评者”是权威，“被评者”是等待宣判的“罪犯”；“评者”大权在握，“被评者”胆战心惊，怕被揭“伤疤”。在这样一种规范下，大家又怎能展开平等的对话？

3. 单向传递强烈的价值判断倾向

在评课互动中，“价值判断”是不可避免的。但问题是，许多评课者尤其是拥有微观学术权力的人，往往表现出强烈的对课的“鉴定”倾向，比如他们经常会使用这样的表述：这是一节“好”课，这节课“体现了新课程的理念”，这节课上“学生没有动起来”等。这些向上课者和参与者传递的话语，就像是古董专家在鉴定古董的真伪和等级。这一价值判断的过程没有对学生、教师课堂信息的收集和客观的“议”。由于缺少“议”，评课过程中就没有多元的声音，致使评课呈现封闭性。而且在传递这些价值判断的过程中，上课者和其余听课者很少做出冲突或交锋，从而表现为一种单向传递性。

（三）评课的“反反思”困局

不管是评课的叙事结构还是互动结构，都揭露目前的评课面临的一个困局——“反反思”。什么意思呢？评课本来的目的是促进教学的反思与改进，促进教师在对课的不断思考和实践中成长。但是，当下评课所表现出的现状却是用一种声音遮蔽其余的声音，用一种清晰的不容置疑的话语或观念掩盖课堂的复杂性。这种不容置疑剥夺了教师的反思权力，相当一部分教师处于集体无意识之下，他们用专家的思考代替自己的思考，很难对一堂课提出客观而又有深度的分析与见解，很难突破评课中的固定叙事结构，更难对微观学术权力者的观点说“不”。

课堂从某种程度上来说是不能评的，因为它太复杂，太具有发展变化的可能性。一种措施在评课者看来是无效的，但却有可能适用“这个”班级的学生。在某种角度看是完满的实践，从另一种角度看，却可能会被全盘否定。教学的复杂性导致了不确定性。我们只能不断接近，只能说“可能这样更好，更理想”，但却永远也无法说“教学就是这样，就应该这样”。在复杂的教学中，我们都要有一颗谦逊之心、聆听之心。没有谁是最终的裁决者，教师所做的努力和思考我们未必了解，我们所想到的问题

和措施教师未必没有想到，我们所想到的，教师未必没有尝试过。

相比之下，我们的课堂解读太清晰了，我们总是试图在评课中给出一个“是非对错”。对于某一课堂片段，往往只有一种声音，这种声音似乎就成为所有教师的共识。这种思路在很多以“教学模式”著称的学校中是很常见的，而且与校内的备课、磨课、教师晋升制度都密切相连在一起。这正是这些学校往往被人诟病以“难有名师”的软肋。如：

作为享誉全国的洋思中学，最令蔡校长不满意的恐怕就是还没有几位在全国比较有影响的名师，这与洋思中学的知名度是不相称的，也是外人最难以理解的。然而，看看洋思中学的校本培训，也许我们可以从中找到部分答案。每年暑假，洋思中学都要进行为期30天的校本培训，组织全校教师（尤其是新教师）学习“先学后教”、“当堂训练”的理论和模式，然后进行赛课和评课，新教师过关后才能上岗。为了强化这种教学模式，他们还实行以老带新，对师徒进行捆绑考核。不难看出，教师要想在洋思中学立足，就必须采取这种统一的教学模式，否则就会“下课”（向中军，2010）。

有人对多样的解读感到迷惑，甚至是害怕。一堂本来很清晰的课，怎么会有那么多人有不同的解读？于是，他们便统一思想，要让教师们形成一致的观点。在当下，有那么多的人照搬“洋思”、“杜郎口”，但却很少有复制成功的。为什么？正是因为很少有学校组织教师去深入探讨这些模式的观点，很少有学校让教师去质疑、追问这一模式，也就堵住了不同人的解读可能。

可以说，集体备课、磨课的做法与评课的叙事结构和互动结构是相连的，它们共同作用形成“反反思”的困局。破解这种单一叙事和宏大叙事，涉及学校教育的目标和使命。因为学校只要过于追求效率，就会强调统一的备课和上课模式，进而产生单一的叙事风格。这种主流的故事脉络和线索制约了教师对同样的教育现象进行创造性解读的可能性，同时也就制约了教师的教育智慧以及用自己的经验重构课堂的可能。而长期习惯于此的教师，也失去了重构的能力。

从群体动力学的角度来看，这种“反反思”的困局也是由于教师群体的性质过于单一引起的，同一教研组内的教师往往有相似的背景，思考方式和话语体系也很类似。根据谢里夫（Sherif）的研究，当人们在团体中进行判断时，个人的评价会参考其他成员的评价而不断做修正，直到团体达成共识为止。即使个人在加入团体之前有自己的看法和见解，但在加入团体之后，在持续的团体互动下，个人会放弃自己原先的看法，而与其他成员的意见渐趋一致，此时就形成了团体规范。谢里夫将此种情形称为“漏斗模式”（Funnel Pattern）（Forsyth，1999）。

这种同质化的观点的不断强化，就有可能形成新制度主义所谓的深层次的制度要素，即文化—认知的机制（Scott，2001）。文化—认知机制的同化作用是巨大的，它会让教师逐渐形成一套大家共享的认知范本和行为图式。

仅从评课的角度看，一种破解的方法就是建构多元解读的可能性。即将参与者的关注焦点转移到课堂上的现象，不是对课作鉴定，而是围绕课堂上的事实和现象，探讨原因，展开教学想象力，研究发展变化的可能性和实现条件。在讨论中，最重要的是丢开一切抽象的语言，只说出自己对所观察到的事例的真实感受和具体事实本身。只要大家能相互交流自己朴素的感受到的一切，就必然能学到许多意想不到的东西。

二、同一数据的多元解读

课堂需要进行多元的解读。同一个课堂，不同的人站在不同的立场，基于以往的教育经验，可能会产生截然不同的分析与判断。从某种程度上说，这是一种好现象，因为这种做法可以突破当前听评课中过于“单一叙事”的倾向，而创造更多元的故事叙述，让教师们在此过程中更加明辨自己的教学技术和观点。这种多元解读有助于我们从多个不同的角度来看待同一个事件和数据。

《人民教育》2009 年第 21 期《解放学习力——先学后教，当堂训练》一文中介绍了以下一堂初中数学课。

没有任何的“热身”，直接进入主题。

“同学们，今天我们一起来学习教材第 15 章的‘同底数幂的乘法’。”老师边说边板书课题：“请看本节课的学习目标——”

随即，多媒体出示：“1. 理解同底数幂的乘法性质；2. 能够准确地运用同底数幂的乘法性质进行计算。”学习目标就是教学目标。

确认每个学生都看完之后，刘老师并没有开讲，而是请大家自学：“为了使大家更好地理解同底数幂的乘法性质，请大家按照自学指导，立

即紧张地自学。”

以下是自学指导：

• 认真看课本 141–142 页练习前面的内容，注意通过解答第 141 页“探究”中的问题，理解同底数幂的乘法性质。

• 例 1 是如何运用这个性质的？6 分钟后，要检测大家运用这个性质的能力。

学生们立即全神贯注地看起书来。老师轻轻地、慢慢地巡视，偶尔俯身轻声督促个别学生要专心。

大约过了 5 分钟，自学结束。

老师还是没有讲，而是要“考”大家：做课本第 142 页的 4 道“练习”——

（1）$b^5 \cdot b$；（2）$10 \times 10^2 \times 10^3$；（3）$-a^2 \cdot a^6$；（4）$y^{2n} \cdot y^{n+1}$。

2 个学生（均为后进生）板演，其他学生在练习本上完成。教师巡视，注意发现学生练习中的错误。这是“检测”，检测学生是否理解了同底数幂的乘法性质，检测他们自学的效果如何。

果不其然，板演的一个学生暴露了问题：$-a^2 \cdot a^6 = -a^{2+6} = a^8$

刘老师也发现下面的学生这道题的答案五花八门，有的甚至是 a^4！她什么也没有说。所有的学生都做完了。她还是什么也不讲：“同学们，我们一起来看一下黑板上板演的题，这两名学生运用同底数幂的乘法性质，正确吗？如有不正确的地方，请大家帮助他们更正。”

大家更正的都是第 3 道题。

一个学生直接写上答案 $-a^8$。

另一个学生觉得不完全对，进行了补充：$-a^2 \cdot a^6 = -a^{2+6} = -a^8$。

在他们进行更正的时候，老师不作判断，而是鼓动大家：“请同学们积极动脑思考，这两个同学更正得是否正确，他们更正的依据是什么？还有没有不同的答案？”

又一个学生上黑板更正：$-a^2 \cdot a^6 = a^{-2+6} = a^4$。

再也没有人要更正了。

刘老师引导大家对比观察、讨论两个板演学生每道题的每一个解题步骤是否正确，并解释原因。

讨论的焦点在第 3 题。

“这 3 个答案，到底哪个是对的？”刘老师还是没有讲，而是分别请几名学生回答什么是自己认为正确的答案，为什么。

一个学生说："正确答案是 $-a^8$。因为 $-a^2$ 与 a^2 的相反数相等，所以 $-a^2$ 与 a^6 的底数相同，因此可以运用同底数幂相乘的性质。"

教师在答案 $-a^8$ 的后边批个"√"。

答案是 a^4 的学生很快就认识到了自己的错误。"那么谁能纠正答案是 a^8 同学的错误呢？"

很简单，一个学生说："$-a^2 \neq (-a)^2 \neq a^2$，$-a^2 \cdot a^6 = -(a^2) \cdot a^6 = -a^8 \neq a^8$。"

老师引导到一个被孩子们忽略的问题："第 4 小题的指数与前 3 道题的指数有什么不同？""最后一道题的指数是多项式，而前边几道题的指数是单项式。""很好。我们来看下面这道题。"

这是道引申题：$(a+b)^2 \cdot (a+b)^3 = ?$

"谁会做这道题？请举手。"

老师叫了一个后进生。"a^5+1。"

"有不同答案的吗？"

一个学生回答："应该是 $(a+b)^5$。""同意的同学请举手。"刷刷刷，所有同学都举起了手。

"为什么？"

"$(a+b)$ 是一个整体，所以它的底数是 $(a+b)$。"刚才应答的学生解释。

"同意的同学请举手。"小手如林。

刘晓书放心了：如果这个变式绝大部分学生都会了，那说明他们对同底数幂的乘法的性质理解到位了。

还有 15 分钟。她立刻转入最后一个环节——当堂训练。

"同学们，通过本节课的学习你们会运用同底数幂的乘法性质吗？下面老师就要检测大家准确运用这个性质的能力，比一比，谁的作业得满分。"

课堂作业来自学校为学生订购的唯一一本教辅材料——河南省基础教育教学研究室编的与教材同步的《基础训练》：

必做题：第 89－90 页的第 1–17 题；

选做题：第 90 页的第 18 题。

要求：书写工整，独立完成。

没有一个人交头接耳，每个人都专心致志做自己的作业。教师轻轻走过每个学生，只看，不说。

下课铃响，所有学生都把作业本交给老师，课结束。

从叙述的方式上看，以上这篇文章基本上可以算是我们在第十一章介绍过的白描手法，没有过多的修饰或判断，对学生的表现和教师的表现也进行了比较详尽的观察。对于这一堂课，不同背景的人产生了截然不同的解读。

解读一：创造奇迹的课堂改革

在《人民教育》刊登的这篇文章中，记者给出了如下评价："这是一堂与时下许多'新课堂'、'新数学'格格不入甚至相互抵牾的课。……而正是这样的课堂，改变了永威，创造了奇迹。"（赖配根，2009）他告诉我们：

一节课的经典模式大概分为4个模块8个小环节：辅助环节（约1分钟，包括板书课题、出示目标即学习目标、出示自学指导）→先学（约15分钟，包括读书看书、检测练习或提问）→后教（约10分钟，学生相互更正或曰兵教兵、师生讨论）→当堂训练（约20分钟，即完成作业）。刘晓书的课大体是这一经典模式的再现。

解读二："精讲多练"的极端化，是一种分数教学

对于上述教学模式，有教师给出了截然不同的看法。有教师认为，在这节课上，教师讲的时间只有六七分钟，大量时间都留给学生学习，与过去的精讲多练如出一辙，其本质就是题海战术，而题海战术是培养学生"双基"的法宝。

上述的教学方式是在强迫教师重新追求"精讲多练"，这种方式会把教学目标定位得过死，过分强调知识及技能目标的实现，其结果必定会削弱其他目标（情感、态度、价值观等）的实现，我们的教育就会失去人文性。

这种培养目标无非就是两个字——"分数"（或者说"考试"），他们的课堂注重的无非是学习"功课"，这样做在"分数"上确实取得了令人瞩目的成绩，100%的及格率、升学率和每科分数都在90分以上，不能不让人钦佩！但对于其他的呢，我发现众多媒体报道只字不提（空谷幽兰，2011）。

解读三：一节体现了三维目标的好课

有教师认为，在这节课上，情感、态度、价值观的目标是建立在学生的成绩、学习能力和方法的基础上的：

我是在一月前就读到了这篇文章，当时就很受教育。觉着应该好好实践，提高学生的学习效率。特别是蔡校长关于“情感、态度、价值观”的理念，我很受教育。情感、态度、价值观的目标必须建立在学生成绩的基础上，建立在学生能力和方法的基础上，否则，情感、态度、价值观的落实只能是一句空话，或者只是一个标签（王庆训，2009）。

解读四：强调知识与技能的目标，而忽视了情感目标

很有意思的是，与上述论调恰恰相反，也有教师认为，这节课上所呈现的知识是抽象的，是没有情感的，而这样的课堂中情感不能“自然而然地发生”，即使发生了，也是负面的：

整堂课的信息只有抽象的、与社会生活毫无关联的数学习题；学生的活动只是一味解题，对数学的思维方式特点、数学的应用价值、数学的美等几乎毫无涉及；教师的活动也只是对学生解题思考的引导。

说“教师情感到位了，学生情感就能到位”，但教师的情感何在？除能看到教师对独立、细致思考精神的激励之外，你能看到教师对数学价值的熏陶、数学思想方法的感受与领悟、数学美的鉴赏等更丰富情感、态度与价值观的教育吗？看不到！这样的教学恰恰让学生不知不觉受到了“数学不过是解题而已”这种错误观念的毒害（shch002，2009）。

在上述的案例中，我们看到，对同样的课堂教学现象，产生了多种解读，而且这些解读有的是相互矛盾的。解读一认为这堂课创造了教育奇迹，是一节具有改革先进性的课；解读二却认为它是旧有教育传统的糟粕，是分数至上课堂的极端体现；解读三认为这节课让三维目标很好地融合在了一起，让学生在知识学习的过程中自然而然获得了情感的体验和价值观的实现；而解读四却认为这节课根本没有关注情感、态度、价值观，只关注了“双基”，让学生只知道解题，成为了解题的机器，而没有欣赏到数学的美感。

这种多元观念的冲突在现实的听评课中是比较少见的，因为这会造成一种“混乱”。现实学校中总会因为行政的强势而产生一面倒的声音。然而，“混乱”是课堂多样化重构的前提，是课堂复杂性的重要体现。课堂本身就是一个“混乱”的所在，就像迈克尔·富兰的比喻：好比一次有计划的旅程，和一伙叛变的水手在一只漏水的船上，驶进了没有海图的水域。这种“混乱”源于课堂教学中“人”的复杂性、教学情境的复杂性、

知识本身及其选择传递的复杂性等。我们需要不时地让自己陷入冲突、矛盾之中，由此产生对教学、学习的敬畏感。

三、课堂数据的三步分析法

除了借助类似以上这些极端案例来研讨、建构冲突的情境进行多元解读外，在日常听评课的情境中，我们需要借助于课堂数据，分析现象背后的观念，进而重构观念。正如观摩同一节课，新手教师可能关注的是这节课“教了什么”、“是怎么教的”，而专家教师更多考虑的则是“为什么这样教”。前者关注的是技术，而后者在关注技术的同时，还考虑到支撑技术的教学理念。有鉴于此，我们在下面的三部分构建了课堂数据的三步分析法。

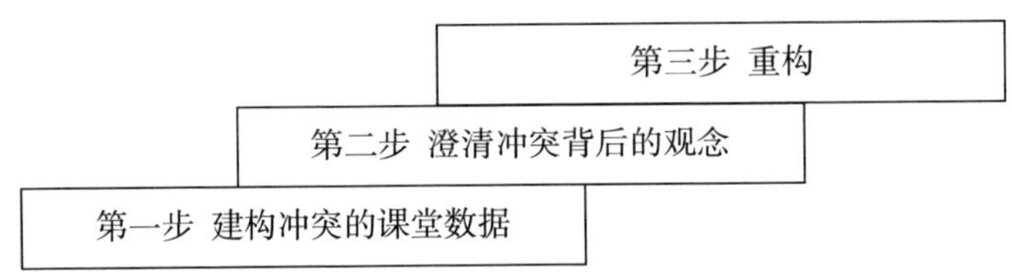

图 12-1 课堂数据的三步分析法

（一）建构冲突的课堂数据

在我们的实践中发现，作为成人的教师，他们所持的一些观念是根深蒂固的，在平常的听评课中难以改变，对一堂课的泛泛分析往往很难收到效果。教师的观念澄清或差异需要在具体的情境中发生或体现，尤其是一些极端的、富有争议的课堂情境。

富有“冲突性”的课堂片段可以“撕裂”常态的课堂，在罅隙中展现教师群体的不同观念、心态、对理想的教学和学习行为的假设。评课中智慧光芒的闪现、教学观念的差异，往往都是在冲突的课堂情境中出现。有效的听评课需要有意识地收集有冲突的课、有冲突的片段。在冲突中暴露出的教师行为和观念上的差异，及其对这些差异的澄清和反思，将有助于促进教师在观念和行为上的改进。

冲突的课堂数据需要建构。教师日常的情境中弥散着大量的问题与冲突，但由于时间和精力所限，他们往往很少有时间仔细思考这些问题和冲突，反而会尽量忽视、抹平冲突，因为追求清晰、明确的短期行动，保持平稳的秩序耗费了他们大部分的精力。在听评课中同样如此，同样的一堂课，很多教师常常并没有感受到冲突，而经过研究者的处理和转化，再呈现给教师，他们就会感到冲突出现了，几种不同的教育情境、选择路径清晰地呈现了出来。如下是两种在校本教研或课堂观察中建构"冲突"的方法。

1. 建构课堂数据与"常识"的冲突

在通常的课堂情境中，我们都会有一些关于课堂和各学科教学的"常识"：比如我们会认为课堂就是应该教师站着，学生坐着；课堂中应该教师主讲，学生主听；语文课堂就是要凸显出语文性；低年级语文课堂中的机械训练是不可或缺的；英语课堂中的 pair work 就是句型的操练；复习课就是要理出知识的线索，等等。如果这些"常识"被打破，很容易引发教师们的议论。在当下的改革情境中，上述的"常识"确实屡屡被打破，在一些改革的课堂上，学生站着上课，教师坐着听课；教师只讲几分钟，学生滔滔不绝。这些现象引发了普遍的争议，有争议是很好的事情，最怕的不是争议而是一边倒的声音。

我们也会有一些关于课堂中特定环节的"常识"：比如我们会认为给学生介绍作者的生平是必要的；在关键的段落中进行"品读"是不可或缺的；在课堂中如果不进行一些学生练习，不出现一些多媒体或板书会让人觉得缺了一点什么；等等。这些"常识"在自觉不自觉中主宰了我们的上课行为、听评课的行为。深度的课堂分析需要冲破这些"常识"的束缚，看到在"理所当然"的现象下不合理的地方。

在每次课堂观察之后，我们都可以询问，这一课堂片段有哪些地方突显了我们对课堂的"常识"，而哪些地方是与我们的常识相违背的？我们也可以借助数据增强这种冲突性。比如，通常会认为，学生对知识点的理解在一堂课学习之后要比学习之前更加深入，但是，很多数据表明，有时候在一堂课学习之后学生的进步度反而降低，在这种情况下强烈的"冲突"就会显现出来。项目学校在三年级两个平行班开展了《几分之一》一课的教学对比实验，重点对学习目标的达成进行课堂观察，通过上课前测，上课后测，练习、讲评后测，得出这样的数据：

图 12-2 中 A、B 班的数学老师分别由 A、B 两位教师担任。A 教师是新教师，教的是成绩较差的班；B 教师是有经验的教师，教的是成绩较好

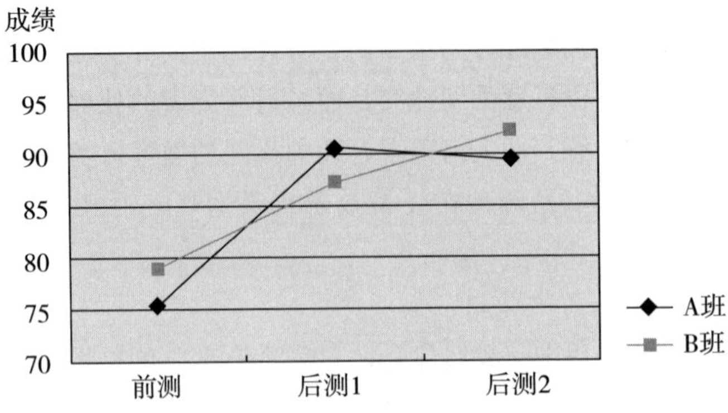

图 12–2 A、B 班前后测比较

的班。“常识”告诉我们，B 教师的课堂教学成绩会高于 A 教师，但是结果却相反，反而是新教师任教的那个班的进步度要高于老教师任教的那个班。在作业设计和讲评后，在不公布上次测试结果的情况下，又进行了后测，结果 B 教师任教的那个班的成绩又好于 A 教师任教的那个班。这时候，又产生了新的冲突。这两次冲突引发了教师们对课堂教学、作业设计与学生成绩之间关系的深入思考和争论。

2. 建构课堂数据与“学生学习”的冲突

课堂上最重要的数据，是有关学生在课堂上学习行为和学习效果的信息。教育的根本在于通过激发学生的学习动机实现学生的发展和变化。我们需要坐在学生身边，真正读懂学生。比如，在听一堂《鲜花和星星》语文课的时候，教师设置了这样一个课堂教学目标“正确、流利、有感情地朗读课文，在掌握课文结构的基础上背诵课文”。这个课堂目标一开始大家都觉得很适合，因为小学的语文课尤其是诗歌，就是要不断地读，读出感情，读到能背诵。结果这堂课上下来，教师发现只要读过几遍后，学生的背诵没问题，但就是没有感情。我们来看以下课堂教学片段：

师：选择你认为最好的句子读一读。

生 1：我最喜欢满地的鲜花。

师：你怎么有感情地读呢？

生 2：最喜欢要读重。

这个片段中学生产生的认识是“有感情 = 重读”，这个观念让学生在朗读中注重的是一种机械的“重读”。将这个片段与“正确、流利、有感情地朗读课文”联系起来，冲突就产生了，什么是有感情地朗读呢？“正确、流利、有感情地朗读课文”这一目标似乎并没有对这一课文的教学产生任何实际的指导意义。这是一条贯穿小学到高中的朗读目标，那么，对于这篇课文，学生应该出现怎样的行为才是有感情呢？这堂课真正应该教给学生怎样的关键内容？基于学生的课堂表现，教师又重新调整了教学目标："能够用带有惊喜、发现、愉悦等感情朗读全诗，并能有感情地背诵”。

总的来说，建构“冲突”就是要善于提出问题，从很多课堂细节中提炼出值得探讨和关注的重要问题。教师要善于用一种陌生的眼光重新审视非常熟悉的课堂细节或片段，通过再现或创造一种真实的课堂情境，让多种教学观念得以展现。

（二）澄清冲突背后的观念

不同教师拥有不同的教学观念。教学观念平常隐藏在纷繁的教育事件下，与具体的教育情境相依存。只有碰到具体的教育事件，这些观念才会凸显出来。优秀的教师能够在各种教育事件中持续反思自己的教学观念，并不断丰富与修订。

1. 流程上留出“反刍”时间

观念的澄清需要时间，要在流程上留出“反刍”的时间。

一般而言，地区或学校在组织课堂观察或听评课的时候，总是用两节课，一节课用来听课，另一节课则在听完课后马上评课。评课结束，这次听评课也就结束了。这种方法看似省事，比较适合学校的排课，但是这种做法让听评课的教师匆匆上马，很难有时间对课堂中的现象进行深入的反省，评课中刚刚深入一点，时间就已经到了，因而这种安排并不利于评课的充分开展，也不利于教师对一个问题的深入探究。

在课堂观察中，如果也采用这种方式，课堂观察的效果不会比听评课好。课堂观察的内容如果没有充分地展开、思考比较肤浅，教师们会简单化地认为：课堂观察就是数据的汇报。实际上，观念的交锋，对某一问题或现象的建设性的建议的提出，都需要时间来思考。正如项目学校中的一位校长所言：

课堂观察之后如果没有充分的反思时间，就会流于形式。我感觉最大的困难就是现在这种规模的课堂观察的组织，人力问题、精力问题、时间问题可能会使得它难以推广。怎样让课堂观察变得“简捷而有效”，这一

直是我们的追求。

但是，学校的时间很零散，不可能有相对较长的时间进行完整的数据整理、分析和研讨。有鉴于此，我们必然要在“深入”、“效率”两者之间寻求平衡。一种可行的方法是将课堂观察分成两步走，留出一个“反刍”的过程。

首先，在课堂观察之后，马上进入即时研讨。所有的参与教师聚在一起，每位听课的教师简短地谈一下自己在这一部分观察到了什么，只谈现象和数据，不发表评论。一般这个即时研讨的环节只要用10分钟的时间。

即时研讨的时间虽然短，却起到交流数据的作用，避免先入为主的价值判断。对上课的教师来说，一次课后会议中要面对大量的细节和数据，他们很难有反思的机会，也很难当场对此作出合理的解释或提出改进的方法。

即时研讨后，大家可以对自己的观察记录稍作整理，传给所有人分享，然后在第二天或本周内找一个合适的时间进行一次深入研讨。在第二次讨论中，上课教师因为了解了所有的数据，对于数据本身有反思和解释的机会。各观察者也可以在全面了解其他组的基础上对自己的判断、推论进行反省。

当然，这种“反刍”还可以更加深入，将其和一个月、一个学期的教研活动结合起来。这样一来，在设计教研活动时，就可以按照目标、观察主题进行设计。在本月的活动中，可以将这个月所做的所有课堂观察数据都汇总起来一起研讨。比如，在对知识与技能类目标达成上，这一个月的教研活动就可以是围绕某个中观目标进行系统的观察和思考。而在一系列的反思之后，所形成的是对这一类目标教与学的反思与建议。这样的研讨可以将一次课堂观察事件变成持续性的参与事件，将支离破碎的教研活动整合起来，用一次较完整的课堂观察活动带动教师持续深入的思考。

2. 多元观念之“争”

在一次评课交流中，有评课者提出“平行四边形是不是轴对称图形”这样的讨论应借助幻灯片进行直观教学；而执教者持有不同意见，认为过多地运用直观教学会影响学生的思维发展。同样，在上述的诗歌教学中，有教师认为，一年级的学生没有那么强的想象力，应该辅助以各种图片和音乐；而另一些教师认为，过多的图片会冲淡学生的想象力，转移学生的注意力，降低他们自身对诗歌的欣赏能力。

这种争论很有价值，是多元的教育观念相互冲突和融合的过程，在没有话语霸权的情况下，容纳不同的声音，每位教师都可以从中吸取合理的成分，创造新的意义。这是教育民主、自由的体现，不仅学生需要这样的自由，教师也需要这样的自由。

有时候，这种冲突不是那么明显，需要在课堂观察的数据中有意识地予以凸显。比如，在上《揭开雷电之谜》这堂课的时候，教师们一开始认为执教者在引导学生概括文章主要内容上没什么问题。从学生最后写在书上的句子看，大部分学生都做对了。但是，当研究人员给出对这一部分的深描，并引导教师们再次观看课堂的视频时，冲突很强烈地体现了出来。

在一节课上，教师提问，要求学生对《揭开雷电之谜》这篇课文的主要内容进行概括。(理答时间 3 秒)

学生 1：富兰克林做了一个白色丝绸风筝，在郊外进行了雷电实验……

教师没有评论，理答时间为 0，又喊了另一个学生。

学生 2：富兰克林带着儿子，拿着做好的风筝……

教师打断他的话说：两位同学概括得不够简练，听老师来概括一下。

(两个学生仍在举手，后放下)

在上文的片段中，有一部分教师认为这样的处理有问题，有另几位教师则认为，在现在上课时间如此之紧的情况下，这位教师这样做，是从效率出发，是不得已的。我们姑且称前者为反对者，后者为支持者。为什么反对，为什么支持？这就涉及现象背后的观念。

支持者认为，在现有教学时间限制下，教师在这个问题上提问了两个学生，学生没有回答出来，教师就予以补充、给出正确答案，是非常有效率的行为。反对者认为，这位教师的理答时间太短了，第一个理答时间是教师抛出概括文章内容的问题后留给学生思考的时间，只有 3 秒。在第一、第二个学生回答后，教师没有理答，理答时间为 0。从理答的技术来看，教师采用了自己回答的方法，只使用了一次转问，而没有采用点评、引向深入、再组织等方式。

教师们经过深入讨论后发现，上述片段其实和特定的目标相关联，是本节课的重点目标“根据重点词语概括文章主要内容”中的环节之一。这个环节的处理其实反映了教师对于“概括文章主要内容”这一阅读目标应该如何教学的假设。

支持者认为，对于这一类型的目标，最有效的方式是告知学生正确的答案，通过教师的示范让学生体会怎样连词成句，将“放电现象—大胆提出—风筝实验—轰动世界”联结成一句话，就是课文的中心思想。而反对者则认为，在这一回答中，教师的理答不到位，他只是告知正确答案，却没有告诉学生为什么那样概括不对，也没有告诉学生在出现重复累赘的概括问题时的处理方法，在下次遇到类似问题的时候学生又会犯这样的错误，不能收到举一反三的效果。

通过讨论，我们还可以从更深入的层次上来反思这一问题，即怎样的学习和教学是有效的。支持者认为，学习有效关键在于教师讲解得清楚、正确，做到这一点，自然而然的学生就可以表现得很好。而反对者认为，学习有效关键在于学生主动学习，教师要做的只是提供一定的机会，创设一定的情境，让学生主动发现自己的问题，让学生在互动中寻求问题的解决方案。学生之间的学习效果要比教师教学生的效果更好。这些观念之“争”的过程涉及反省的深度。

3. 多元观念之“反思”

反思往往冲击我们的固有思维，改善我们的心智模式，团队反思有利于学校科研文化的优化，增强整个观察团队的集体反思力。有效的反思，是在反思中进行“有我”的反思，并在反思的过程中获得“新我”，换言之，如果反思之前与反思之后我们没有感觉有丝毫的收益，那么，这样的反思效果几近于零。有效的反思，要反复回归到具体的课堂，从不同的角度切入，让每一位教师而不仅是观察者都得到益处。

存在着三个层面的反思：在第一层面中，课堂现象是反思和探究的对象；在第二层面中，对课堂现象的观察和讨论是反思和探究的对象；在第三层面中，教师的教学观点和思维方式本身成为反省的对象。这种层层深入的反省方法在施瓦布的《大学课程与学生主张》（College Curriculum and Student Protest）中使用过（舒尔曼，2007）[14]。

对于同样的课堂情境和课堂内容，不同教师可能会得出不一样的看法，并在观察和讨论中延承各自的思路，而这些思路往往很少成为大家反省和讨论的内容。比如，在一篇语文教学中，甲教师上课用 1 分钟的时间来让学生阅读，然后教师用大量时间进行讲解；而乙教师上课用 5 分钟的时间让学生自主阅读，然后用10 分钟的时间来合作讨论。评议时，一部分教师说，甲教师不以学生为本位，乙教师以学生为本位。另一部分教师说，甲教师对文本的理解非常深入，乙教师对文本的解读过于肤浅。其实，在这两种截然不同的说法背后，就是教师对文本解读观点的差异，文本解读到底是应该由教师解读得充分精深还是应该由学生进行解读？这其中还涉及怎样的语文教学是好的教学的问题。现实当中，教师的解释往往很少从反思的角度来进行，很少会碰触自己的教学信念，这使得他们对课堂中发生的事件缺少深入的理解与分析。

因此，在课堂观察中，我们还可以不断思考如下问题：

◇ 我知道自己的教学理念吗？在我的所有行为中，哪些行为是体现自己的教学理念的？哪些行为是违背自己的教学理念的？

◇ 对于某一目标，我认为比较好的教学方式是什么？这位教师的教学符合我对比较好的教学方式的假设吗？与我的假设之间产生冲突了吗？这种冲突反映了什么？我的假设合理吗？

◇ 这位教师的教学与我的各种教学惯例哪些是吻合的，哪些是有冲突的？我和他之间有哪些是合理的？哪些是有待改进的？为什么？

◇ 我为什么会这样坚持我的观点，这说明了什么？其他人的论述合理吗？我有什么样的证据用来支持或反对？

（三）重构

如果不经历重构的过程，课堂观察只具有研究意义，而很难具有实践意义。重构是在两个层面进行，一个层面是对课堂的重构，另一个层面是对自身观念的重构。在大多数评课中，重构的主要是前者，而往往忽略了后者。

1. 重构课堂

观察和分析的建议应该转化为具体的课堂行动。本书所指的课堂观察旨在促进教师的专业发展，使用主体是教师。因此，课堂观察中所提出的建议应该是建设性的、情境性的。

听评课中通常会给出一些宽泛的建议，如“建议加强对个性朗读的指导”、“教学目标口子要小”、“要面向全体学生”、“要进一步了解学情”、“课堂互动要增加”，等等。而这些建议都是去情境化的，很难应用。

我们所有参与课堂观察的教师都要经历重构阶段，每一个人都将自己放在执教者的情境中，思考面对这样的学生和这样的问题，我应该怎样处理更好。在情境中重构课堂是一种重要的能力。重构可以针对提问、环节

等各方面进行，这些重构将极大激发教师们的课堂洞察力。

举一个研究中的例子。有一位教师上了一节《全神贯注》的语文课，主要讲大雕塑家罗丹全神贯注地修改一座雕像而忘记自己所请的客人茨威格的故事。这节课的单元目标和教参上的重点是对课文内容进行质疑，课文学习的重点是第二节对罗丹如何全神贯注修改雕像的诸多动作、神态的描写。教师运用了小组合作学习的方法，结果发现，学生几乎对第二节的每一句话都提出了质疑，因为每句话对他们来说都显得难以理解。整个一堂课，教师忙于对每一句话做出解释和分析，而课上得有些沉闷。围绕这样一节课，教师们展开了讨论，并给出了不同的重构可能：

重构1：目标的重构。这堂课的重点是质疑，但是，这样的目标合理吗？目标不应该放在质疑上，而应该是在释疑上。因此，我们布置给小组合作的任务就不应该是质疑，而是释疑。只有这样，小组才能真正展开讨论，不像现在，只有你一句我一句地抛出问题，没有思维的含量。

重构2：合作任务的重构。我们要在预习—上课之间建立一致性。让学生先学，教师基于学生先学的情况再来教学。在小组合作之前就让学生自习，让他们在自习中提出质疑，能解决的解决，上课时教师只需提出这些被筛选后的学生没法解决的问题来进行解释和分析。

重构3：教师指导和评价的重构。这节课的小组合作之所以没有质量，在于教师的指导和评价不合理。在小班教学的情况下，教师没有兼顾到所有的组，只巡回了两个组，并且在组内不是激发学生间的相互质疑和思考，而是干预组内的问题提出，强行用自己的问题替代他们的问题。因此，关键不在于采用怎样的学习形式，而在于教师的指导和评价应该围绕学生所提的问题，而不是自己的问题。

重构4：教师指导和评价的重构。在合作学习的状态下，我们的评价语言要发生转变。这节课虽然采用了小组合作学习的方式，但是后续教学还是采用了点对点的提问方式，小组合作中的内容与后续的教学环节是脱离的。因此，改用小组汇报的方式要比点对点的提问更好，这样可以看到整个小组的合作成果。相应的，我们在评价的时候，同时需要评价两个方面，一是评价小组合作任务的解决，二是评价小组合作的质量。

在重构课堂中，不仅要说出问题，还要提出具体的建议，并阐述重构的理由。这些重构是否合理，还要经过课堂和学生的检验。经历过这样的重构过程，教师们对合作学习的目标与任务设置、合作学习中的学生学习状态、合作学习中的教师指导无疑有了更深刻的体认。

勒温（Lewin）提出，了解这个世界的最好方式就是去改变它。行动研究和课堂观察的结合可以让课堂改进成为可能。支撑重构课堂的背后思想就是行动研究，课堂的重构需要循环改进的课堂观察和探讨，将上一次课堂观察的结果作为课堂改进的起点，对新的课堂再进行观察，然后进行新的课程设计。

2. 重构观念

课堂分析的重要内容是观念。在课堂分析中，应注意分析细节发生的背景，善于从小见大、由此及彼、从现象到本质地进行分析。匆忙的分析和研讨不能带来深入的反思，我们需要的是深入探讨一堂课背后的规律性问题、观念问题、涉及一类课、一类行为模式、一类观念的转变。

深层次的评课探讨不仅旨在重构一堂课，更重要的是转变教师的观念，而这两者又不是割裂的，教师只有在分析、重构具体的课堂中才能触碰到隐藏在行为模式下的原有观念，产生新旧观念之间的碰撞。新的观念只有经过认同，内化为理念，才有可能被教师接受。这就意味着教师需要改变在课堂中的习惯的行为方式，伴随着情感的冲突，要与原有的认知结构发生碰撞与冲突。

新一轮课程改革提出了很多新观念，在学习方式上就提出了三种——合作学习、自主学习、探究式学习。但是，这些观念对教师的课堂行为产生了多大的影响？教师的课堂到底发生了多大的改变？教师知道这些观念的名称，就一定能够使名称与课堂上的行为之间产生新的关联吗？

在上面的《全神贯注》例子中，合作学习的理念教师们都认同，但这种认同只是一种表面上的认同，还没有在实际的课堂中发生观念上的碰撞。所以，在实际上课的时候，教师又采用了她熟悉的个体上课的方式，产生了一系列与合作学习的理念不相吻合的做法：合作学习的任务是没有关联的，合作学习中的巡回没有关照到每一个组，合作学习后的成果展现还是点对点的方式，合作学习中的评价仍然只是对任务本身的评价，等等。上课教师和观课教师在评课过程中经历了脑力激荡的过程，大家固有的行为方式与新行为方式之间发生了碰撞与冲突。这种碰撞与冲突才有可能转变观念，使教师发现“哦，原来合作学习是这样一回事”。

有一位教师上潜水艇，课文中列出了潜水艇的各种材料，但是他做的潜水艇就是只沉不浮。于是，他做了很多尝试，反复换材料，终于发现，

原来是提供的瓶子太大了，材料有问题，改成了眼药水瓶，就浮起来了。教师很高兴，在上课的时候告诉学生，书上的材料是不对的，你们应该用眼药水瓶。但是，教师却并没有想到，为什么不能让学生自己去探索？他其实完全可以在课堂上采用探究式的学习方式。他自己做到了，却没有想到同样可以让学生也做到。这就是观念的问题。

课后分析的过程不是一个价值灌输的过程，而是在分析和讨论数据的过程中，让所有人经历真实的课堂再现、课堂重构、观念澄清的过程。这个过程是一种团体合作、深度反思的过程，是对于任何信念或假设，按照其所依据的基础和进一步导出的结论，来进行主动的、持续的和周密的思考。

第十三章 基于多元理论框架的分析

在课堂观察中，对一些重要而普遍的现象、一些典型性的目标，有意识地借用理论框架来进行分析，会丰富我们对课堂的认识。下面我们将提出三种理论框架，并以同一节数学课作为载体，运用三种理论框架来进行分析，这种分析将深化我们对教学复杂性的理解与认识。课堂分析就在于促进教师异质性的反思，而反思的深度很大程度上依赖于我们所秉持的观念或理论架构的深度。

一、复杂教学视野中的多元理论框架

从舒尔曼撰写《作为临床信息处理的教学》这篇具有决定性的论文开始，课堂研究就突破了行为主义者们将课堂看做是各种不同技能和行为的考核清单的观念。在这篇关键性的文章中，舒尔曼提出，教学是一种复杂的、多方面的慎重的活动，这种观点激励了教学研究中的认知取向，也让人们认识到，课堂，原来并非如行为主义者所描述得那样简单。

（一）行为—行为的分析路径

目前所流行的大量课堂观察只强调对行为的记录和推论，并不强调行为和教师观念、某些概念之间的联结，比如，让教师进行频数的记录、百分比计算、行为描画等，似乎只要有了行为的记录，就可以出现行为的推论，而有了行为的推论，就可以产生行为的改进。

这种分析的方式表现为如下的“1”路径，从问题行为到改进行为。课堂观察就是要找出问题行为，然后对这些问题行为进行反省，试图将其改变成好的行为。这种类型的课堂观察背后隐藏的是一种行为主义的观点，强调可观察、可记录的数据，认为只有在具体的教学行为得以凸显并得到了讨论的情况下，观察和反省才有可能帮助教师改进课堂行为。

这种对“行为”的关注是区分课堂观察与传统的听评课的重要标志。课堂观察试图摒弃以往的印象式的分析，在纷繁复杂的课堂中凸显具体行为。

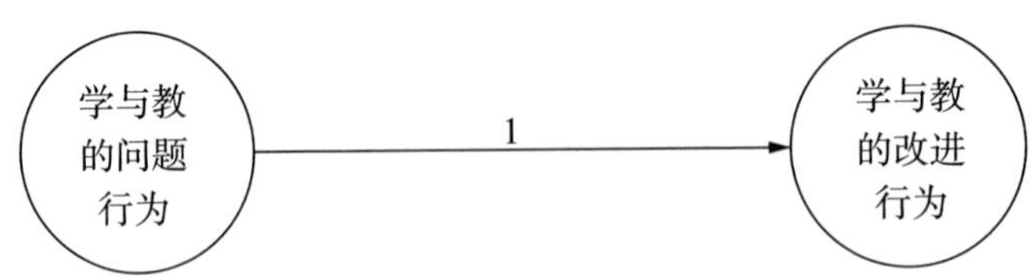

图 13–1　课堂观察与分析路径 1

但是，这种从行为到行为的分析和改进思路容易带来一个问题，即教师的行为拷贝，教师可能短期内会产生行为的变化，但是这种行为变化难以迁移，也没有内化，教师不知道自己为什么要这样做，也很少思考为什么要这样做。诚如上一章所言，观念的变化是一个复杂的过程，由于教师对支撑这些行为的观念、概念或理论没有认同，更谈不上理解，情境一旦变换，行为上就会僵化，难以变通，或者当遇到一些阻力的时候，很容易放弃回到自己原有的行为套路中去。

这种行为—行为的推理方法，让教师对课堂观察的数据只有一个浅显的认知，教师不明白数据背后的理念，也很少将这些行为和自己的教学观念、信念结合起来，更难以运用理论分析改进自己的行为。如项目组一位老师所说：

我们学校做了一段时间的校本教研，也用了课堂观察的方法，做了一段时间后发现，面对各种数据，我只是以自己的经验来解释问题。我觉得自己的“理论装备”不够，所以面对观课后的评议有点害怕与紧张。我觉得自己得进一步加强反思，需要明白面对这样的课堂，我可以从哪些角度、应用哪些理论来进行分析。

这种现象也反映了理论界与实践界缺少对接。一方面，前者并没有为后者提供分析课堂行为和现象的合适的理论框架。教育中总是有太多的宏观理念，这些理念只能引发如上文所述的评课的“宏大叙事”，而难以带来有力的洞察和深刻的领悟。另一方面，教师很少将自己的教学行为与其教学观念、理论观点结合起来分析，停于行为表面的分析很难实质上促进教师的深度学习。只是看录像带或进行课堂实录并不能改进教学。我们应该有多种分析课堂问题的框架，学会用多种分析框架来分析同样的数据。

（二）行为—中观理论—行为的分析

舒尔曼认为，我们应该有一种更为温和的“中观理论”，要关注更有价值的问题。这样的问题包括：小孩子怎样才能掌握分数这个概念？少年怎样才能具有历史的洞察力？教师怎样激发年轻人对文学的兴趣？等等。这种类型的问题不是宏观的教育理论问题，而是和具体的学科情境、学习结果结合在一起的问题。为了研究这些问题，舒尔曼提倡教育研究方法论的折中主义，鼓励他的同事们采纳观察的和人种学的研究路径，从而去领悟教与学的复杂性。

我们认为，这种中观理论的观点是联结问题行为和改进行为的中间桥梁。教师要将一堂课中的行为改进迁移到一类课堂情境中，仅有路径“1”是不够的。认知主义的观点认为，教师只有对具体的行为进行分析，并且和某个具体的教育信念联结起来，才有可能产生触动，从而在认知和行为上有所改变。除非教师和课堂观察者知道自己在找寻什么行为，知道怎样准确地收集信息，并有一个理论框架来分析自己的观察结果，否则他们不可能真正理解课堂行为（古德 等，2002）[34]。因此，有必要给有思考力的教师提供路径“2”，促进他们在中观理论思考下的行为改进。

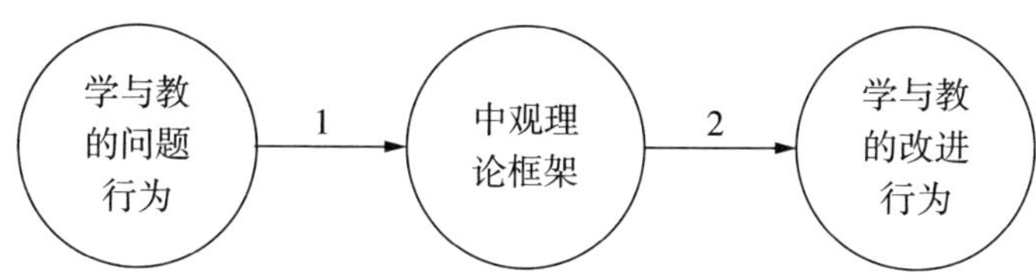

图 13–2　课堂观察与分析路径 2

课堂观察中数据的深度解读需要借助于中观理论框架。在没有理论框架的情况下，我们所接收到的信息往往是繁杂而不加区分的。西方传统的课堂观察强调要为教学行为寻找“概念标签”（conceptual label）。概念标签其实就是一种将行为和观念联结起来的方式。概念可以帮助我们实现从行为到理念的提升，将一些无意识的行为归入显性范畴。比如，一位数学教师的授课频率很快，给学生的理答时间很短，他一直将此看做是一种有效课堂的表现。直到有一天，他接触到了等待时间（waiting time）这个概念标签，他才意识到，原来等待时间对于学生的思考、探究有如此重要的意义。他在提问、理答中的等待时间的缺失，其实剥夺了学生的学习机

会，造成学生思维浅薄，甚至一直处于紧绷状态。

我们需要将具体的行为和教师的教学观念、信念、深刻的理论观点联结在一起。如果仅仅是就行为而论行为，我们只可能在一堂课中获得改进，而很难发生持续的变化，概念或理论框架可以帮助我们将在一堂课的观察分析中得来的概念迁移运用到其他的情境中去。

其实，很多教师并不拒斥理论，他们拒斥的只是一些大而空的观念。如果我们可以搭建比较简便有效的理论框架，教师便会有意识地加以运用。在实践中，笔者已经注意到，有些教师用弗兰德斯的语言互动系统对自己的英语课堂进行分析，有些教师用言语学习中视界融合的观点对语文课堂中的对话进行分析，这些分析都增强了教师的理论自信，使得他们对问题的分析和判断更有力度，更能明智地坚持自己的观点。

（三）中观理论框架的选择

那么，就目前来讲，有哪些适宜的中观理论框架呢？虽然国内外关于有效学习的观点很多，但是，观点并不等于理论框架。理论框架需要有一套相互解释并制成的概念体系，而且需要对课堂有过比较深入的验证性的分析，并在实践中被证明是有效的。

面对同样的课堂数据，运用不同的理论框架有可能产生不同甚至相反的结论。在本书中，我们选择了三个理论框架：第一个是由匹茨堡大学学习研究和发展中心开发的学习任务的分析框架，主要是在数学学科中使用；第二个是由瑞典学者马顿提出的变易理论（Variation Theory）（Marton et al，2006），原先也是集中于数学领域，在近些年香港推进的“照顾学习差异”的研究中，这一理论框架在语文、数学、英语、常识等各个学科领域中都得到了应用；第三个理论框架则是真实性教学，主要是由纽曼（Newman）等人所提出的，这一分析框架主要是在语言领域内使用，如语文、英语等学科。

本章所选择的理论框架一般都符合以下三个条件：第一，在某个学科领域或具体学科中都有过具体的应用；第二，属于微观和中观的理论，而不是宏观层面的理论；第三，有完整的理论体系，而不只是某个片段的想法。

二、数学任务的分析框架

学生学习的质量取决于学生所投入的思维水平和种类，而对教师来说，能够帮助学生学习的，就是设计合适的学习任务。如果我们要促进学生思考、推理和解决问题能力的发展，那么就要选择能促使学生运用更复杂的思维方式的任务。尽管以这种任务开始并不能保证学生在高水平上的参与，但却是一个必要条件，因为低水平任务实际上几乎不可能产生高水平的参与（Stein et al，2001）[7]。学习任务的分析框架是一种对数学课堂中的任务认知水平进行分析的框架。我们可以借助这一框架对教师在不同类型目标下所设计的任务和学生的认知学习活动进行分析。

（一）背景

这一分析框架是由匹茨堡大学学习研究和发展中心提出来的，主要的提出者是斯泰因（Stein）等四位教授，他们主要从事教育心理学研究和数学教育研究。借助“量化理解：增强学生成就和推理”（Quantitative Understanding：Amplifying Student Achievement and Reasoning，QUASAR）这一项目，他们旨在通过强调思维、推理、问题解决以及数学概念交流等富有挑战性的任务来改进学生的数学学习，重点面向经济不发达地区的初中生。他们曾应用这个框架对500多个数学案例进行分析，由此证明了这个框架的实用性和分析力度。

（二）分析框架

什么是教学任务？这一概念框架对其的界定是：“不仅是课本上或教师授课计划中出现的问题，而且是围绕教师和学生，组织和实施那些问题所进行的课堂活动。”（Stein et al，2001）[xiii]。数学教学任务不仅是教师在教案中所写的预设任务，而是活生生的，会随着课堂的师生互动发生变化，会在课堂中改变其认知要求。

教学任务分成三个阶段：（1）出现于课程、教材中；（2）教师在课堂上创建或发布任务时；（3）学生演算或思考时。这三个阶段，尤其是最后一个阶段被认为对学生的实际所学有着重要影响。他们用此框架分析了数百个案例，得出了两项重要发现：（1）具有高认知要求的数学任务是最难以圆满完成的，在教学中往往被转化为更低要求的问题；（2）在教学任务始终鼓励高层次思维和推理的课堂上学生学习获益最大，在教学任务始终是程序性任务的课堂上学生学习获益最少。那么，哪些是低认知水平的任务，哪些又是高认知水平的任务呢？他们给出了如下的界定，见表13-1。

表 13-1 任务分析的框架（Stein et al，2001）[9]

低认知水平的任务	高认知水平的任务
记忆型任务 • 包括对已学过的事实、法则、公式的记忆再现或把事实、法则、公式和定义纳入记忆系统。 • 使用程序不能解决，因为不存在某种现成的程序或因为完成任务的限定时间太短而无法使用程序。 • 与隐含于已学过的或再现的事实、法则、公式和定义中的意义或概念无任何联系。 **无联系的程序型任务** • 算法化。程序的使用明显基于先前的教学、经验或对任务的安排。 • 成功完成任务的认知要求有限，应该做什么和如何做几乎一目了然。 • 与隐含于程序中的意义或概念无任何联系。 • 更强调得出正确答案而不是发展对数学的理解。 • 不需要解释或需要的解释仅仅是对解题程序的描述。	**有联系的程序型任务** • 为了发展对数学概念和思想的深层次理解，学生的注意力集中在程序的使用上。 • 暗示有一条路径可以遵循，这种路径是关于隐含的观念，有密切的、明晰的、一般的程序。 • 常用的呈现方式有多种（如可视图表、学具、符号、问题情境），在多种表现形式之间建立起有助于发展意义理解的联系。 • 需要某种程度的认知努力。尽管有一般的程序可遵循，但却不能不假思索地应用。为了成功完成任务和深化对数学的理解，学生需要运用隐藏在程序中的观念。 **做数学** • 需要负责的、非算法化的思维（任务、任务讲解、或已完成的例子没有一个可预料的、预演好的方法或路径可以借鉴）。 • 需要学生探索和理解数学观念、过程和关系的本质。 • 要求学生对自己的认知过程进行自我调控。 • 要求学生启用相关知识和经验，并在任务完成过程中恰当使用。 • 要求学生分析任务并积极检查对可能的问题解决策略和解法起限制作用的因素。 • 需要尽相当大的认知努力，也许由于解决策略的不可预期性，学生还会有某种程度的焦虑。

上述四个层次的任务可以作为我们分析不同阶段课堂任务的框架。不同的任务要求学生有不同的思维层次和类型。我们可以以此来分析教师预设任务的认知要求，也可以分析教师实际布置的任务的认知水平，还可以分析学生层面上的任务的认知要求是否合适。很有可能，一个在教师层面上预设的高认知要求的做数学的任务会在学生层面上变成程序型或者是无

系统的探究活动，或者，一个有意义的程序型任务降为记忆型的任务，甚至，在某些课堂中，这些任务会被降为非数学的活动。

研究者们进一步给出了教师有可能会降低高认知要求水平的因素：

① 任务的问题方面已常规化（如学生迫切要求教师详细指明操作程序或步骤，以降低任务的复杂程度；教师包办学生的思维和推理，并告诉他们如何解答）；

② 教师把重点从意义、概念、理解转移到答案的正确性和完整性方面；

③ 没有提供足够的时间让学生去完成任务具有挑战性的方面，或实践过多，学生们做起了与任务无关的事情；

④ 课堂管理问题阻碍了学生持续参与高要求的认知活动；

⑤ 给予某个既定小组的任务不恰当（如学生由于缺少兴趣、动机或所需的已有知识而未参与到高要求的认知活动中；任务指向不明确，学生不能进入正确的认知空间）；

⑥ 学生对高水平结果或过程不必负有责任（如尽管教师要求学生解释他们的思考过程，但对学生不清晰或不正确的解释却予以接受）。

在有些课堂上，我们也可以看到，教师能一直保持对学生较高的认知要求，这些教师的教学活动往往呈现出如下要素：

① 给学生的思维和推理搭脚手架；

② 提供学生监控自己思维过程的方法；

③ 教师或有能力的学生示范高水平的解答行为；

④ 教师提问、评论或反馈以维持对证明、解释或意义的强调；

⑤ 任务建立在学生已有的知识基础上；

⑥ 教师频繁在概念之间建立联系；

⑦ 适当的探索时间。

并非所有的目标都是采用越高层级的任务越好。不同的目标适用于不同的任务。有些任务能够让学生深入思考和推理，而有些任务则重于记忆和使用规则与程序。如果是回忆基本事实、定义、规则、信息等，比较适合采用记忆型任务；如果是要解决常规问题，以增加解题的速度和准确性，比较适合采用无联系的程序型任务；如果是要增进对概念的深度理解、理解程序的运用，比较适合采用有联系的程序型任务；如果是要进行高层次的数学思维活动，发展学生的自我认知和监控策略，则需要采用做

数学的任务。

（三）数据分析实例

根据斯泰因等人的判断，课堂中很多的数学任务都是记忆型或无联系的程序型任务，即使教师设计出了比较高水平的任务，在课堂中也往往会发生任务水平降低的情况。我们以人教版五年级的《不规则物体的体积》一课为例，应用这一理论框架对课堂学习的状况进行分析。①

1. 分析目标需要的任务类型

我们首先分析教师预设的目标需要怎样的任务类型。根据教师预设的目标来看，这些目标的认知要求都是不一样的。

表 13–2　预设目标适用的任务类型

目　标	认知要求	适用的任务类型
1. 进一步巩固长方体、正方体体积的计算方法。	回忆以往的计算公式，在新的熟悉情境下选择合适的公式运用。	记忆型
2. 通过活动探索不规则物体的体积计算方法，理解和掌握“等积变形”和“排水法”。	通过实验操作探索，在直观感知的基础上抽象，建立起排开水的体积和不规则物体的体积之间的等量关系。	有联系的程序型 做数学
3. 在动手操作中体验“转化”的数学思想，发展学生的空间观念。	体会转化的思想、等积代换、空间观念。	做数学

第一个目标主要是回忆并巩固，这种类型的目标比较适合采用记忆型任务；第二个目标主要是操作探索、建立模型，在常规的课堂上，这种类型的目标比较适合有联系的程序型任务，也可以采用做数学的任务，后者无疑需要教师和学生付出更多时间；第三个目标和第二个目标是联系在一起的，这种对于数学思想的体验和空间观念的发展需要通过做数学的方式来实现。总的来说，这堂课的核心数学目标需要通过较高层级的任务设计

① 本案例中的原始材料由项目团队中的浙江省湖州市爱山教育集团的数学组教师提供，有修改。

才能达到。

2. 分析教案中预设的任务类型

根据上述目标，教师预设了 5 个主要的学习任务。教师首先呈现多种规则物品和不规则物品，通过具体的物品让学生回忆已有的体积公式。显然，这一任务对应于第一个目标，是记忆型的任务。第二个任务是呈现多个不规则的物体，让学生以 4 人组成一个小组进行探究。从预设任务的角度看，教师并没有提供充分的问题线索，需要学生运用非算法化的思维进行思考，这种任务类型是比较高层级的做数学；第三个任务是让学生比较不同的方法，理解是否有相同的地方，这种任务属于有联系的程序型任务；第四个任务是给出一个珊瑚石，求体积。在经过前一阶段的学习后，这一任务暗示学生有一条路径可以遵循，是有联系的程序型任务；第五个任务是求梨子的体积，对于这样一个问题，要求学生深入理解数学观念、过程和关系的本质，并分析这一任务中的问题解决策略，属于有联系的程序型任务。

表 13–3　教案中预设的任务类型

具体任务	任务分析	任务类型
1. ……这些物品中，哪些物品的体积我们可以直接求了？	对已学过的公式的记忆重现。	记忆型
2. 呈现马铃薯等多种不规则物体……怎么求出这些不规则物体的体积呢？接下来，以 4 人小组为单位动手研究。	要求学生启用相关知识经验，并在任务完成过程中恰当使用。	做数学
3. 刚才用不同的方法测出它们的体积，这些方法有没有相同的地方呢？	需要学生探索和理解数学观念、过程和关系的本质。	有联系的程序型
4. 珊瑚石的体积是多少？ 6cm 8cm 8cm　7cm 8cm 8cm	学生运用已经学到的方法来解决这一问题，程序已经知道。	无联系的程序型
5. 求梨子的体积。	需要学生深入理解转化这一思想。	有联系的程序型

从教师预设的任务来看，任务的认知层次和目标的认知层次是比较吻合的。那么，在实际上课中，任务的认知水平是否会发生变化呢?

3. 分析课堂中实际产生的任务类型

在课堂的实际过程中，我们需要考查的是，教师原先设计的任务是保持原来的认知水平，还是已经降低了。为了考查这一点，我们就要对相应任务中的教师和学生的表现进行分析。以下我们只选择其中两个任务片段进行分析。

任务 2："做数学"任务的降低

教师呈现马铃薯等多种不规则物体，但是，怎么求出这些不规则物体的体积呢？接下来，教师让学生以 4 人小组为单位动手研究。在此，呈现 2 个小组的观察结果：

表 13–4　课堂中实际产生的任务类型

小组 1	小组 2
生 1：用尺子把橡皮泥压成一个长方体，并用尺量出长、宽、高。 生 2：提出建议，需要水和杯子。 生 3：将石头放入水中，读出刻度，并认为上升的水就是石头的体积。 生 4：认为泡沫不能放入水中来测体积。(浮起来) 生 2：借助尺子将泡沫浸入水中。学生 4 对此有意见，认为尺子也有体积。 生 1：认为橡皮泥不能放到水中，因为橡皮泥放水中会化的。	生 1：把橡皮泥做成长方体，测量长、宽、高。 生 2：橡皮泥可以改变自身的形状。 生 3：橡皮泥的形状变了，但体积没变。把不规则的物体转化成了规则物体。 生 1：用水杯，在水面处画一条横线，把石头放入水中…… 生 4：倒入 120ml 水，水上升到 180ml，180 – 120 = 60ml = 60 立方厘米。 生 1：物体在水中排开水的体积就是它的体积。 生 2：水不能太多，否则水会没出来。 生 1：泡沫可以用手按压下去，但手指不能碰到水，手指也有体积。

从实际课堂上表现的情况来看，由于学生都预习过了，对排水法的运用都已经有所了解，所以很多学生用的都是排水法，只有 5 个学生对橡皮泥提出了另外的计算方法：用尺子压成规则形状。预习因素让教师预设的认知水平大大降低。有一些学生明显地将程序放在"转化"思想之前，固执地使用排水法，而很少会想到其他的方法，没有体会到"转化"才是核

心，而排水法只是方式之一。这一任务在这部分学生身上就降为无联系的程序型任务，也有少部分学生还保持原来的做数学的状态。在小组 1 和小组 2 中，对于泡沫的争论暴露了一部分学生的学习难点，有学生不太明白用来将泡沫压下去的尺子和手指是否占到体积。但是由于探究时间过少，学生没有能突破这一难点。

任务 3：有联系的程序型任务转化为无联系的程序型任务

教师询问学生，刚才用不同的方法测出它们的体积，这些方法有没有相同的地方呢?

师：这些方法有什么相同的地方?

生：把不规则物体变成了规则物体。

其他同学表示认同。

师：有没有别的方法也能求出它们的体积?

生：用切割法，切割成两个或多个物体。

师：泡沫用排水法不方便，那我们可以用沙测的办法求出它的体积，还可以用称重的方法求不规则物体的体积。

生点头表示同意。

教师直接告知了答案——沙测法和称重法，减少了学生的探究难度。教师给学生的探究时间太少，将重点转移到了答案的正确与否；给予学生的材料过少，只有水，没有沙子，也没有磅秤，因而学生不能通过探究得出合适的方法和答案。

应该说，这节课旨在发展学生对数学重要思想的思考和推理的能力，提供了比较好的高水平的任务。但是，从上述分析来看，即使是预设的高认知水平的课堂，在实际实施的时候，也会出现诸多问题。在其他三个任务上也都出现了不同程度的降低，或不充分的情况，其原因各异：学生事先的预习，指明了操作程序和步骤，任务问题的常规化，教师指明问题线索，将重点从意义、概念、理解转移到答案的正确性和完整性方面，没有提供足够的时间让学生去完成任务具有挑战性的方面等，教师预设的教学任务的认知水平在课堂中被降低了。

三、变易理论

在第七章中，我们已经论述过，学生对于科学现象和概念的理解存在

朴素的多样观念，好的教学需要理解这些观念并将自己的教学建立在这些多样观念的起点上。变易理论就是对这种观念的关注，并提出了相应的教学策略。

（一）背景

变易理论发端于瑞典学者马飞龙的现象图式学（phenomenography）。现象图式学着眼于揭示人们经验现象方式的不同，并用描述类别（categories of description）和结果空间（outcome space）来阐述这种不同。它要回答的问题是“人们认识世界方式的关键属性（critical aspects）是什么（这种关键属性决定了人们能否有效地认识世界）？”有研究者将现象图式学的发展划分为五个阶段：（1）探讨学生学习的差异；（2）研究人们经验世界方式的差异；（3）形成解释人们经验世界方式的理论框架；（4）应用变易理论描述及分析课堂教学；（5）使用变易理论设计学习环境来促进学习的发生。前两个阶段属于传统现象图式学范畴，主要研究人们经验现象的质性不同的方式。后三个阶段则属于“新”现象图式学范畴，强调用变易理论来解释及促进经验现象的特定方式（彭明辉，2008）。

国内对变易理论的认识主要源于顾泠沅在数学领域上所做的“变式”研究。他还提出了中国数学教师经常凭直觉使用的两种变式：“概念性变式”和“过程性变式”。就当下来说，变易理论的运用已经触及多个学科。2000年，香港课程发展处开展了“照顾学生个别差异”的研究计划，在这一研究计划中，运用变易理论对语文、英语、常识、科学等科目进行了大量的课堂学习研究。

（二）主要观点

如果要用一句话来概括变易理论，那就是，学习是在关键内容属性上的变易。也就是说，为了认识某个事物，就必须注意到这个事物与其他事物之间的不同，注意这个事物与其他事物在具体某个属性上的不同。为此，需要在所有其他属性都保持不变的情况下，让这个属性在某个维度上发生变化，这个差异才可以被识别出来。该理论认为，要发生学习，需要满足如下三个条件：（1）辨认出关键属性；（2）经验这个关键属性的变易；（3）其他属性保持不变。

既然学习就是鉴别，有比较（差异）才能鉴别。因此，在教学中我们应尽可能地去拓宽学生“学习空间”的变易维度。马飞龙和他的研究团队提出了四种变易图式：对比（contrast），区分（separation），类合（generalization），融合（fusion）（Marton et al，2006）。

◇ 对比是指一个现象、事物、概念在某个维度上不同值或特征的变化。对比有助于识别特征，如绿色与蓝色、青色之间的对比。这里的变易维度就是颜色，而值是绿色，在值不断发生变化的时候，其他维度如形状等保持不变。

◇ 区分是指学习者将注意力集中在某个变易维度上。我们还以绿色为例，在学习的时候，我们看到了绿色与青色、蓝色等不同颜色的变化，但是，绿色体现在很多不同的事物中，我们是否都能有效地将其区分出来呢？学习需要在不同的事物如绿树、绿草、绿色的昆虫、绿色的桌子中都区分出绿色，都聚焦于这个变易维度。

◇ 类合是指保持特定的值不变而将事物之间的其他维度发生变化。保持绿色不变，变化大小、形状、类别等，这样学生才能从不同的个案中类合出绿色的概念，并将这一概念从其他无关属性中分辨出来。

◇ 在学习一件事物、现象或概念时，有时候需要同步辨认多项关键属性，理解这些属性之间的关系以及与整体的关系，这种变易就称为“融合”。比如价格同时受到供求双方面的影响，学生就需要同时看到两者之间的同时变化的特征，并观察一个属性在变化时另一个属性的变化。

现象图式学得出的一个核心结论是：从本质上说，人们常会以不同的方式理解同一个现象。这给我们三点启示：第一，学习成果的差异是一种常态，学生用不同的方法去理解和体验，这是可以接受的；第二，我们通常并不知道其他人的理解方式，所以教师通常会假设学生理解的方式与自己的是一样的；第三，教师的教学要做的就是建构课堂的情境，让学生以教师的这种方式来理解学习。

他们认为，学校中妨碍学生学习的，不是学生缺乏能力，也不是教师的教学策略不当，而是由于教师对学习内容的认识不全面致使出现以下情况：

• 某些学生本身对事物有直观认识，这与要新学习的内容相冲突，成为重新审视事物的障碍；

• 某些学生没能把注意力集中于所学事物的关键特征、属性上；

• 某些学生没有感受到能促使他们学习的那种良好的学习氛围。

（三）分析实例

变易理论框架在描述和分析课堂教学上有独到之处。它能够让研究者和教师从变易什么、什么保持不变这样一个新的角度来审视课堂教学。我们可以应用变易理论来分析上述《求不规则物体的体积》。与任务分析框架的分析重心落在任务的认知水平上有所不同，应用变易理论对这节课分析的核心有两点。

第一，教师是否找到了学生的关键学习内容。

从上课的情况来看，教师认为学生的关键学习内容是排水法中的“物体是否能完全浸没”，但是，从学生实际的表现来看，其实学生的关键学习内容更多的并不体现在这一问题上，而是体现在以下两个问题上：

◇ 哪些物体可以用排水法测量？如课堂上学生说橡皮泥不可以用排水法，是否真的不可以？塑料泡沫是否可以用排水法？关于这两点学生有很多争论，而教师并没有处理这些不同的观点，直到课结束后学生还是处于模棱两可的状态。这里的关键在于学生要理解被测物体是否具有排水性，如海绵能吸水，不可测量；石头不吸水，可以测量。只要学生能理解这一点，他就知道，橡皮泥即使散掉了，只要不溶于水，也仍然可以用排水法进行测量。

◇ 测量方法的多样性。课堂上有一学生说排水法测量时水不能放太多，是否水溢出来了就不能测量了？课后问学生的时候，学生犹豫不决，有的学生认为不可以，但事实上，这正是“溢水法”的思维，可以拓展学生的思路。

第二，教师是否在这些关键学习内容上进行了变易。

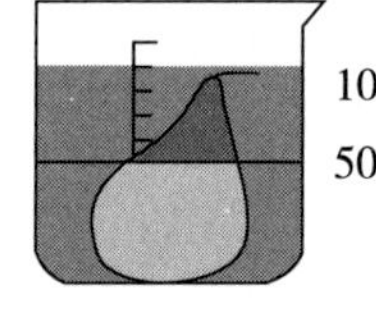

教师主要在“物体要能在水中完全浸没”这个特征上进行了变易，但是并没有利用实验中已有的材料，如塑料泡沫或橡皮泥，也没有就学生已经发现的问题进行讨论，而是重新设计了一个虚拟情境，让学生探讨“梨子的尖尖头不能浸没在水中会怎样”，并用电脑切片的方式进行切割，然后重新组合。

在这个环节的讨论上，教师本是想帮助学生更深入地理解排水法。但是，在沟通中产生了一个重要偏差，教师预设的是“梨子尖尖的头不能完全浸没，要切下来重新浸没”，而在课堂中学生争论的是“梨子的柄如果露在外面算不算”，这意味着教师在这一维度上的变易并没有解决学生的难题。教师通过幻灯片演示“梨子放入杯中的两种不同摆法”，但最终还是应归结到本质无关怎么放，在梨子完全浸没时“体积和 - 水的体积 = 梨的体积”，并应引导学生充分展开讨论。在解决问题中，有关梨子的体积，教师的提问显得烦琐。更清晰地提问应该是：（1）先出示没有完全浸没的图，求梨子的体积。（2）再出示浸没大半的图，求梨子的体积，让学生自己探索方法。

从上述的分析可见，当我们运用变易理论的思想来观察与分析这节课的时候，发现课堂教学的问题在于：首先，教师找到的关键学习内容不够完整，只找到了 1 个，而且在这 1 个关键内容上，讨论得也很不充分，没有依赖于先前的实验材料。其次，教师的变易依赖于自己的主观体验，没有仔细倾听学生在此过程中的反应，没有从学生的观点中有针对性地去调整他们的错误观念。

四、真实智力活动

学生如何获得有深度的知识，而不仅是通过识记获得一些表面而肤浅的事实或信息？通过真实智力活动的分析框架，我们可以对课堂中的真实教学活动、学生表现有更加深入的理解。我们还以上文的案例为分析对象，看看如果借助这一分析框架，这一课堂中的真实智力活动表现状况是怎样的。

（一）背景

真实智力活动（Authentic Intellectual Work，AIW），是由美国课程与教学论学者纽曼（Newmann）教授提出来的。在美国联邦政府教育研究教学办公室、美国教育部教育研究和促进办公室、恩纳伯格（Annenberg）基金会等组织和机构的资助下，纽曼教授主持和参与过很多大型研究项目，如“学校重建”、“芝加哥学校改革研究项目”、“芝加哥恩纳伯格挑战项目”等，这些大规模研究项目的核心问题是：如何提高教学的质量和学生的成绩？在这些项目中，纽曼逐渐形成了他对于学习质量的理解。

他们在研究中发现，当真实的学生成就成为学校重建的核心时，学生会学到更多高层次的知识和技能。为此，纽曼等人提出了学生高质量学习

的观点，称为真实的学生成就。学生要获得高质量的智力成就，教师就要进行真实教学。真实教学不是像合作学习或档案袋这类具体的教学技术，而是观察教学智力质量的标准。真实教学要求学生积极思考，发展深层次的理解能力，将所学的学术知识运用于重要的、现实的问题。纽曼等人的研究发现，真实教学提高了各种社会背景的学生成就。在真实教学的框架中，学校的组织能力也是很重要的，真实教学要求师生关注高质量的智力活动，要迎接真实教学提出的这些复杂的、高难度的挑战，不仅要雇用或训练有能力的职员，而且要不断地提升学校的能力。

纽曼认为，要提高学生学习的智力质量，学校教师、学生和家长必须了解高质量的智力活动的标准。为此，纽曼所领导的“学校组织和重建中心”给出了学生表现、学生作业、真实性教学的多个标准和分析框架。在此，我们主要分析真实性教学的框架。

（二）分析框架

学生在学校中学习学术性知识的主要目标是什么？纽曼认为，是真实的智力活动，以达到智力上的严格性（rigor）和相关性（relevance）。但是，学校中学生的智力活动并没有体现出有意义和有价值的特点，学习任务往往要求的是低水平的复述、背诵、常规的程式性算法等，而对高水平的思维、阐释、深度的概念理解要求不高，学生很少有机会去解决与实际情境相关联的真正有价值的问题。在对数千份小学、初中、高中的学生作业进行分析后，纽曼认为，相当一部分学生的作品没有呈现出分析的能力，或对重要概念的理解和运用能力。

表 13–5　真实性教学的准则与标准

<table>
<tr><th rowspan="2">准则</th><th colspan="3">标　准</th></tr>
<tr><th>教学</th><th>任务</th><th>学生表现</th></tr>
<tr><td>知识建构</td><td>高水平的思维</td><td>知识建构</td><td>分析</td></tr>
<tr><td rowspan="2">学术探询</td><td>深度知识</td><td rowspan="2">拓展性的文本交流</td><td rowspan="2">写作、语法、运用、机制、词汇的学术性概念</td></tr>
<tr><td>实质性对话</td></tr>
<tr><td>超越学校</td><td>将课堂与世界联结</td><td>与学生生活联结</td><td>拓展型的文本交流</td></tr>
</table>

真实性教学有五个重要的教学成分（Newmann et al，1998）：

（1）高级思维（Higher－order thinking）。高级思维要求学生以一种转化信息和观念使其具有意义的方式处理信息和观念，诸如当学生为了综合、概括、解释、假设或达到某个结论来整合事实和观念。当学生参与到高级思维中时，他们必须解决问题，发展出新的意义。在此过程中，存在着不确定性和不可预测性。

（2）知识的深度（Depth of knowledge）。知识的深度意味着教学强调某一主题或学科的核心观点，有足够的全面性去探索知识间的关联，产生相对比较复杂的理解。学生处理学科中的关键概念或核心思想，运用知识来理解争论，解决问题或建构解释。

（3）超越课堂与真实世界联结（Connectedness to the world beyond the classroom）。将课堂与一些“真实世界的公共问题”或个体经验联系起来。

（4）实质性的对话（Substantive conversation）。这一特征意味着，学生与教师或同伴参与到关于学科知识的拓展性的对话交流中，建立起一个关于某一观点或主题的改进型的或达成共识的理解。

（5）学业成就的社会支持（Social support for student achievement）。社会支持并不仅是口头赞赏或表扬，当教师对所有的学生表现出较高的学业期待，鼓励所有学生参与学习体验中来的时候，才是好的社会支持。

纽曼等人在每一个核心要素上都发展出了五等级的量规，用以评价课堂。受本书篇幅所限，在此只以“实质性的对话”为例。实质性的对话有三个特征：（1）对话是关于学科中的学科内容。应包含高级思维，诸如作出区分、应用观点、形成综述、提出问题，而不仅是报告经验、事实、定义或程序。（2）对话包含观念的分享，不能完全受某一方的控制，如教师主导。当所有的参与者解释他们自己的观点或用完整的句子进行问询的时候，当他们直接回应前一个说话者的评论的时候，就证明产生了分享。（3）对话是基于所有参与者的观点来提升对某一主题或话题的集体性的理解。

基于这三点特征，他们发展出了以下5个量规。

5，上述三个特征都在课堂中得到了体现，至少有1个持续性的对话（至少3个连贯的话轮），几乎所有的学生都参与进来。

4，上述三个特征在课堂中得到了体现，至少有1个持续性的对话（至少3个连贯的话轮），大多数学生都参与进来。

3，特征2（分享）和3（集体性理解的一致性改善）发生了，并包含

至少 1 个持续性的对话（至少 3 个连贯的话轮）。

2，特征 2 和 3 简短地发生并包含至少 1 个连贯的话轮。

1，课堂中没有产生任何表明上述三个特征的对话或持续性的对话。

（三）分析实例

当我们运用真实智力活动的分析框架来分析上文的《求不规则物体的体积》时，就会发现：与任务分析框架的分析重心落在任务的认知水平，变易理论的分析重点放在对关键学习内容的变易上有所不同，真实性教学关注的是，教师是否引导学生在这些主题上以一种有意义的方式处理材料与信息，从而在认识和理解上有所加深。具体到这节课，这一分析框架的重点就是看：是否通过排水法让学生理解了等积变换的思想？师生、生生之间是否产生了实质性的对话？课堂中是否创设了真实的问题情境等。由于这一框架内容很多，在此，我们只选择其中的两个点进行分析。

1. 超越课堂与真实世界联结

这一课堂试图将学科内容与一些“真实世界的公共问题”或个体经验联系起来。教师并没有采用教材中的西红柿，因为西红柿会在水里浮起来。教师给学生提供了魔方、土豆、石头、泡沫等各种丰富的材料，并要求学生任选其中两样物品进行体积测量，而且花了较多的时间让学生探究不同的不规则物体的体积。

从课堂观察来看，学生研究的气氛很活跃，学习积极性很高，几乎每个小组和每位同学都动起来了。这说明丰富的素材引发了学生真实探究的欲望。学生亲自动手做实验，把数学知识的获得与科学实验相结合。同时，教师还增加了操作要求，不仅让学生清晰地知道该怎么做，而且思考了为什么要这么做。这避免了实验的漫无目的。教师要求学生把测量的过程和结果填写在记录单上，充分暴露学生的思维过程，也为学生整理思路，形成有序、流畅的表达提供了支架。课堂上，学生有序地进行实验，汇报得条理清楚，这与教师善于反思教材编排的不合理性，并作出合理的修改和调整是密不可分的。

但是，在后续的教学中，梨的体积计算涉及一个真实的问题情境：“那些不能被水完全浸没的物体是否能采用排水法？”在这个问题的处理上，教师采用了电脑演示的做法，而没有用实物操作。在这一问题上，学生呈现了多样的观点，而且这些观点都涉及对排水法的实质性理解。如果学生没有亲自动手操作，他们只是被动地接受这一观点，而很难达到深刻学习的目的。

2. 实质性的对话

有实质性对话的课堂意味着，学生与教师能够参与到关于学科知识的拓展性的对话交流中，建立起关于某一观点或主题的改进型的或达成共识的理解。

当教师呈现一些规则物品和不规则物品时，提问：哪些物品的体积我们可以直接求？并让学生说一说计算方法。

师：哪些物品的体积我们可以直接求了？

生：纸盒……，利用公式求体积。

师：剩下的物体体积能不能直接运用公式来求？

生：不能，不是规则的物体。

显然，教师在这里并没有引导学生进行实质性的对话，仅满足于利用公式求体积的回答。这节课的目标之一是要巩固长方体、正方体等规则物品的体积，在这一目标上并没有产生积极的对话。

从整个课堂中的师生对话来看，师生间的对话比较集中在程序上，较少有连续性的话轮，较少进行连续性的追问。而在实质性的对话中，应包含高级思维，诸如作出区分、应用观点、形成综述、提出问题，而不仅是报告经验、事实、定义或程序。我们还是用上述梨子片段来深入讨论。

师：梨子能完全浸没在水中吗？

生：不能（大部分学生）。

生1：800－500＝300立方厘米

生2：不行。300ml包含梨子尖头部分。

师：噢，有两种意见，你同意哪一种？

生3：梨子头也是梨的一部分，只是改变了形状，没改变体积。

（教师电脑演示切下的情景）

师：梨和水是800ml，即使切下也是800ml。

在这个情境中，学生呈现了不同的冲突观念。但是，教师并没有利用这一冲突有效地解决核心问题，即“没有完全浸没的物体是否可以用排水法计算体积”，而只是用电脑演示了切下的情景，然后就告诉学生切下后也是800ml。无疑，这代替了学生的思维，学生冲突的核心观念没有得到很好的解决，没有在分享的基础上让学生产生改进后的理解。教师在对话

中也没有引导学生进一步明确问题的本质，即不管怎样放，只要在梨子完全浸没时“体积和－水的体积＝梨的体积”。

在这一课堂中，教师试图通过讨论、交流的方式建立起学生之间、师生之间、学生与物品材料间的实质性对话共同体。但是，教师在学科知识、分享和集体性的理解上做得不够，导致这节课的科学味比较浓，而在数学思想上的探讨较浅。

在应用理论框架进行分析时，我们可以根据不同的学科课程片段选用不同的理论框架，也可以尝试对同一个课程片段选用多种理论框架来进行分析。而类似上述这种对同一课堂数据应用两个以上的分析框架，好处在于：第一，理解情境，可以最大限度地加强对一系列的课堂行为和学习成果的分析灵敏度；第二，理解理论，通过理论的组合来确定关键变量，并考虑它们在何种程度上是相辅相成、互相补充，或者不兼容的。

参考文献

中文文献

艾斯纳. 2008. 教育想象：学校课程设计与评价［M］. 李雁冰，译. 北京：教育科学出版社.

巴比. 2005. 社会研究方法［M］. 邱泽奇，译. 北京：华夏出版社.

布兰特. 1993. 学生需要与小组学习：与 W. 格拉塞访谈记［J］//马兰. 掌握学习与合作学习的若干比较. 比较教育研究（2）.

布什. 1998. 当代西方教育管理模式［M］. 强海燕，译. 南京：南京师范大学出版社.

陈波，等. 1989. 社会科学方法论［M］. 北京：中国人民大学出版社.

陈瑶. 2002. 课堂观察指导［M］. 北京：教育科学出版社.

陈向明. 2000. 质的研究方法与社会科学研究［M］. 北京：教育科学出版社.

陈晓端，Stephen Keith. 2005. 当代西方有效教学研究的系统考察与启示［J］. 比较教育研究（8）.

崔允漷. 2001. 有效教学：理念与策略［J］. 人民教育（6）.

崔允漷，等. 2007. 课堂观察：走向专业的听评课［M］. 上海：华东师范大学出版社.

崔允漷. 2008. 论指向专业发展的教师合作［J］. 教育研究（6）.

崔允漷. 2010. 论指向教学改进的课堂观察 LICC 模式［J］. 教育测量与评价：理论版（3）.

丁丁. 2008. 小牲口［M］. 北京：十月文艺出版社.

丁刚. 2008. 声音与经验：教育叙事探索.［M］. 北京：教育科学出版社.

杜文军. 2009. 试论作为一种研究方法的课堂人种志［J］. 民族教育研究（3）.

冯建军，王卫东，石中英，等. 2007. 生命化教育［M］. 北京：教育科学出版社.

高鸿源. 2003. 欧美学校微观政治研究的进展［J］. 比较教育研究（6）.

戈一平，徐承博，陈宇卿. 2010. 为了学习者的学而教［M］. 上海：上海人民出版社.

古德，布罗菲. 2002. 透视课堂［M］. 陶志琼，译. 北京：中国轻工业出版社.

顾泠沅，黄荣金，马顿. 2005. 变式教学：促进有效的数学学习的中国方式［G］//范良火，等，华人如何学习数学. 南京：江苏教育出版社：247－273.

怀特. 1994. 街角社会［M］. 黄育馥，译. 北京：商务印书馆.

怀特海. 2002. 教育的目的［M］. 北京：生活·读书·新知三联书店.

黄荣金，梁贯成. 2005. 中国学习者悖论的质疑：透视香港和上海数学课堂［G］// 范良火，等. 华人如何学习数学. 南京：江苏教育出版社：274－297.

黄政杰，林佩璇. 2004. 合作学习［M］. 台北：五南图书出版公司.

霍秉坤. 2004. 教学方法与设计［M］. 香港：商务印书馆.

蒋鸣和. 2004. 课堂教学研究的录像分析方法［J］. 计算机教与学（10）.

柯林斯. 2010. 认知学徒制［M］// 索耶. 剑桥学习科学手册. 徐晓东，等，译. 北京：教育科学出版社：59－74.

克拉斯沃尔，等. 1989. 教育目标分类学·情感领域［M］. 施良方，等，译. 上海：华东师范大学出版社.

空谷幽兰. 哑巴也能做老师——质疑洋思中学［EB/OL］.（2011－04－06）［2012－06－18］. http：//blog. sina. com. cn/s/blog_ 5082c70b0100r8gl. html.

赖配根. 2009. 解放学习力：先学后教，当堂训练［J］. 人民教育（21）.

李英杰. 2006. SOLO 分类评价理论在阅读能力评价上的应用［J］. 首都师范大学学报：社会科学版（2）.

李素艳. 2009. 从宏观政治转向微观政治：解构主义政治哲学的主题维度［J］. 理论探讨（4）.

林宇. 2005. 突变理论在教育研究中的应用［J］. 教育评论（5）.

刘虹. 2004. 会话结构分析［M］. 北京：北京大学出版社.

刘云杉. 1999. 走入日常生活的教育社会学［J］. 南京师范大学学报：教育科学版（2）.

卢敏玲，庞永欣，植佩敏. 2006. 课堂学习研究：如何照顾学生个别差异［M］. 李树英，郭永贤，译. 北京：教育科学出版社.

鲁迅. 南腔北调集［M/OL］.［2012－06－18］. http：//www. tianyabook. com/luxun/nqbd/047. htm.

马兰. 1993. 掌握学习与合作学习的若干比较［J］. 比较教育研究（2）.

宁虹，武金红. 2003. 建立数量结构与意义理解的联系：弗兰德互动分析技术的改进运用［J］. 教育研究（5）.

帕尔默. 2005. 教学勇气：漫步教师心灵［M］. 吴国珍，等，译. 上海：华东师范大学出版社.

彭明辉. 2008. 现象图析学与变易理论［J］. 教育学报（5）.

桑德尔. 2011. 公正：该如何做是好？［M］. 朱慧玲，译. 北京：中信出版社.

沈正元. 2008. 课堂观察：来自江苏省吴江市一线报告［J］. 吉林省教育学院学报（2）.

shch002. 2009. 对这堂数学课评价的分歧［EB/OL］. (2009－12－11)［2012－05－01］. http://blog. cbe21. com/user1/784/archives/2009/57476. shtml.

施良方. 课程理论：课程的基础原理与问题［M］. 北京：教育科学出版社. 1996.

Stein et al. 2001. 实施初中数学课程标准的教学案例［J］. 李忠如，译. 上海：上海教育出版社.

舒尔曼. 2007. 教师教育中的案例教学法［M］. 郅庭瑾，译. 上海：华东师范大学出版社.

索耶. 2010. 剑桥学习科学手册［M］. 徐晓东，等，译. 北京：教育科学出版社：59－74.

田中耕治. 2011. 2011年上海市华东师范大学课程评价会议上的大会报告［R］. 东京：日本京都大学.

王鉴. 2004. 课堂志：回归生活世界的研究［J］. 教育研究（1）.

王庆训. 2009. 读《人民教育》的关于蔡林森永威学校的报道的感受［EB/OL］. (2009－12－30)［2012－05－01］. http://wangqingxhu. eduol. cn/archives/2009/875044. html.

万炜. 2009. 班主任兵法［M］. 上海：华东师范大学出版社.

吴刚平. 2003. 课程意识及其向课程行为的转化［J］. 教育理论与实践（9）.

吴康宁. 1998. 课堂教学社会学研究中的现场观察［J］. 中国教育学刊（1）.

向中军. 2010. 质疑洋思模式［EB/OL］. (2010－02－04)［2012－05－01］. http://blog. sina. com. cn/s/blog_ 4ce6400d0100gotj. html.

谢翌. 2005. 评课＝单向批判？对话理解?：兼与云子老师某堂公开课的评课专家商榷［J］. 当代教育科学（2）.

张菊荣. 2007. 苏霍姆林斯基的“课堂观察”［EB/OL］. (2007－07－26)［2010－05－21］. http://13057. eduol. cn/archives/2007/298268. html.

钟启泉. 2011. 新课程改革与学生个性化学习［J］. 教育探索（2）.

佐藤学. 2010. 学习的挑战：创建学习共同体［M］. 钟启泉，译. 上海：华东师范大学出版社.

英文文献

Atherton. 2011. Learning and Teaching: References［M/OL］.［2012－04－04］. http://www. learningandteaching. info/learning/reference. htm#BIGGS J (1999).

Ball. 1987. The Micro-Politics of the School: Towards a Theory of School Organization［M］. London and New York: Methuen.

Baldridge, Curtis, Ecker& Riley. 1978. Policy Making and Effective Leadership［M］. San Francisco: Jossey Bass.

Banilower R. 2005. A Study of the Predictive Validity of the LSC Classroom Observation Protocol [EB/OL]. [2012 - 06 - 18]. http://www.horizon-research.com/reports/2005/cop_ validity.php.

Berliner et al. 1996. Handbook of Educational Psychology [M]. Simon &Schuster Macmillan.

Bielaczyc & Collins. 1999. Learning Communities in Classrooms: A Reconceptualization of Educational Practice [C] // Reigeluth. Instructional-Design Theories and Models: A New Paradigm of Instructional Theory. Mahwah, NJ: Lawrence Erlbaum Associates: 269 - 292.

Biggs & Collis. 1982. Evaluating the Quality of Learning: The SOLO Taxonomy [M]. New York: Academic Press.

Blanton, Berenson, Norwood. 2001. Using Classroom Discourse to Understand a Prospective Mathematics Teacher's Developing Practice [J]. Teaching and Teacher Education (17): 227 - 242.

Blasé. 1991. The Politics of Life in Schools: Power, Conflict, and Cooperation [M]. Newbury Park, CA: Sage.

Bloom. 1968. Learning for Mastery: Instruction and Curriculum [J]. Evaluation Comment, 1 (2): 1 - 12.

Borg. 1979. Teacher Coverage of Academic Context and Pupil Achievement [J]. Journal of Educational Psychology, 71: 635 - 645.

Bransford, Brown, &Cocking. 2000. How People Learn: Brain, Mind, Experience, and School [M]. Washington, DC: National Academy Press.

Cazden. 1988. Classroom Discourse: The Language of Teaching and Learning [M]. Heinemann: A division of Reed Elsevier Inc.

Cheng. 2000. New Wave in Education: Globalization, Localization, and Individualization. [C] //Joy of Learning. The Hong Kong Institute of Education: 2 - 4.

Clake. 2001. Perspectives on Practice and Meaning in Mathematics and Science Classroom [M]. The Netherlands: Kluwer Academic Publishers.

Coie & Coppotelli. 1982. Dimensions and Type of Social Status: A Cross-Age Perspective [J]. Developmental Psychology, 18: 557 - 570.

Coie & Dodge. 1988. Multiple Sources of Data on Social Behavior and Social Status in School: Across-Age Comparison [J]. Child Development, 59: 815 - 829.

Confrey. 1990. A Review of the Research on Student Conceptions in Mathematics, Science, and Programming [C] //Cazden. Review of Research of in Education. Washington, DC: American Educational Research Association: 3 - 56.

Connor, Morrison, Fishman, et al. 2009. The ISI Classroom Observation System: Examining the Literacy Instruction Provided to Individual Students [J]. Educational Researcher, 38 (2): 85 -99.

Ellis& Ashbrook. 1988. Resource Allocation Model of the Effects of Depressed Mood States on Memory [C] // Fielder K, Forgas J. Affect, Cognition and Social Behavior. Lewison, NY: Hogrefe.

Eric& Banilower. 2005. A Study of the Predictive Validity of the LSC Classroom Observation Protocol [M/OL]. [2012 -04 -04]. http: //www. horizon-research. com/LSC/news.

Flanders. 1970. Analyzing Teaching Behavior [M]. Washington, D. C.: U. S. Office of Education: 34 -36.

Fredrickson& Levenson. 1998. Positive Emotions Speed Recovery from the Cardiovascular Sequelae of Negative Emotions [J]. Cognition and Emotion, 12: 191 -220.

Forsyth. 1999. Group Dynamics [M]. 3th ed. Calif: Wadsowrth..

Galton. 1980. Inside the Primary Classroom [M]. Law Book Co of Australasia.

Gettinger & Stoiber . 1999. Excellence in Teaching: Review of Instructional and Environmental Variables [C] // Reynold C R. et al. The Handbook of School Psychology. John Wiley & Sons. Inc.: 933 -958.

Good & Brophy. 1971. Analyzing Classroom Interaction: A More Powerful Alternative [J]. Educational Technology, 77 (10): 36 -40.

Griffin. 2008. Developmental Frameworks: Writing Quality Criteria for Rubrics [S]. Assessment Research Centre, The University of Melbourne, Melbourne, unpublished paper.

Hatano & Inagaki. 1991. Sharing Cognition Through Collective Comprehension Activity [C] // Resnick, Levin & Teasley. Perspective on Socially Shared Cognition. Washington, DC: American Psychological Association: 331 -348.

Isen. 2011. An Influence of Positive Affect on Decision Making in Complex Situations: The Cortical Issues with Practical Implications [J]. Journal of Consumer Psychology, 11 (2): 75 -85.

Johnson et al. 1994. The New Circles of Learning Cooperation in the Classroom and School [M]. ASCD.

Johnson & Johnson. 1990. Cooperation in the Classroom [M]. Edina, MN: International Book Company.

Koedinger & Nathan. 2004. The Real Story Behind Story Problems: Effects of Representations on Quantitative Reasoning [J]. The Journal of the Learning Sciences, 13 (2): 129 -164.

Lampert, Rittenhouse & Crumbaugh. 1996. Agreeing to Disagree: Developing Sociable Mathematical Discourse [G] // Olson & Thorrance. Handbook of Educational and Human

Development. Oxford: Blackwell's Press: 731 –764.

Lawrenz, Huffman& Appeldoorn. 2002. Classroom Observation Handbook [M]. University of Minnesota, Minneapolis, MN.

Lihua. 2011. Same Ending, Different Stories: Understanding Student Learning in Science from Two Complementary Theoretical Perspectives [J]. International Journal of Educational Research Manuscript Draft.

Linn & His. 2000. Computers, Teachers, Peers: Science Learning Partners [M]. Mahwah, NJ: Lawrence Erlbaum Associates.

Marton &Pang. 2006. On Some Necessary Conditions of Learning [J]. The Journal of the Learning Sciences, 15 (2): 193 –221.

Mertler, 2001. Designing Scoring Rubrics for Your Classroom [J]. Practical Assessment Research & Evaluation, 7 (25).

Metz. 2000. Young Children's Inquiry in Biology. Building the Knowledge Bases to Empower Independent Inquiry [C] // Minstrell & Zee. Inquiring into Inquiry Learning and Teaching in Science . Washington, DC: American Association for the Advancement of Science: 3 –13.

Newmann, Lopez & Bryk. 1998. The Quality of Intellectual Work in Chicago Schools: A Baseline Report [R]. Chicago: Consortium on Chicago School Research.

Piaget. 1976. The Child's Conception of the World [M]. NJ: Littlefield, Adams, & Co: 9.

Pianta, LaParo & Hamre. 2008. Classroom Assessment Scoring System [M]. Baltimore: Paul H. Brookes.

Pianta & Hamre. 2009. Conceptualization, Measurement, and Improvement of Classroom Processes: Standardized Observation Can Leverage Capacity [J]. Educational Researcher, 38 (2): 109 –119.

Posner, Strike, Hewson, & Gertzog. 1982. Accommodation of a Scientific Conception: Toward a Theory of Conceptual Change [J]. Science Education, 66 (2): 211 –227.

Scott. 2001. Institutions and Organizations: Theory and Research [M]. 2th ed. Thousand Oaks: Sage.

Scradamalia, Bereiter, & Steinbach. 1984. Teachability of Reflective Processes in Written Composition [J]. Cognitive Science (8): 173 –190.

Slavin. 1990. Cooperative Learning [J]. Celin Rogers: The Social Students. Educational Leadership, 48 (5): 71 –82.

Spaulding. 2000. Micropolitical Behavior of Second Grades: A Qualitative Study of Student Resistance in the Classroom [J]. The qualitative Report, 4 (1/2).

Stapleton, Bacevich, Ketchie. 2004. Researching Education as It Happens: Using Classroom Observations to Generate Quantifiable Data [C]. American Educational Research Association.

Stigler & Hieber. 1999. The Teaching Gap: Best Ideas from the World's Teachers for Improving Education in fhe Classroom [M]. NY: Free Press.

Wajnryb. 1992. Classroom Observation Tasks: A Resource Book for Language Teachers and Trainers [M]. Cambridge University Press.

Wang& Lin. 2005. Comparative Studies on US and Chinese Mathematics Learning and the Implications for Standards - Based Mathematics Teaching Reform [J]. Educational Researcher, 34 (5): 3 - 13.

Ysseldyke & Elliott. 1999. Effective Instructional Practices: Implications for Assessing Educational Environment [M] // Reynolds et al. The Handbook of School Psychology. John Wiley & Sons, Inc: 497 - 518.

后　记

这本书传给编辑是在一个初夏的中午。此前我曾经很多次地想象这一场面，而当真的到了这一天，只有平静与充实。从酝酿到成书，三年半的时间里，我与老师们一起观察了数百个课堂。教师都是普通的教师，课堂也很普通。在这些普通的教师、课堂、学生身上，我看到了真实教育的发生，也看到了静悄悄的革命的可能。

课堂，一师一生，亦师亦生，是人与人的关系，是纯粹地体现教育本质的所在。流转于课堂之间，我不断追问自己，什么是学生的学习？观察学生学习的什么？怎样观察？观察以后怎么解释？怎样干预？从一开始对认知类目标达成的关注，逐步拓展到对学生作为一个“人”的整体学习的过程，关注他的有意义的学习过程、学科情感、师生关系、生生关系等各个维度；从一开始只关注数据的收集，逐步拓展到对理论框架、目标澄清、数据解释、工具技术等多视角的纳入……本书呈现的并不是我一个人对课堂的思考，而是与老师们共同的探索。对他们，我怀有深深的敬意！

在研究过程中，我时常有这样的感叹，对于学生的学习，我们的所知实在是太少了！

我一直在拷问自己：一线教师为什么要做课堂观察？教育研究者推出一种新的观点和技术是容易的，困难在于，我们需要让我们的技术和观点正好能够解决一线教师们的难题，让他们“茅塞顿开”，进而愿意改变以往习惯的行动模式。

我有一批教师朋友，我的老师、师范同学、大学同学、研究生同学，他们的教龄从三十年到两年不等。从他们那里，我能了解到最真实的教师生活，他们促使我思考，课堂观察对他们的必要性和意义体现在哪里？如果教师坚持做课堂观察，他们的专业发展会有怎样的不同？

他们有的出于最实用的研究目的，提高学生的成绩；有的带有研究的目的，来解决自己困惑的问题；有的则是想通过一个载体来寻求改变；有的想积累一些课堂数据写论文；有的则纯粹是好奇。

不管大家参与课堂观察研究的目的是什么，但我知道，能够使老师们心甘情愿付诸时间进行尝试，第一在于它不影响成绩；第二在于它让老师们觉得这是有意义的。

课堂观察本是我用于诊断教师课程实施水平的工具之一，而在一次次观课研讨的过程中，我们越来越发现课堂观察应该也是教师用来研究学生学习的一种重要工具。上课教师和观课教师都需要有对学习过程敏锐的感知力，都需要及时判断学生学习的质量，分析学生的话语、概念、学习中所展现的同伴关系，基于此反省并调整教学。课堂观察为我们研究学生的学习提供了一种载体，借用观课者的眼睛，解开一个个学生身上的学习密码。对于经历过的人来说，这是一个迷人的过程。参与研究的老师告诉我他们在观察中的感受：

◇ 对课堂的感受更加清晰、细腻，对学生的学习过程了解得更加深入。

◇ 我发现数据没有以往那么可怕了，数据其实也是证明自己教学能力和学生学得好的一种方法。

◇ 喜欢自己的学生，在了解的基础才能更理智地喜欢他们。

◇“还原”、“多元”，课后的讨论不是在说废话，而是听到多种不同的解读方式，加深了我的思考。

◇ 以往我对学生在课堂上到底是怎样学习的、学生之间的合作是如何进行的都只有模糊的概念或想当然的看法。通过课堂观察，我觉得自己加深了对课堂事件，尤其是对学生学习的理解，获得了更多的关于学生学习的经验。

◇ 深描课堂，让我积累真实、充满细节的案例素材，写出更为真实和具有冲击力的案例。

本书的成书是充满感恩与感激的过程，没有他们，没有本书的产生，更不会有我思想的演进与行动的可能：感谢我的导师崔允漷教授，他在课堂观察这一领域创造性的开辟，奠定了我的思考和行动基础；感谢普教所的领导与诸多前辈，他们对于后辈的提携与关爱，点点滴滴铭记于心；感谢诸多研究同行，在与他们坦诚的探讨交流中，我总有意外的惊喜，并不断调整自己的视域；感谢与我共同走过的上海、浙江、江苏项目学校的校长、老师和学生们，在他们的课堂中，在与他们的互动中，我收获了无数智慧；感谢教育科学出版社的李东总编辑和教师教育编辑部的刘灿主任对于本书出版的支持，感谢春燕编辑，她真诚善意的提醒和有技巧的敦促，给了我坚持的动力；感谢我的父母家人予以我的支持和帮助，在成书过程中，我的儿子一直陪伴在我身边，他的祝愿很简单，希望妈妈天天打电脑，天天陪他。4岁的他还不知道这两者是一个矛盾，而我总在矛盾中试图求得平衡。

纪伯伦说，在工作的时候，你是一管笛，从你心中吹出时光的微语，变成音乐。在工作中爱了生命，就是痛彻了生命最深的秘密（《先知·论工作》）。

对此,我深以为然。

出 版 人　所广一
策划编辑　池春燕
责任编辑　池春燕
版式设计　孙欢欢
责任校对　张　珍
责任印制　叶小峰

图书在版编目(CIP)数据

以学习为中心的课堂观察/ 夏雪梅著．—
北京：教育科学出版社，2012. 9(2023. 12 重印)
ISBN 978-7-5041-6934-1

Ⅰ. ①以…　Ⅱ. ①夏…　Ⅲ. ①课堂教学—教学研究
Ⅳ. ①G424. 21

中国版本图书馆 CIP 数据核字(2012)第 180706 号

以学习为中心的课堂观察
YI XUEXI WEI ZHONGXIN DE KETANG GUANCHA

出版发行	教育科学出版社		
社　　址	北京·朝阳区安慧北里安园甲 9 号	市场部电话	010-64989009
邮　　编	100101	编辑部电话	010-64989441
传　　真	010-64891796	网　　址	http://www. esph. com. cn
经　　销	各地新华书店		
制　　作	北京金奥都图文制作中心		
印　　刷	唐山玺诚印务有限公司		
开　　本	720 毫米×1020 毫米　1/16	版　　次	2012 年 9 月第 1 版
印　　张	17. 25	印　　次	2023 年 12 月第 19 次印刷
字　　数	270 千	定　　价	48. 00 元

如有印装质量问题，请到所购图书销售部门联系调换。